TSC® 중국어 말하기 시험
Test of Spoken Chinese

패턴으로 시작하는

TSC® 기출 스타트 3급

TSC기출 스타트

저자 YBM중국어연구소

발행인 이동현
발행처 YBM

편집 한채윤, 유세진
마케팅 고영노, 박천산, 박찬경, 김동진, 김윤하

초판인쇄 2020년 04월 27일
초판발행 2020년 05월 01일

신고일자 1964년 3월 28일
신고번호 제 300-1964-3호
주소 서울특별시 종로구 종로 104
전화 (02)2000-0515(구입 문의) / (02)2000-0327(내용 문의)
팩스 (02)2271-0172
홈페이지 www.ybmbooks.com

ISBN 978-89-17-23591-3 (13720)

Copyright © 2020, YBM중국어연구소

YBM의 허락 없이 이 책의 일부 또는 전부를 무단 복제, 전재, 발췌하는 것을 금합니다.
낙장 및 파본은 교환해 드립니다. 구입 철회는 구매처 규정에 따라 교환 및 환불 처리됩니다.

머리말

중국어 회화는 글로벌 기업뿐만 아니라 중국과 교류하는 기업 및 단체에서 필수 적으로 요구하는 능력이 되었습니다. 이에 따라 국내 최대 어학전문 그룹 YBM에서 중국어 말하기 능력 시험 TSC 시험을 개발 운영함으로써, 본질적인 중국어 말하기 능력 향상 및 평가를 받을 수 있습니다. 수험생들이 최대한 빨리 최신 유형을 이해하고, 단시간 내에 성적을 향상시킬 수 있도록 TSC 출제기관에서 문제를 제공받아 〈패턴으로 시작하는 TSC 기출 스타트〉를 출간하게 되었습니다.

빈출이다! 출제기관의 기출유형 분석 데이터 반영!

시험에 자주 출제되는 문제들을 엄선 했습니다. 학습자들은 시험에 자주 나오는 문제 위주로 공부할 수 있어 효율적으로 시험에 대비할 수 있고, 단시간 내에 성적을 향상 시켜 목표한 레벨을 쉽게 얻을 수 있습니다.

문형으로 쉽게 말한다!

어렵고 복잡한 어법을 공부해야 한다는 부담을 없애주고자 문장구조의 원리를 자세하게 다루고, 쉽게 말 만들기가 가능하도록 구성했습니다. 핵심 문형에 몇 가지 단어를 바꿔주면 다양하게 문장을 확장 및 응용할 수 있어 초보자여도 누구나 쉽게 몇 분이면 바로 통문장을 말할 수 있습니다.

팟캐스트 입트기 훈련 음성으로 말하기 자신감 상승!

기출 답변 모음집을 활용한 말하기 훈련으로 언제 어디서나 간편하게 연습할 수 있습니다. 충분히 말하기 연습을 함으로써 실전 시험에서 당황하지 않고 자신 있게 답변할 수 있습니다.

이 책이 수험생들에게 도움이 되어, TSC 시험에서 우수한 성적을 거둘 수 있기를 바랍니다.

YBM 중국어연구소

TSC® 시험 소개
Test of Spoken Chinese

TSC란?

TSC Test Spoken Chinese는 국내 최초의 CBT 방식의 중국어 Speaking Test로, 중국어 학습자의 말하기 능력을 직접적으로 평가할 수 있는 실용적인 시험입니다.

TSC의 장점

TSC는 인터뷰 형식을 도입하여 응시자의 중국어 말하기 능력을 측정하는 시험입니다. TSC 각 파트의 문제들은 응시자의 중국어 말하기 능력을 다각도로 측정할 수 있도록 다양한 형식과 내용으로 구성되어 있습니다.
또한 TSC는 전문적인 어학평가 교육을 이수한 원어민들이 객관적인 기준에 근거하여 개발 및 채점을 하는 중국어 말하기 능력 평가 시험입니다.

시험 진행 방식

국내 최초의 CBT Computer Based Test와 MBT Mobile Based Test 방식의 평가형태로, 컴퓨터가 설치된 자리에 앉아 마이크가 장착된 헤드셋을 끼고 진행됩니다. 응시자는 각자의 헤드셋을 통해 문제를 듣고 헤드셋 마이크를 통해 답변을 녹음하게 됩니다. 특히 MBT는 소형 Laptop컴퓨터를 통해 컴퓨터 시설이 없는 단체나 학교 등에서 시험을 치를 때 사용합니다.

시험 접수 방법

1 TSC 중국어 말하기시험은 반드시 인터넷 홈페이지 www.ybmtsc.co.kr를 통해 온라인 접수를 하셔야 하며 방문접수는 받지 않습니다.

2 정기시험은 월 1회 이상 실시하고 있으므로, 인터넷 홈페이지 www.ybmtsc.co.kr를 참조하세요.
※ 특별시험은 단체의 필요에 의해 수시로 진행합니다.

3 응시료는 72,600원 부가세10%포함 이며, 인터넷 접수 시 비용 결제는 신용카드 또는 실시간 계좌이체를 통해 가능합니다. 접수가 끝나면 수험표를 출력하여 시험 일자, 시간 등이 정확하게 입력 되었는지 확인하시기 바랍니다.

준비물(규정신분증 안내)

주민등록증, 운전면허증, 기간 만료 전의 여권, 공무원증, 장애인 복지카드 등 유효신분증 지참
※ 기타규정 신분증 및 주의사항은 홈페이지 안내 참고

시험 구성 및 시간

구분	구성	생각할 시간(초)	답변시간(초)	문항 수
제1부분	**自我介绍** 자기소개	0	10	4
제2부분	**看图回答** 그림 보고 답하기	3	6	4
제3부분	**快速回答** 빠르게 답하기	2	15	5
제4부분	**简短回答** 간단하게 답하기	15	25	5
제5부분	**拓展回答** 논리적으로 답하기	30	50	4
제6부분	**情景应对** 상황에 맞게 답하기	30	40	3
제7부분	**看图说话** 그림 보고 이야기 만들기	30	90	1

※ TSC는 모두 7개의 파트, 총 26문항으로 구성되어 있으며, 평가시간은 총 50분오리엔테이션: 20분, 시험: 30분 정도 소요됩니다.
※ 오리엔테이션 시작 후에는 입실이 불가능하며, 오리엔테이션과 본시험 사이에는 휴식시간이 없습니다.

등급

TSCTest Spoken Chinese는 국내 최초의 CBT 방식의 중국어 Speaking Test로, 중국어 학습자의 말하기 능력을 직접적으로 평가할 수 있는 실용적인 시험입니다.

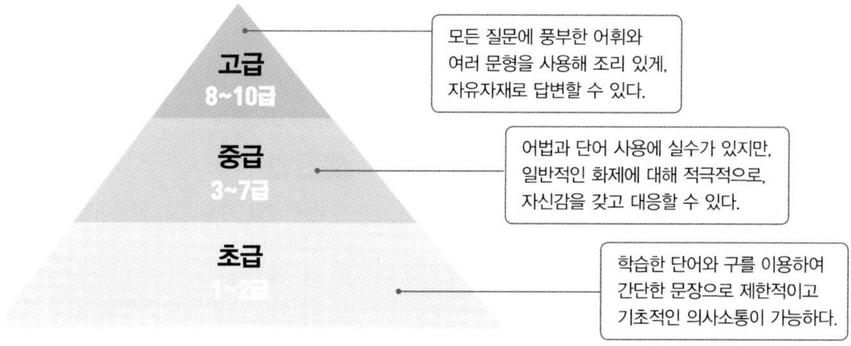

※ 홈페이지 참조

TSC® 시험 화면 구성

Test of Spoken Chinese

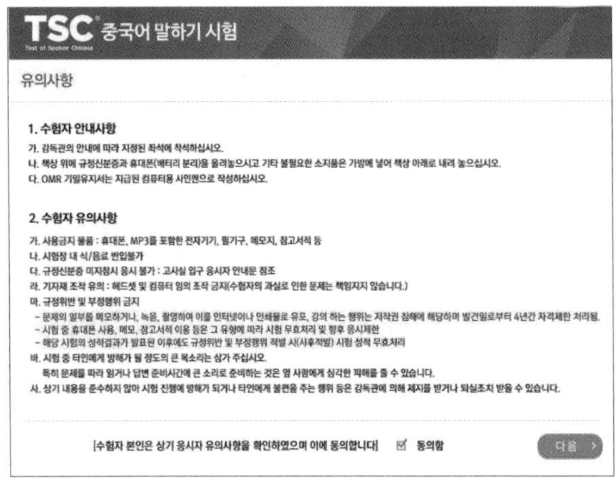

유의사항

수험자 안내 및 유의사항을 읽었으면 동의함에 체크 한 후, 다음 버튼을 누른다.

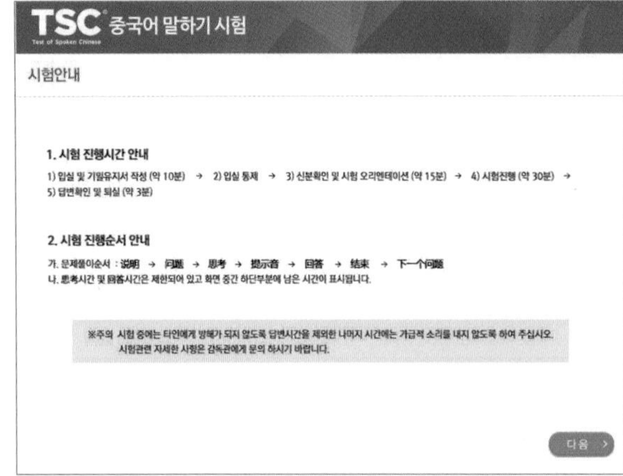

시험안내

시험 진행 시간 및 순서를 읽은 후 다음 버튼을 누른다.

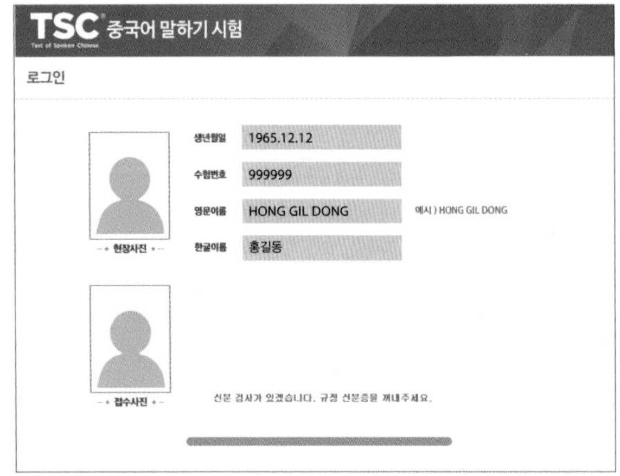

로그인

① 생년월일, 수험번호, 영문이름, 한글 이름을 입력한다.
② 사진을 찍는다.
③ 2번까지 다 하고 나면 현장사진과 접수사진, 그리고 1번에서 이미 입력했던 수험정보 화면이 마지막으로 보여진다.

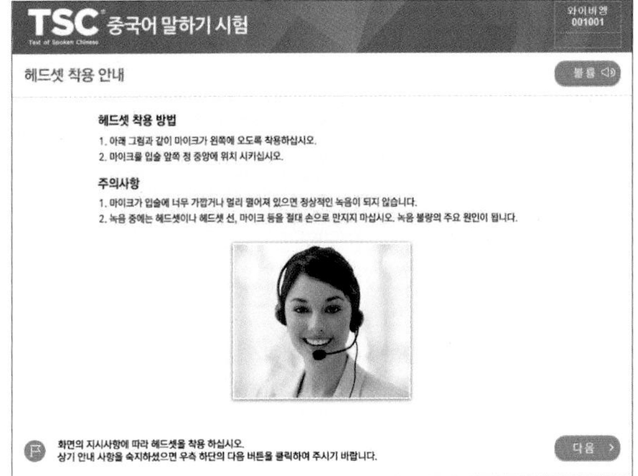

헤드셋 착용 안내

헤드셋을 자신에게 맞게 착용한 후 다음 버튼을 누른다.

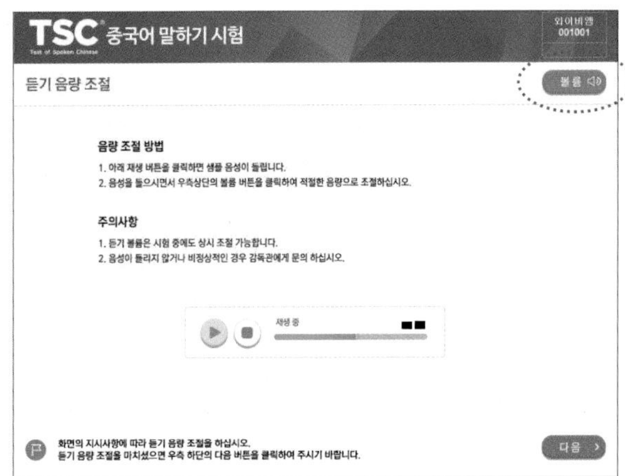

듣기 음량 조절

재생 버튼을 누르면 음성이 들리는데 이때 음성이 작게 들린다면 우측상단의 볼륨 버튼을 클릭하여 음량을 조절한다.

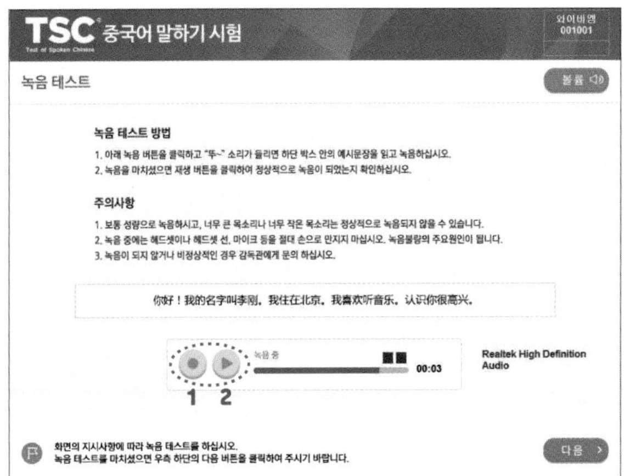

녹음 테스트

헤드셋에 이상이 없는지 1번 녹음 버튼을 누른 후 테스트를 한다. 녹음이 끝났으면 2번 재생 버튼을 눌러 녹음 불량이 없는지 반드시 확인 후 다음 버튼을 누른다.

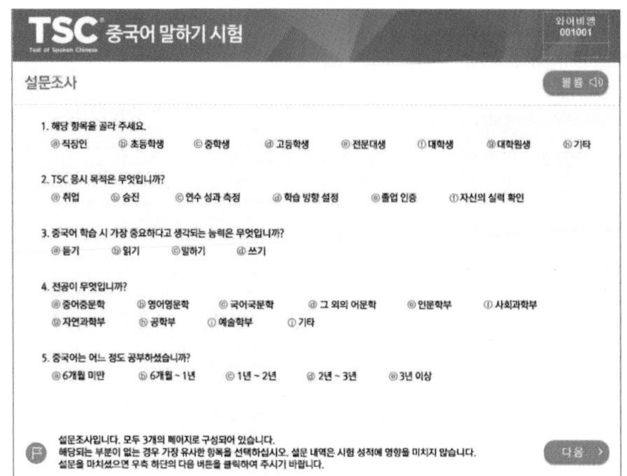

설문조사

설문조사는 3페이지로 구성되어있으며, 시험 성적에는 영향을 미치지 않으니 설문을 끝냈으면 다음 버튼을 누른다.

구분	구성	내용	준비시간(초)	답변시간(초)	문항 수
제 1 부	自我介绍 자기 소개	응시자의 이름, 생일 등을 묻는 문제	0	10	4
제 2 부	看图回答 그림 보고 답하기	제시된 그림을 보고 질문에 간단하게 답하는 문제	3	6	4
제 3 부	快速回答 대화 완성	일상생활과 관련된 화제에 대해 주어진 상황을 가정하여 대화를 완성하는 문제	2	15	5
제 4 부	简短回答 일상 화제에 대해 설명하기	개인적인 질문에 간단하게 답하는 문제	15	25	5
제 5 부	拓展回答 의견 제시	주관적인 견해나 주장을 펼쳐 말하는 문제	30	50	4
제 6 부	情景应对 상황 대응	가상으로 설정된 상황에 알맞게 대응하여 말하는 문제	30	40	3
제 7 부	看图说话 스토리 구성	4개의 연속된 그림을 보고 하나의 완전한 이야기를 만들어 말하는 문제	30	90	1

오리엔테이션

2페이지로 구성된 오리엔테이션을 읽은 후 다음 버튼을 누른다.

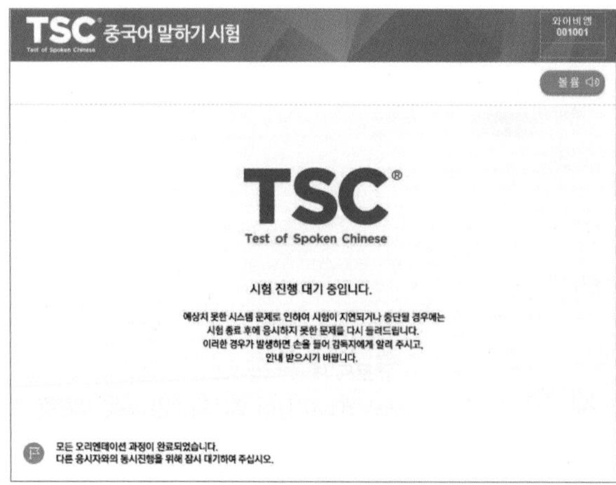

시험 대기

다른 응시자와 동시 진행을 해야 하기 때문에 빨리 끝냈어도 잠시 기다린다.

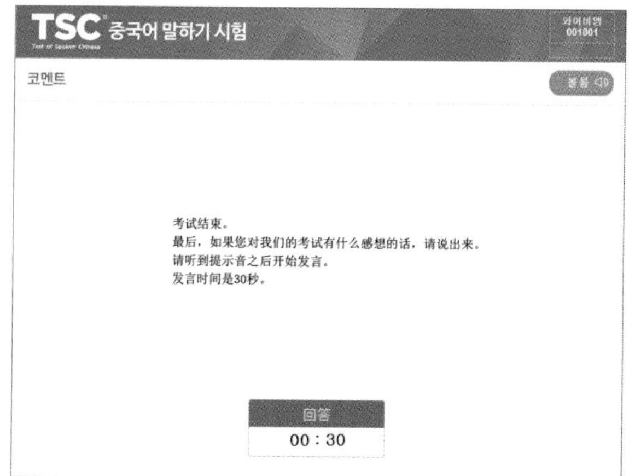

시험 종료 코멘트

시험 종료 후 하고 싶은 말이 있다면 2초 동안 생각 후 30초 안에 답변을 완료한다.

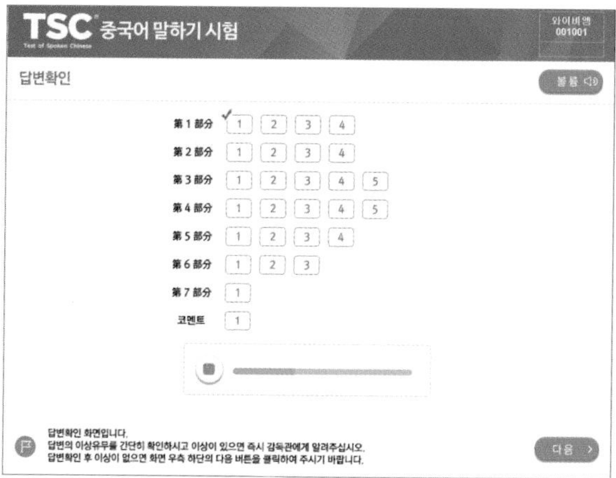

답변확인

문제를 클릭 후 답변 이상유무를 간단히 확인하고 다음 버튼을 누른다.

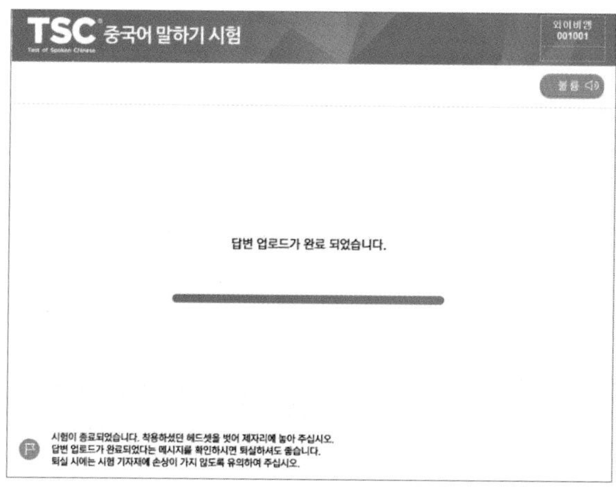

답변 업로드

'업로드 중입니다'에서 '완료 되었습니다'라는 메시지를 확인 후, 착용했던 헤드셋은 제자리에 놓고 퇴실한다.

학습 플랜

20일 완성 학습 계획표

	1일	2일	3일	4일	5일
1주	제1부분 Unit01	제2부분 Unit02	제2부분 Unit03	제2부분 Unit04	제2부분 Unit05
2주	제3부분 Unit06	제3부분 Unit07	제3부분 Unit08	제3부분 Unit09	제3부분 Unit10
3주	제4부분 Unit11	제4부분 Unit12	제4부분 Unit13	제4부분 Unit14	제5부분 Unit15
4주	제5부분 Unit16	제5부분 Unit17	제6부분 Unit18	제6부분 Unit19	제7부분 Unit20

30일 완성 학습 계획표

	1일	2일	3일	4일	5일
1주	어순 및 문장성분	제1부분 Unit01	제1부분 복습	제2부분 Unit02	제2부분 Unit03
2주	제2부분 Unit04	제2부분 Unit05	제2부분 복습	제3부분 Unit06	제3부분 Unit07
3주	제3부분 Unit08	제3부분 Unit09	제3부분 Unit10	제3부분 복습	제4부분 Unit11
4주	제4부분 Unit12	제4부분 Unit13	제4부분 Unit14	제4부분 복습	제5부분 Unit15
5주	제5부분 Unit16	제5부분 Unit17	제5부분 복습	제6부분 Unit18	제6부분 Unit19
6주	제6부분 복습	제7부분 Unit20	제7부분 복습	답변 모음집	실전모의고사

40일 완성 학습 계획표

	1일	2일	3일	4일	5일
1주	**제1부분** Unit01	**제1부분** Unit01	**제2부분** Unit02	**제2부분** Unit02	**제2부분** Unit03
2주	**제2부분** Unit03	**제2부분** Unit04	**제2부분** Unit04	**제2부분** Unit05	**제2부분** Unit05
3주	**제3부분** Unit06	**제3부분** Unit06	**제3부분** Unit07	**제3부분** Unit07	**제3부분** Unit08
4주	**제3부분** Unit08	**제3부분** Unit09	**제3부분** Unit09	**제3부분** Unit10	**제3부분** Unit10
5주	**제4부분** Unit11	**제4부분** Unit11	**제4부분** Unit12	**제4부분** Unit12	**제4부분** Unit13
6주	**제4부분** Unit13	**제4부분** Unit14	**제4부분** Unit14	**제5부분** Unit15	**제5부분** Unit15
7주	**제5부분** Unit16	**제5부분** Unit16	**제6부분** Unit17	**제6부분** Unit17	**제6부분** Unit18
8주	**제6부분** Unit18	**제6부분** Unit19	**제6부분** Unit19	**제7부분** Unit20	**제7부분** Unit20

목차

제5부분 논리적으로 답하기

제6부분 상황에 맞게 답하기

제7부분 그림 보고 이야기 만들기

중국어의 발음

1 한어 병음

알파벳을 사용하여 중국어 발음을 표기한 것을 '한어병음'이라고 한다.

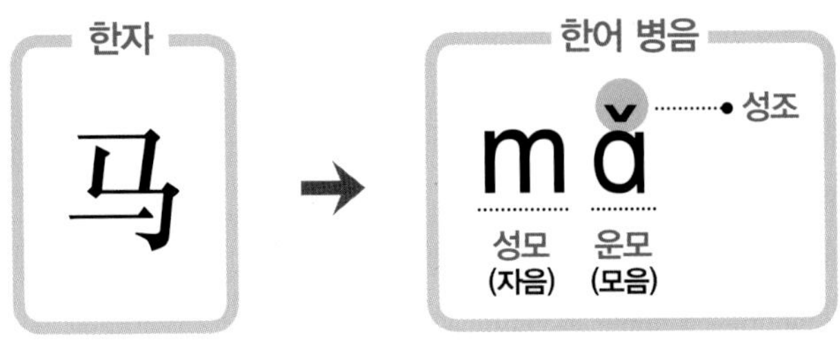

2 성조

01. Mp3

중국어는 음의 높낮이가 있는 언어로, 성조로 한자의 의미를 구분한다. 성조는 총 4개로 구성되어 있으며, 각 성조마다 소리의 특징이 있다.

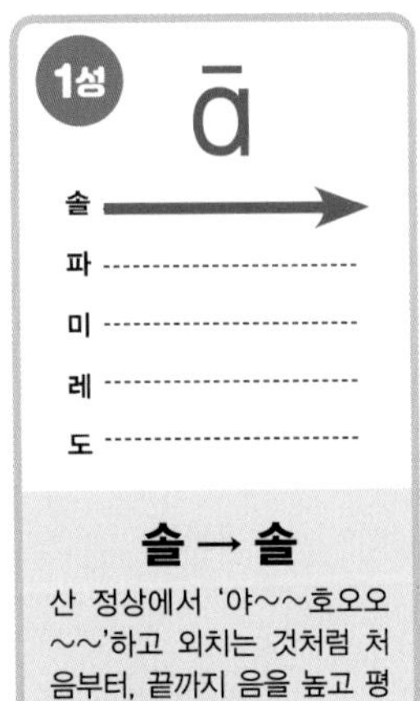

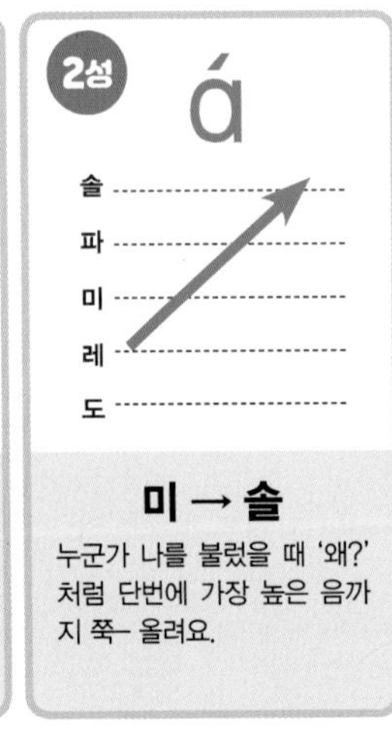

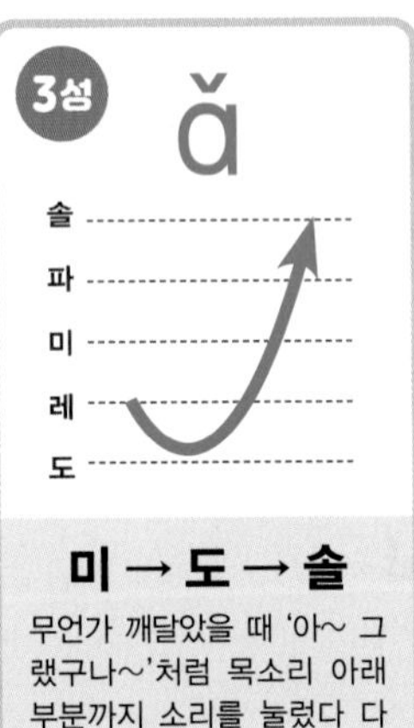

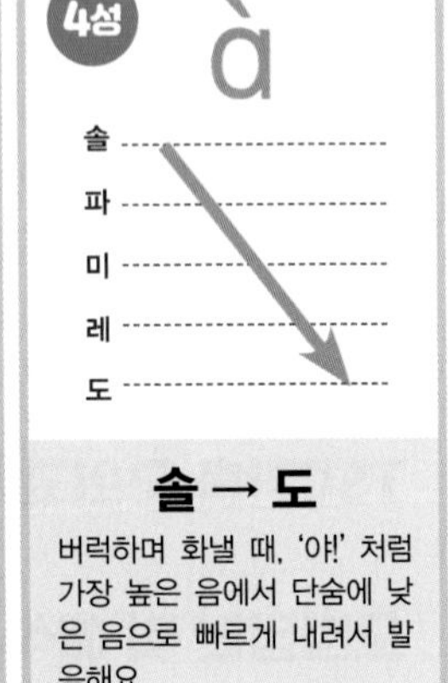

경성 a 짧고 가볍게 내는 소리로 성조부호 표시를 하지 않는다.

3 성모와 운모

02. Mp3

중국어의 발음은 성조, 성모, 운모들이 결합되어 발음을 만든다. 성모 중국어의 발음 성모는 우리말의 'ㄱ, ㄴ, ㄷ'과 같은 자음이다.

중국어의 운모는 우리말 'ㅏ, ㅑ, ㅓ, ㅕ'와 같은 모음이에요.

a	o	e	i	u	ü
아	오어	으어	이	우	위

ü는 우리말의 '위'와 같이 발음 하되, 입모양은 동그랗게 유지한다.

4 헷갈리기 쉬운 발음

03. Mp3

① po와 fo 발음의 차이

po 한국어의 'ㅍ'처럼 발음한다.

fo 영어의 f 발음처럼 윗니를 아랫입술 안쪽에 살짝 붙여서 발음한다.

② ou는 '오우'가 아니라 '어우'라고 발음한다.

dou 떠우(○) 또우(X)

gou 꺼우(○) 꼬우(X)

tou 터우(○) 토우(X)

hou 허우(○) 호우(X)

③ i는 '이'와 '으' 두 가지로 발음한다. j, q, x와 결합하면 '이'로 읽고 z, c, s 또는 zh, ch, sh, r과 결합하면 '으'로 읽는다.

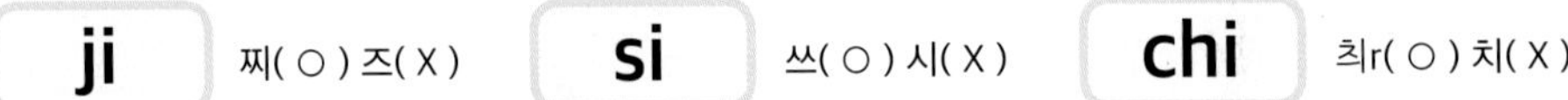

ji 찌(○) 즈(X)

si 쓰(○) 시(X)

chi 츼r(○) 치(X)

④ en은 '엔'이 아니라 '으언'이라고 발음한다.

gen 껀(○) 껜(X)

hen 헌(○) 헨(X)

⑤ ian은 '이안'이 아니라 '이엔'으로 발음한다.

lian 리엔(○) 리안(X)

dian 디엔(○) 디안(X)

⑥ qu은 '추'가 아니라 '취'로 읽는다. 성모 j, q, x 뒤에 오는 u는 원래 ü임으로 '우'로 읽지 않고 '위'로 읽는다.

ju 쥐(○) 주(X)

qu 취(○) 추(X)

5 성조의 변화

① 3성의 성조 변화(발음 상의 변화이고 표기 상의 변화는 없음)

3성 뒤에 3성이 오는 경우, 앞의 3성은 2성으로 발음한다.

3성 + 3성 = 2성 + 3성

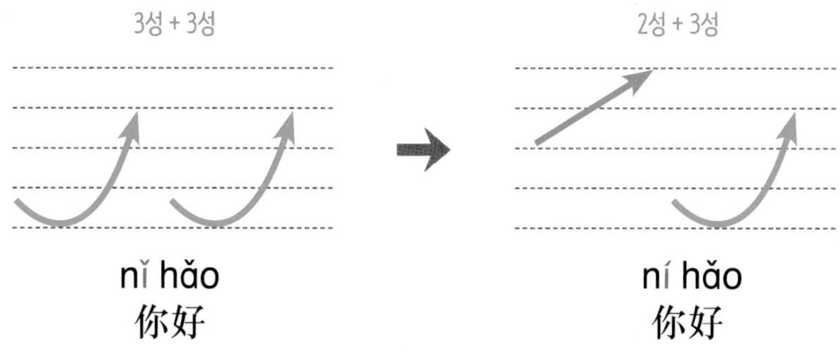

◆ 성조 변화에 유의하여 발음해 보세요. 04. Mp3

(1) 手表 shǒubiǎo → shóubiǎo
(2) 很好 hěn hǎo → hén hǎo
(3) 很冷 hěn lěng → hén lěng
(4) 几点 jǐ diǎn → jí diǎn

3성 + 1, 2, 4, 경성 = 반3성 + 1, 2, 4, 경성

3성 뒤에 1성 · 2성 · 4성이나 경성이 올 경우, 앞의 3성은 앞부분 절반만 발음하는데, 이를 '반3성'이라 한다. 단, 성조표기는 그대로 한다.

◆ 성조 변화에 유의하여 발음해 보세요. 05. Mp3

(1) 老师 lǎoshī
(2) 美国 Měiguó
(3) 可乐 kělè
(4) 姐姐 jiějie

② 不의 성조 변화

不는 원래 4성이지만, 뒤에 4성이 오는 경우 2성으로 발음한다.

不 bù + 4성 = 不 bú(2성) + 4성

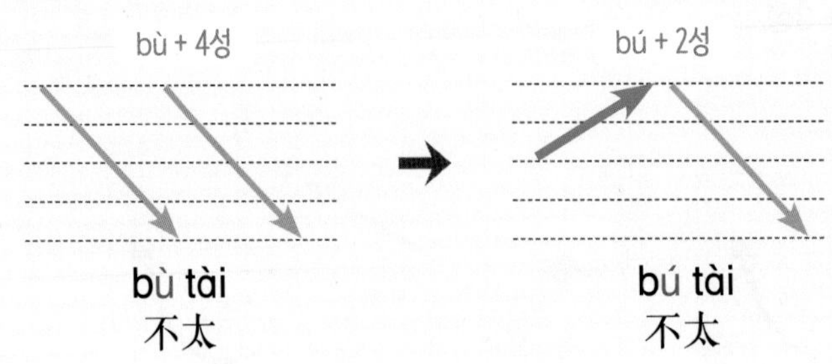

◆ 성조 변화에 유의하여 발음해 보세요. 06. Mp3

(1) 不是 bùshì → búshì

(2) 不大 bù dà → bú dà

(3) 不过 bùguò → búguò

(4) 不看 bù kàn → bú kàn

③ 一의 성조 변화

수사 一는 원래 1성이지만, 4성이나 4성이 변한 경성 앞에서는 2성으로 읽는다.

一 yī + 4성, 경성 = 一 yí (2성) + 4성, 경성

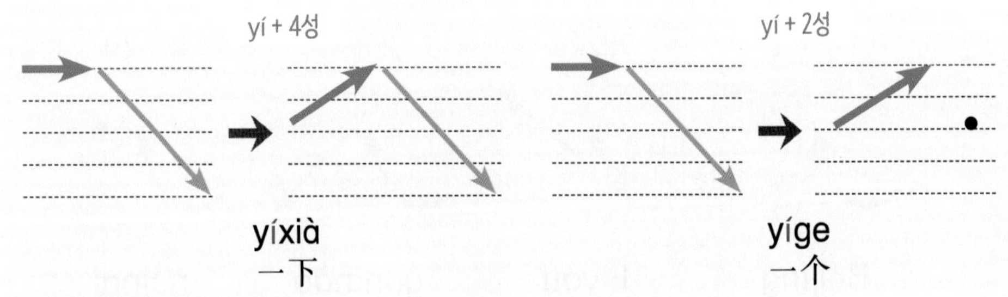

◆ 성조 변화에 유의하여 발음해 보세요. 07. Mp3

(1) 一刻 yíkè

(2) 一共 yígòng

(3) 一定 yídìng

(4) 一样 yíyàng

一가 서수나 단독으로 쓰이는 경우가 아닐 때, 1성, 2성, 3성 앞에 쓰이면 4성으로 읽는다.

一 yī + 1, 2, 3성 = 一 yì(4성) + 1, 2, 3성

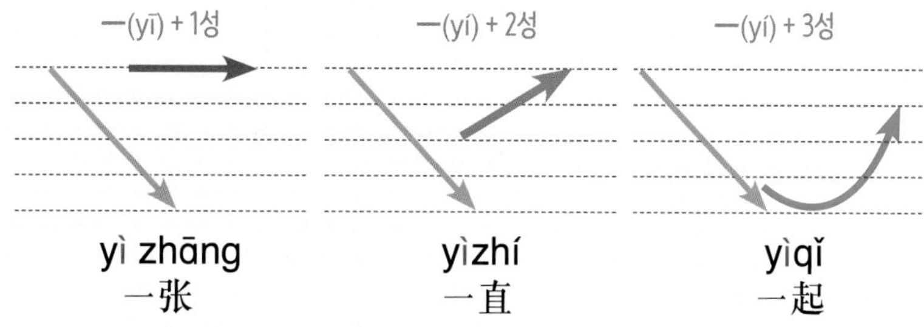

주의 一는 단독으로 쓰이거나 서수로 쓰일 때는 성조변화가 없다.

◆ 성조 변화에 유의하여 발음해 보세요. 08. Mp3

(1) 一般 yìbān (2) 一年 yìnián (3) 一本 yìběn

6 얼화(儿化)

儿(ér)은 독립적으로는 [ér]로 발음되지만, 때때로 명사나 일부 동사 뒤에 붙여서 한 단어처럼 발음하는데 이러한 현상을 얼화(儿化 érhua)라고 하며, 주로 북방지역과 베이징 사람들이 습관적으로 잘 사용한다. 표기할 때는 보통 앞 음절 뒤에 r을 표시하고, 발음은 경우에 따라 조금씩 차이가 있다.

◆ 성조 변화에 유의하여 발음해 보세요. 09. Mp3

(1) 花儿 huār (2) 哪儿 nǎr (3) 歌儿 gēr

어순 및 문장성분

1 어순 및 문장성분

품사가 문장에서 하는 역할을 문장성분이라고 한다. 중국어는 크게 기본성분인 '주어·술어·목적어'와 수식성분인 '관형어·부사어', 그리고 보충성분인 '보어'로 나뉜다.

① 주어

어떤 행위나 상태의 주체가 되는 문장성분이다. 주어로 쓰이는 대표적인 품사는 '명사 · 대명사 · 수량사'가 있으나 동사구, 형용사구도 주어로 쓰일 수 있다.

声音很好听。 Shēngyīn hěn hǎo tīng. 목소리가 듣기 좋다.

弟弟吃苹果。 Dìdi chī píngguǒ. 남동생이 사과를 먹는다.

② 서술어

주어의 행위나 상태의 주체가 되는 문장성분이다. 술어로 쓰이는 대표적인 품사는 '동사'와 '형용사'가 있다. 간혹 명사나 주술구도 서술어가 되기도 한다.

声音很好听。 Shēngyīn hěn hǎo tīng. 목소리가 듣기 좋다.

弟弟吃了苹果。 Dìdi chīle píngguǒ. 남동생이 사과를 먹었다.

③ 목적어

동사가 서술어일 때 동작의 대상이 되는 문장성분이다. 목적어로 쓰이는 대표적인 품사는 '명사 · 대명사 · 수량사'가 있다. 중국어에서는 동사(구)가 목적어 역할을 하는 경우가 흔하다.

弟弟吃苹果。 Dìdi chī píngguǒ. 남동생은 사과를 먹는다.

④ 부사어

술어 앞에서 정도, 상태, 방식, 시간, 장소 등을 수식하는 문장성분이다. 대표적인 품사로는 시간사, 부사, 전치사구, 형용사가 있다. 시간 사는 주어 앞이나 뒤에 쓴다.

声音确实很好听。 Shēngyīn quèshí hěn hǎo tīng. 목소리가 정말 듣기 좋다.

刚才弟弟在房间里吃了苹果。 Gāngcái dìdi zài fángjiān lǐ chīle píngguǒ.
방금 남동생이 방에서 사과를 먹었다.

⑤ 관형어

명사, 대명사 등 앞에서 성질, 수량, 소유 등을 나타내는 수식 성분이다. 주로 주어나 목적어를 수식하면서 명사, 대명사, 형용사, 수량사 등이 관형어가 될 수 있다. 관형어가 명사를 수식할 때는 的(~의)를 사용한다.

他的声音确实很好听。 Tā de shēngyīn quèshí hěn hǎo tīng. 그의 목소리는 확실히 듣기 좋다.

我的弟弟吃了两个苹果。 Wǒ de dìdi chīle liǎng ge píngguǒ. 나의 남동생은 사과 두 개를 먹었다.

⑥ 보어

영어의 보어와 다르게 중국어의 보어는 서술어(동사, 형용사)뒤에 위치하여 결과, 방향, 상태, 정도, 가능, 수량 등을 보충 설명한다.

弟弟吃完了两个苹果。 Dìdì chī wánle liǎng ge píngguǒ.
남동생은 사과 두 개를 모두 먹었다. [먹은 결과를 나타냄]

他跑得很快。 Tā pǎo de hěn kuài. 그는 빨리 달린다. [달리는 상태를 나타냄]

술어문의 기본문형

1 동사 술어문

동사가 술어 역할을 하는 문장으로 한국어와 다르게 중국어는 목적어가 동사 뒤에 온다.

① 긍정문

주어 + 술어(동사) + 목적어。

我学汉语。 Wǒ xué Hànyǔ. 저는 중국어 공부를 합니다.

② 부정문

~이 아니다

주어 + 不 + 술어(동사) + 목적어。

我不学汉语。 Wǒ bù xué Hànyǔ. 저는 중국어 공부를 하지 않습니다.

③ 의문문

의문을 나타냄

주어 + 술어(동사) + 목적어 + 吗?

你学汉语吗? Nǐ xué Hànyǔ ma? 당신은 중국어 공부를 하나요?

주어 + 술어(동사) + 不 + 술어(동사) + 목적어?

你学不学汉语? Nǐ xué bu xué Hànyǔ? 당신은 중국어 공부를 하나요 하지 않나요?

무엇

주어 + 술어(동사) + 什么?

你学什么? Nǐ xué shénme? 당신은 무엇을 배우나요?

어디

주어 + 술어(동사) + 哪儿?

你去哪儿? Nǐ qù nǎr? 당신은 어디를 가요?

누구

谁 + 술어(동사) + 목적어?

谁喝咖啡? Shuí hē kāfēi? 누가 커피를 마시나요?

▷ 什么, 哪儿, 谁 등은 의문대명사로 의문문을 말할 때는 吗를 쓰지 않는다.

2 형용사 술어문

형용사가 서술어 역할을 하는 문장으로 한국어처럼 중국어도 형용사가 문장에서 술어 역할을 한다.

① 긍정문

주어 + 很 + 술어(형용사)。

今天很热。 Jīntiān hěn rè. 오늘은 덥습니다.

▷ 형용사 앞에 일반적으로 很을 사용한다. 그러나 很은 형용사를 강조하고 의미는 없다.

② 부정문

주어 + 不 + 술어(형용사)。

今天不热。 Jīntiān bú rè. 오늘은 덥지 않습니다.

③ 의문문

주어 + 술어(형용사) + 吗？

今天热吗? Jīntiān rè ma? 오늘은 덥나요?

주어 + 술어(형용사) + 不 + 술어(형용사)?

今天热不热? Jīntiān rè bu rè? 오늘은 덥나요? 안 덥나요?

의문 대명사

주어 + 怎么样？

他怎么样? Tā zěnmeyàng? 그는 어떤가요?

무료 학습자료 제공
www.ybmbooks.com

第一部分 自我介绍

제1부분

자기소개

이름

생년월일

가족

소속

제1부분 | 자기소개

구성

유형	간단한 자기소개 문제로, 수험자의 이름, 생년월일, 가족, 소속을 묻는다. 항상 같은 문제가 출제되므로 미리 답변을 준비해 두도록 하자.
문항 수	4문항
답변 준비 시간	없음
답변 시간	문제당 10초

전략 포인트

① 간단하게 이야기하자!

1부분은 본격적인 시험에 앞서 간단하게 응시자의 이름, 생년월일, 가족, 소속 등을 묻는 문제이므로 너무 길게 대답할 필요 없이 간단하게 답변하면 된다.

② 긴장하지 말자!

1부분은 시험 성적에 영향을 미치지 않으니, 긴장하지 말고 본인이 준비해 간 대답만 간단하게 말하자.

③ 최소한 자신의 이름 성조는 정확하게 이야기하자!

1부분이 아무리 시험 성적에 반영이 되지 않더라도, 자신의 이름 성조조차 틀리는 사람은 뒷부분 답변 내용을 안 들어봐도 뻔할 것이다. 답변에서 군데군데 성조를 틀리게 이야기할 수도 있지만 최소한 자신의 이름 성조만큼은 제대로 이야기하도록 하자.

시험 맛보기

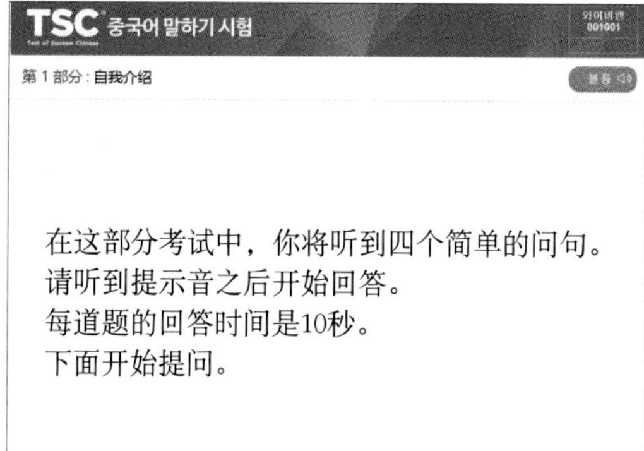

첫 화면에 1부분 유형의 지시문과 음성이 같이 나온다.

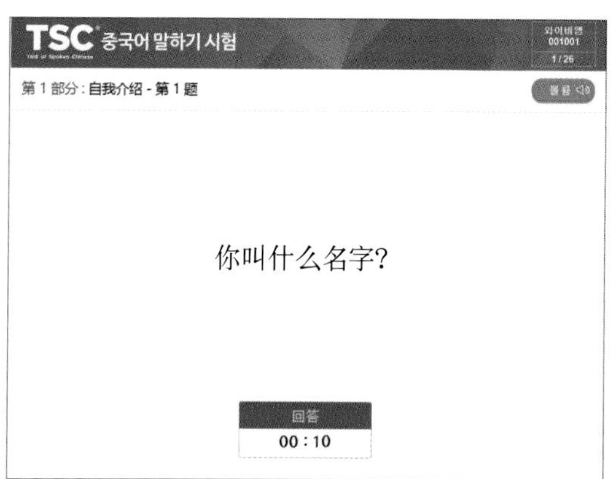

두 번째 화면에 문제 텍스트와 함께 음성이 나오고 답변 준비 시간이 없이, [回答]라고 표시되며 답변 시간 10초가 카운트된다. 답변 시간이 모두 끝나면 "现在结束。" 멘트가 나온다.

回答 〉 "现在结束。"

Unit 01

자기소개

기본 단어

10. Mp3

1 이름

叫 jiào 동 부르다, 불리다

什么 shénme 명 무엇

名字 míngzi 명 이름

2 생년월일

请 qǐng 동 상대방에게 어떤 일을 부탁하거나 권할 때 쓰는 경어

说出 shuōchū 말하다

出生 chūshēng 동 태어나다

年 nián 명 해, 년

月 yuè 명 월

日 rì 명 일, 날

号 hào 명 일

出生年月日 chūshēng nián yuè rì 생년월일

3 가족

家 jiā 명 집, 가정

有 yǒu 동 있다

几 jǐ 수 몇

口 kǒu 양 명, 식구 [식구 수를 세는 양사]

人 rén 명 사람

个 ge 양 명, 개 [사람 또는 사물을 세는 양사]

和 hé 접 ~와, ~과

老公 lǎogōng 남편

* 老婆 lǎopo 아내 → 시험 용어로는 적합하지 않음.

先生 xiānsheng 명 남편 (=丈夫 zhàngfu)

妻子 qīzi 명 아내 (=太太 tàitai)

孩子 háizi 명 아이

爱人 àiren 명 아내, 남편

儿子 érzi 명 아들

女儿 nǚ'ér 명 딸

爸爸 bàba 명 아빠

妈妈 māma 명 엄마

哥哥 gēge 명 형, 오빠

姐姐 jiějie 명 누나, 언니

弟弟 dìdi 명 남동생

妹妹 mèimei 명 여동생

3 소속

在 zài 전 ~에서

地方 dìfang 명 장소

工作 gōngzuò 명 일 동 일하다

或者 huòzhě 접 또는, 혹은

哪个 nǎge 대 어떤

学校 xuéxiào 명 학교

公司 gōngsī 명 회사

贸易 màoyì 명 무역

上学 shàngxué 동 등교하다

是 shì 동 ~이다

大学 dàxué 명 대학교

学生 xuésheng 명 학생

답변 필수 문형

1 이름

문제를 활용하여 자신의 이름을 목적어 자리에 두어 간단하게 답변한다.

我	叫	李在现。	Wǒ jiào Lǐ Zàixiàn. 제 이름은 이재현입니다.
주어	술어(동사)	목적어	

2 생년월일

생년월일은 '**是**+생년월일+**的**'을 사용해서 답변한다.

▷ 是는 여기서 동사가 아니므로 '~이다'로 해석하지 않는다. 的 역시 실질적인 뜻은 없으며 생략하여 사용하지 않는다.

我	是	1980年3月14号	出生	的。
주어	(강조)	강조하는 내용(부사어)	술어(동사)	(강조)

Wǒ shì yī jiǔ bā líng nián sān yuè shísì hào chūshēng de. 저는 1980년 3월 14일에 태어났습니다.

3 가족

간단히 몇 식구가 있는지만 이야기하거나 가족 구성원을 보충 설명으로 넣어 답변하면 된다.

我家	有	四口人。	Wǒ jiā yǒu sì kǒu rén. 우리 집은 네 식구입니다.
주어	술어(동사)	목적어	

我家	有	四口人，	爸爸、妈妈、弟弟和我。
주어	술어(동사)	목적어	부연설명

Wǒ jiā yǒu sì kǒu rén, bàba、māma、dìdi hé wǒ. 우리 집은 네 식구로, 아빠, 엄마, 남동생, 그리고 저입니다.

4 소속

어떤 회사 또는 학교를 다니는지 간단하게 답변한다.

我	在YBM公司	工作。	Wǒ zài YBM gōngsī gōngzuò.
주어	부사어(전치사구)	술어(동사)	저는 YBM 회사에서 근무합니다.

我	是	韩国大学的	学生。	Wǒ shì Hánguó dàxué de xuésheng.
주어	술어(동사)	관형어(수식어)	목적어	저는 한국 대학교 학생입니다.

11. Mp3

기출 문제 | 이름

당신의 이름은 무엇입니까?

你叫什么名字?

Nǐ jiào shénme míngzi?

답변 제 이름은 이재현입니다.

我叫李在现。 Wǒ jiào Lǐ Zàixiàn.

주어	술어(동사)	목적어	
我 wǒ 나	叫 jiào 부르다	姜荷娜 Jiāng Hénà 강하나	。

자신의 이름

12. Mp3

기출 문제 | 생년월일

당신의 생년월일을 말해 보세요.

请说出你的出生年月日。

Qǐng shuōchū nǐ de chūshēng nián yuè rì.

답변 저는 1980년 3월 14일에 태어났습니다.

我是1980年3月14号出生的。

Wǒ shì yī jiǔ bā líng nián sān yuè shísì hào chūshēng de.

주어	강조	강조 내용	술어(동사)	강조	
我 wǒ 나	是 shì	1975年6月8号 yī jiǔ qī wǔ nián liù yuè bā hào 1975년 6월 8일	出生 chūshēng 태어나다	的 de	。

핵심 콕콕 숫자를 말할 때 주의할 점

0	1	2	3	4	5	6	7	8	9	10	100	1000
零	一	二	三	四	五	六	七	八	九	十	百	千
líng	yī	èr	sān	sì	wǔ	liù	qī	bā	jiǔ	shí	bǎi	qiān

전화번호, 년도, 버스 노선번호, 방 번호 등은 한자리씩 읽는다. 숫자 1은 'yāo'로 발음하고 幺로 표기한다.

예 二零零五年 èr líng líng wǔ nián 2005년　三幺七路公交车 sān yāo qī lù gōngjiāochē 317번 버스

수량을 나타낼 때 숫자 2는 二 èr이 아닌 两 liǎng으로 써야 한다.

예 我有两个妹妹。 Wǒ yǒu liǎng ge mèimei. 저는 여동생이 두 명 있습니다.

기출 문제 | 가족

13. Mp3

당신의 가족은 몇 명입니까?

你家有几口人?

Nǐ jiā yǒu jǐ kǒu rén?

답변 1 우리 집은 네 식구입니다.

我家有四口人。 Wǒ jiā yǒu sì kǒu rén.

주어	동사	목적어	
我家 wǒ jiā 우리 집	有 yǒu 있다	两口人 liǎng kǒu rén 두 식구 三口人 sān kǒu rén 세 식구 五口人 wǔ kǒu rén 다섯 식구	。

핵심 콕콕 양사(분류사)

양사(분류사)란 '학생 두 명', 책 세 권' 같이 사람이나 사물을 세는 단위인데, 한국어에서는 양사가 필수는 아니지만 중국어에서는 양사가 거의 모든 명사에 필요하다. 그 순서는 '수사+양사+명사'로 수사가 바로 명사를 수식하지 못한다.

예 三本书 sān běn shū 책 세 권
两个学生 liǎng ge xuésheng 학생 두 명

답변 2 우리 집은 네 식구로, 아빠, 엄마, 남동생 그리고 저입니다.

我家有四口人，爸爸、妈妈、弟弟和我。

Wǒ jiā yǒu sì kǒu rén, bàba、māma、dìdi hé wǒ.

주어	동사	목적어		가족 명사	접속사	명사	
我家	有	四口人	，	爸爸、妈妈、姐姐 bàba、māma、jiějie 아빠, 엄마, 누나(언니) 爱人、儿子、女儿 àiren、érzi、nǚ'ér 아내(남편), 아들, 딸	和 hé ~과(와)	我 wǒ 저	。

가족 소개 팁

가족을 소개할 때는 구성원의 수를 먼저 말하고 각 구성원을 열거하며 일반적으로 본인은 마지막에 소개한다.

기출 문제 | 소속

당신은 어디에서 근무합니까? 또는 어느 학교에 다니나요?

你在什么地方工作？或者你在哪个学校上学？

Nǐ zài shénme dìfang gōngzuò? Huòzhě nǐ zài nǎge xuéxiào shàngxué?

답변 1 저는 YBM 회사에서 근무합니다.

我在YBM公司工作。 Wǒ zài YBM gōngsī gōngzùo.

주어	부사어(전치사구)	술어(동사)	
我 wǒ 저	在贸易公司 zài màoyì gōngsī 무역회사에서	工作 gōngzùo 일하다	。

핵심 콕콕 회사명을 중국어로 모를 경우

회사명을 중국어로 모를 경우 가게나 기업을 셀 때 사용하는 양사 家를 써서 말해보세요.

예 我在一家贸易公司工作。Wǒ zài yì jiā màoyì gōngsī gōngzuò. 저는 무역회사에서 근무합니다.

답변 2 저는 한국 대학교 학생입니다.

我是韩国大学的学生。 Wǒ shì Hángúo dàxué de xuésheng.

주어	술어(동사)	관형어(수식어)	목적어	
我 wǒ 저	是 shì ~이다	中国大学的 Zhōngguó dàxué de 중국 대학교	学生 xuésheng 학생	。

핵심 콕콕 전공과 학년

조금 더 정확하게 전공과 학년까지 말하고 싶다면 '我 + 是 + (학교 이름)大学 + (전공)系 + (학년)年级 + 的学生'의 어순에 맞춰 말해보세요.

예 我是韩国大学中文系四年级的学生。Wǒ shì Hánguó dàxué zhōngwén xì sì niánjí de xuésheng.
저는 한국 대학교 중문과 4학년 학생입니다.

TSC® 실전 엿보기
Test of Spoken Chinese

第1部分：自我介绍

回答
00:10

본인의 상황에 맞게 답해 보세요. 15. Mp3

문제 1 你叫什么名字？

Nǐ jiào shénme míngzi?

당신의 이름은 무엇입니까?

____

문제 2 请说出你的出生年月日。

Qǐng shuōchū nǐ de chūshēng nián yuè rì.

당신의 생년월일을 말해 보세요.

____

문제 3 你家有几口人？

Nǐ jiā yǒu jǐ kǒu rén?

당신의 가족은 몇 명입니까?

____

문제 4 你在什么地方工作？或者你在哪个学校上学？

Nǐ zài shénme dìfang gōngzuò? Huòzhě nǐ zài nǎge xuéxiào shàngxué?

당신은 어디에서 근무합니까? 또는 어느 학교에 다니나요?

____

무료 학습자료 제공
www.ybmbooks.com

第二部分 看图回答

제2부분

그림 보고 답하기

제2부분 | 그림 보고 답하기

구성

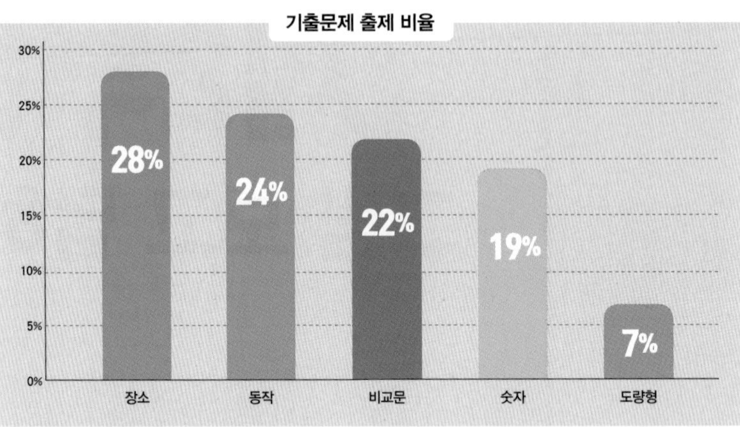

유형	그림과 함께 장소, 동작, 비교, 사물의 위치, 나이와 같은 숫자 읽기, 도량형, 형용사와 동사의 간단한 활용 등을 묻는 문제가 출제된다.
문항 수	4문항
답변 준비 시간	3초
답변 시간	문제당 6초

전략 포인트

① 문제를 정확하게 듣자!

2부분은 그림만 제시되고 질문은 화면에 나오지 않으므로 문제를 정확하게 들어야 한다. 문제의 핵심이 무엇인지 그림을 보면서 빠르게 파악하자.

② 한 문장으로 대답하자!

2부분의 답변 시간은 6초로 생각보다 짧다. 따라서 숫자 질문이면 핵심 숫자를, 방향을 묻는 문제이면 방향을, 동작을 묻는 문제이면 핵심 동작을 넣어 간단한 문장으로 대답하자.

③ 숫자, 방위사, 동작, 비교문을 파악하자!

2부분은 방향을 나타내는 방위사, 동작 관련 동사, 숫자(시간, 가격, 도량형), 그리고 비교문이 자주 등장한다. 따라서 관련 단어 및 문형, 구문 등을 숙지하도록 하자.

시험 맛보기

2부분은 답변 시간이 비교적 짧으므로 답변을 질문에 크게 벗어나지 않게 대답해야 좋은 점수를 받을 수 있다.

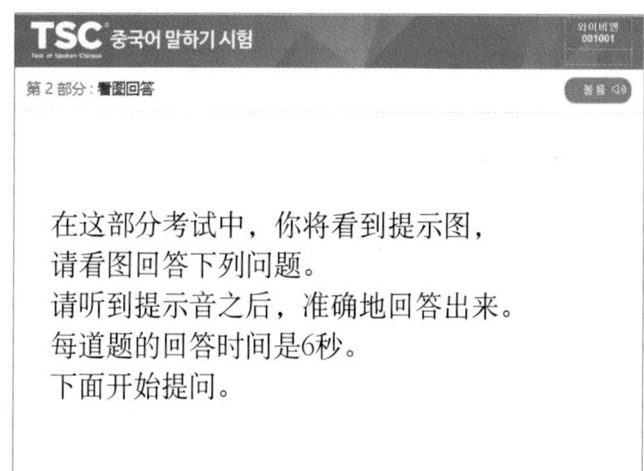

첫 화면에 2부분 유형의 지시문과 음성이 같이 나온다.

두 번째 화면에 그림과 함께 문제가 음성으로 나오고 하단에 [思考]라는 표시와 함께 3초의 준비 시간이 주어진다. 준비 시간이 끝나면 '삐' 소리가 나온다.

思考 〉 #Beep

화면 하단에 [回答]라고 표시되며 답변 시간 6초가 카운트된다. 답변 시간이 모두 끝나면 "现在结束。" 멘트가 나온다.

回答 〉 "现在结束。"

Unit 02 속성(인물/사물), 시간, 날짜, 화폐, 도량형

기본 단어

16. Mp3

1 대명사

这个 zhège 대 이것
那个 nàge 대 저것
这些 zhèxiē 대 이것들
那些 nàxiē 대 저것들
谁 shéi 대 누구

2 직업 및 관계

医生 yīshēng 명 의사 (=大夫 dàifu)
公司职员 gōngsī zhíyuán 회사원
记者 jìzhě 명 기자
朋友 péngyou 명 친구
男 nán 명 남자(=男的 nánde)
女 nǚ 명 여자(=女的 nǚde)
同学 tóngxué 명 학우, 동창
同屋 tóngwū 명 룸메이트
同事 tóngshì 명 직장 동료
漂亮 piàoliang 형 예쁘다
售货员 shòuhuòyuán 명 판매원

3 사물과 장소 명사

西瓜 xīguā 명 수박
香蕉 xiāngjiāo 명 바나나
铅笔 qiānbǐ 명 연필
桌子 zhuōzi 명 탁자
椅子 yǐzi 명 의자
眼镜 yǎnjìng 명 안경
电脑 diànnǎo 명 컴퓨터
手机 shǒujī 명 휴대폰
茶 chá 명 차
医院 yīyuàn 명 병원
图书馆 túshūguǎn 명 도서관
银行 yínháng 명 은행
饭店 fàndiàn 명 레스토랑
去 qù 동 가다
开 kāi 동 열다, 닫다
关 guān 동 닫다, 끄다
门 mén 명 문
都 dōu 부 모두, 다

3 시간과 수량

现在 xiànzài 명 지금, 현재
点 diǎn 명 시
分 fēn 명 분
半 bàn 수 반(30분)
刻 kè 양 15분
差 chà 동 모자라다
几 jǐ 수 몇
多少 duōshao 부 얼마

4 도량형

米 mǐ 양 미터(m)
厘米 límǐ 양 센티미터(cm)
公斤 gōngjīn 양 킬로그램(kg)
重 zhòng 형 무겁다
长 cháng 형 길다
个子 gèzi 명 키

답변 필수 문형

동사 是

주어	술어(동사)	목적어(명사)
S	是 shì	O
사람, 시간 지시대명사, 일반명사	'~이다' (영어의 'be 동사')	직업, 신분 요일, 날짜, 시간, 도량형

한국어의 '~이다': 서술격 조사, 목적어 없이 단독으로 대답 불가하다.

A: 당신은 학생 인가요?
주어 목적어 서술격 조사
B: 학생이에요.

중국어의 '是': 완벽한 동사로 술어 역할을 함. 뒤에 명사 목적어를 사용, 단독으로 대답 가능하다.

A: 你 是 学生吗? Nǐ shì xuésheng ma? 당신은 학생인가요?
주어 술어(동사) 목적어
B: 是。 Shì. 네.

영어의 'be': 동사임. 그러나 뒤에 주어를 설명하는 형용사 혹은 명사가 온다.

예 Are you a student? / She is pretty.
be동사 명사(주어 설명) 형용사(주어 설명)

▷ 동사 + 了는 동작의 완료를 나타낸다. 중국어에서 是는 완벽한 동사로 술어 역할을 하며 뒤에 목적어가 온다.
영어의 'be 동사'와는 다르기에 중국어에서는 '她是很漂亮。Tā shì hěn piàoliang.'은 틀린 문장이다.

기출 문제 | 인물

17. Mp3

그는 누구인가요?

他是谁?

Tā shì shéi?

주어	술어(동사)	목적어	
她 tā 그녀 这个人 zhège rén 이 사람 那个人 nàge rén 저 사람	是 shì ~이다	谁 shéi 누구	?

답변 1 그는 기자입니다.

他是记者。 Tā shì jìzhě.

주어	술어(동사)	목적어	
她 这个人 那个人	是	学生 xuésheng 학생 医生 yīshēng 의사 公司职员 gōngsī zhíyuán 회사원	。

답변 2 그는 저의 직장 동료입니다.

他是我的同事。 Tā shì wǒ de tóngshì.

주어	술어(동사)	관형어	목적어	
她 这个人 那个人	是	我的 wǒ de 나의	朋友 péngyou 친구 同学 tóngxué 학우, 동창 同屋 tóngwū 룸메이트	。

핵심 콕콕 조사 的: '~의'

的는 관형어(수식어)와 명사, 대명사를 연결하며 관형어와 명사, 대명사 간의 관계가 긴밀할 때는 생략할 수 있다.

예 我的朋友 wǒ de péngyou 나의 친구
我妈妈 wǒ māma 우리 엄마

기출 문제 | 사물

18. Mp3

이것은 무엇인가요?

这(个)是什么?

Zhè(ge) shì shénme?

목적어	동작의 완료	목적어	
那(个) nà(ge) 저, 저것 这些 zhèxiē 이것들 那些 nàxiē 그것들	是 shì ~이다	什么 shénme 무엇	?

답변 이것은 휴대폰입니다.

这(个)是手机。 Zhè(ge) shì shǒujī.

주어	술어(동사)	목적어	
那(个) 这些 那些	是	香蕉 xiāngjiāo 바나나 铅笔 qiānbǐ 연필 电脑 diànnǎo 컴퓨터	。

핵심 콕콕 사물이 복수일 경우

질문에 똑같은 사물이 여러 개일 경우 [这些(那些) + 都 + 是 + 사물] '이것들(그것들)은 모두 ~입니다' 형식으로 대답할 수 있는데, 부사 都는 동사 앞에 있어야 한다.

예 这些都是西瓜。 Zhèxiē dōu shì xīguā. 이것들은 모두 수박입니다.
那些都是手表。 Nàxiē dōu shì shǒubiǎo. 그것들은 모두 손목시계입니다.

기출 문제 | 시간1

19. Mp3

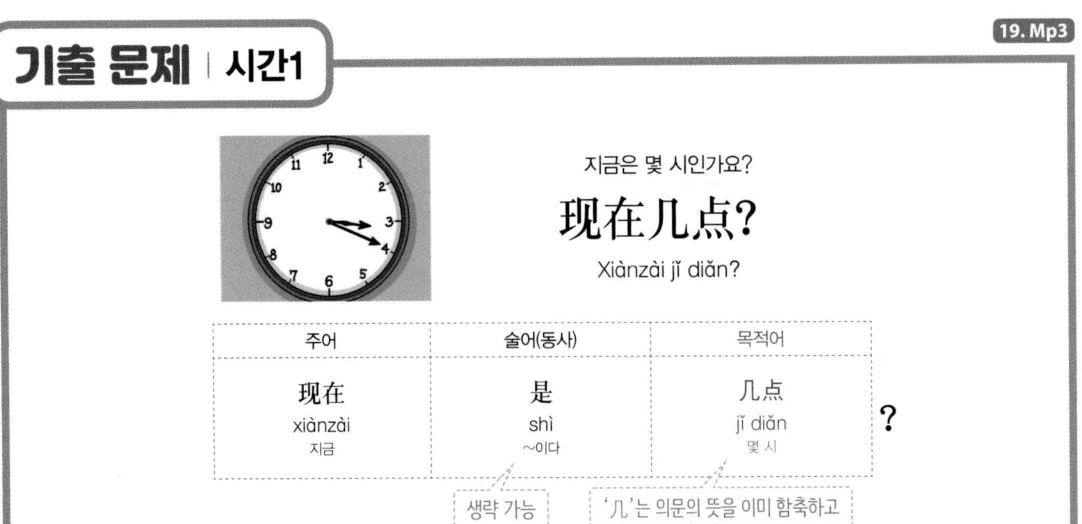

지금은 몇 시인가요?

现在几点?

Xiànzài jǐ diǎn?

주어	술어(동사)	목적어	
现在 xiànzài 지금	是 shì ~이다	几点 jǐ diǎn 몇 시	?

生략 가능 (是): 생략 가능

'几'는 의문의 뜻을 이미 함축하고 있어서 뒤에 '吗'를 붙이지 않는다.

답변 지금은 3시 20분입니다.

现在三点二十分。 Xiànzài sān diǎn èrshí fēn.

주어	술어(동사)	목적어	
现在	是	两点半 liǎng diǎn bàn 2시 30분 三点十五分 sān diǎn shíwǔ fēn 3시 15분 十二点一刻 shí'èr diǎn yíkè 12시 15분 四点(零)五分 sì diǎn (líng) wǔ fēn 4시 5분 差一刻三点 chà yíkè sān diǎn 3시 15분 전	。

생략 가능 (是)

핵심 콕콕 시간 관련 팁

① 是 뒤에 시간과 날짜가 나오는 경우 是를 생략해서 말할 수 있다. 그러나 부정형을 이야기할 때는 是를 생략할 수 없습니다.

예 现在(是)两点。 Xiànzài (shì) liǎng diǎn. 지금은 2시입니다. (O)
现在不是两点。 Xiànzài búshì liǎng diǎn. 지금은 2시가 아닙니다. (O)

② '2시'는 '二点'이 아니라 '两点(liǎng diǎn)'이라고 한다. 그러나 '12시'는 '十二点(shí'èr diǎn)'이라고 한다.

기출 문제 | 시간2

20. Mp3

은행은 몇 시에 문을 닫나요?

银行几点关门?

Yínháng jǐ diǎn guānmén?

주어	부사어	술어(동사)	목적어	
图书馆 túshūguǎn 도서관 医院 yīyuàn 병원 饭店 fàndiàn 레스토랑	几点 jǐ diǎn 몇 시	开 kāi 열다 关 guān 닫다 开 kāi 열다	门 mén 문	?

답변 은행은 오후 5시 30분에 문을 닫습니다.

银行下午五点半关门。 Yínháng xiàwǔ wǔ diǎn bàn guānmén.

주어	부사어	술어(동사)	목적어	
图书馆 医院 饭店	上午九点 shàngwǔ jiǔ diǎn 오전 9시 晚上十点一刻 wǎnshang shí diǎn yíkè 저녁 10시 15분 中午十二点 zhōngwǔ shí'èr diǎn 정오 12시	开 关 开	门	。

핵심 콕콕 시간 관련 팁

① 중국어도 한국어처럼 '몇 시에 ~을 하다'순으로 이야기한다. 즉 시간 부사 자리 뒤에 동사를 넣어 한국어 어순과 똑같이 이야기하면 된다. 인물의 동작도 마찬가지로 나타낼 수 있다.

예 我早上八点去学校。Wǒ zǎoshang bā diǎn qù xuéxiào. 저는 아침 8시에 학교에 갑니다.
他中午十二点半吃饭。Tā zhōngwǔ shí'èr diǎn bàn chīfàn. 그는 점심 12시 30분에 밥을 먹습니다.

②

아침	오전	정오	오후	저녁
早上 zǎoshang	上午 shàngwǔ	中午 zhōngwǔ	下午 xiàwǔ	晚上 wǎnshang

기출 문제 | 날짜

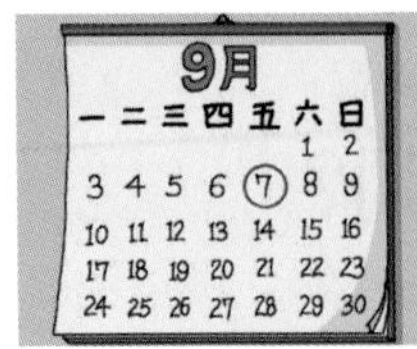

오늘은 몇 월 며칠, 무슨 요일인가요?

今天几月几号？星期几？

Jīntiān jǐ yuè jǐ hào? Xīngqī jǐ?

주어	술어(동사)	목적어	
昨天 zuótiān 어제 明天 míngtiān 내일 后天 hòutiān 모레	是 shì ~이다	几月几号？星期几？ Jǐ yuè jǐ hào? Xīngqī jǐ? 몇 월 며칠, 무슨 요일인가요?	?

생략 가능

답변 오늘은 9월 7일 금요일입니다.

今天九月七号，星期五。 Jīntiān jiǔ yuè qī hào, xīngqīwǔ.

주어	술어(동사)	목적어	
昨天 明天 后天	是	三月十四号，星期天 sān yuè shísì hào, xīngqītiān 3월 14일, 일요일 八月三十一号，星期三 bā yuè sānshí yī hào, xīngqī sān 8월 31일, 수요일 十二月二十五号，星期六 shí'èr yuè èrshíwǔ hào, xīngqīliù 12월 25일, 토요일	。

생략 가능

핵심 콕콕 날짜 관련 단어

월요일	화요일	수요일	목요일	금요일	토요일	일요일
星期一 xīngqīyī	星期二 xīngqī'èr	星期三 xīngqīsān	星期四 xīngqīsì	星期五 xīngqīwǔ	星期六 xīngqīliù	星期天(日) xīngqītiān(rì)

지난주	이번 주	다음 주
上(个)星期 shàng (ge) xīngqī	这(个)星期 zhè (ge) xīngqī	下(个)星期 xià (ge) xīngqī
지난달	이번 달	다음 달
上个月 shàng (ge) yuè	这个月 zhè (ge) yuè	下个月 xià (ge) yuè

그제	어제	오늘	내일	모레
前天 qiántiān	昨天 zuótiān	今天 jīntiān	明天 míngtiān	后天 hòutiān

* '월'을 나타낼 때는 '月 yuè'라고 하고, '날짜, 일'을 말할 때는 '号 hào' 또는 '日 rì'라고 한다. '요일, 주'는 '星期 xīngqī'이다.

기출 문제 | 화폐

22. Mp3

바나나는 얼마인가요?

香蕉多少钱?

Xiāngjiāo duōshao qián?

주어	술어(동사)	목적어	
西瓜 xīguā 수박 铅笔 qiānbǐ 연필 眼镜 yǎnjìng 안경	是 shì ~이다	多少钱 duōshao qián 얼마인가요?	?

생략 가능

답변 바나나는 5.8위안입니다.

香蕉是五块八毛。 Xiāngjiāo shì wǔ kuài bā máo.

주어	술어(동사)	목적어	
西瓜 铅笔 眼镜	是	两块五毛 liǎng kuài wǔ máo 2.5위안 十四块四毛五分 shísì kuài sì máo wǔ fēn 14.45위안 八百九十五块 bābǎi jiǔshíwǔ kuài 895위안	。

생략 가능

핵심 콕콕 화폐 단위와 금액 읽기

① 화폐 단위

块 kuài 위안 (= 元 yuán)	우리말의 '원'에 해당하며, 돈을 세는 단위 중 가장 크다.
毛 máo 마오 (= 角 jiǎo)	块보다 작은 단위다. (10毛 = 1块)
分 fēn 펀	가장 작은 단위다. (10分 = 1毛)

* 중국의 화폐 단위는 우리나라와 마찬가지로 10진법을 쓰며, 10分이 1毛, 10毛가 1块가 된다.

② 금액 읽는 방법

3 9 . 4 5 → 三十九块 四毛 五分 39위안 4마오 5펀 块 毛 分 sānshíjiǔ kuài sì máo wǔ fēn

소수점을 기준으로, 소수점 앞의 수는 块(元), 소수점 첫 번째 자리는 毛(角), 소수점 두 번째 자리는 分으로 읽는다.

* 2元은 二块 èr kuài라고 하지 않고 两块 liáng kuài라고 한다.

기출 문제 | 도량형

23. Mp3

남자의 키는 몇인가요?

男的个子多高?

Nánde gèzi yǒu duō gāo?

주어	술어	
女的 nǚde 여자는	多重 duō zhòng 얼마나 무거운가요	
铅笔 qiānbǐ 연필	多长 duō cháng 얼마나 긴가요	?
现在 xiànzài 지금, 현재	多少度 duōshao dù 몇 도인가요	

답변 그의 키는 178cm입니다.

他个子一米七八。 Tā gèzi yì mǐ qī bā.

주어	술어(동사)	목적어	
女的 铅笔 现在	是 shì ~이다	五十公斤 wǔshí gōngjīn 50kg 八点五厘米 bā diǎn wǔ límǐ 8.5cm 十三度 shísān dù 13도	。

생략 가능

핵심 콕콕 도량형 표현 말하기 꿀팁

① 주어 + 多 + 형용사: 주어는 얼마나 ~한가요?

② 키를 나타내는 표현

예 他个子一米八六。 Tā gèzi yì mǐ bā liù. 그의 키는 186cm입니다.
(86은 '八十六'가 아닌 '八六'로 따로따로 읽는다.)

我个子一米七。 Wǒ gèzi yì mǐ qī. 제 키는 170cm입니다.
(마지막 숫자 0은 생략해도 된다.)

孩子个子一米零五。 Háizi gèzi yì mǐ líng wǔ. 아이의 키는 105cm입니다.
(가운데 숫자 0은 읽어 준다)

他有一米七八。 Tā yǒu yì mǐ qī bā. 그는 178cm 정도 됩니다.
(有는 키, 길이, 무게 등을 나타내는 숫자 앞에 쓰여 '~정도'라는 어림수를 나타낸다.)

③ 소수점 읽기(点 diǎn 소수점)

예 9.5=九点五 jiǔ diǎn wǔ

말하기 연습

1 아래의 단어를 올바르게 배열한 후, 중국어로 말해 보세요. **24. Mp3**

① **주어 + 是(동사) + 목적어 + 吗?**

吗　椅子　这　是

____?

이것은 의자입니까?

② **주어 + 목적어(의문대명사)?**

多少　这个　钱

____?

이것은 얼마입니까?

③ **주어 + 是(동사) + 목적어。**

我的　他　同屋　是

____。

그는 나의 룸메이트입니다.

④ **주어 + 목적어(시간/날짜)。**

九点　上午　开门　医院。

____。

병원은 오전 9시에 문을 엽니다.

⑤ **주어 + 목적어(가격/도량형)。**

是　桌子　公斤　二十七

____。

탁자는 27kg입니다.

모범답안 p 274

2 다음 한국어를 제시된 문형에 맞게 중국어로 바꿔 말해 보세요. 25. Mp3

① 주어 + 是(동사) + 목적어 + 吗?

- 이것은 차입니까? (茶)
- 아빠는 회사원입니까? (公司职员)

② 주어 + 목적어(의문대명사)?

- 지금은 몇 시입니까? (几点)
- 오늘은 무슨 요일입니까? (星期几)

③ 주어 + 是(동사) + 목적어。

- 엄마는 판매원입니다. (售货员)
- 이것은 휴대폰입니다. (手机)

④ 주어 + 목적어(시간/날짜)。

- 다음 주 목요일은 11월 17일입니다. (下星期)
- 지금은 10분 전 1시입니다. (差)

⑤ 주어 + 목적어(가격/도량형)。

- 안경은 125.8위안입니다. (眼镜)
- 그녀의 키는 158cm입니다. (个子)

모범답안 p 274

TSC® 실전 엿보기

Test of Spoken Chinese

이 름
수험번호

第2部分：看图回答

思考 00 : 03 | 回答 00 : 06

다음 문제를 듣고 답변해 보세요. 26. Mp3

문제 1

现在是两点吗?

Xiànzài shì liǎng diǎn ma?

지금은 2시인가요?

답변 힌트 半 bàn 수 반(30분)

문제 2

她是老师吗?

Tā shì lǎoshī ma?

그녀는 선생님인가요?

답변 힌트 医生 yīshēng 명 의사

문제 3

今天是星期六吗?

Jīntiān shì xīngqīliù ma?

오늘은 토요일인가요?

답변 힌트 星期六 xīngqīliù 명 토요일

문제 4

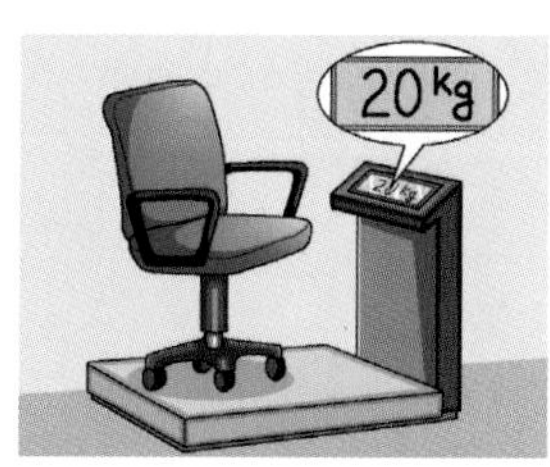

椅子多重?

Yǐzi duō zhòng?

의자는 얼마나 무겁나요?

답변 힌트 公斤 gōngjīn 킬로그램(kg)

모범답안 p 274

Unit 03 존재와 소유 나타내기

기본 단어

27. Mp3

1 소유와 존재 관련 동사

在 zài 동 ~에 있다
有 yǒu 동 있다, 가지고 있다
放 fàng 동 놓다
没有 méiyǒu 동 없다, 가지고 있지 않다

2 명사

运动鞋 yùndòngxié 명 운동화
面包 miànbāo 명 빵
书包 shūbāo 명 책가방
杯子 bēizi 명 컵
水 shuǐ 명 물
汉语书 Hànyǔ shū 명 중국어 책

3 장소 명사

商店 shāngdiàn 명 상점
百货商店 bǎihuò shāngdiàn 명 백화점
操场 cāochǎng 명 운동장
电影院 diànyǐngyuàn 명 영화관
邮局 yóujú 명 우체국
超市 chāoshì 명 슈퍼마켓
饭馆 fànguǎn 명 식당
公园 gōngyuán 명 공원
宾馆 bīnguǎn 명 호텔
书店 shūdiàn 명 서점
教室 jiàoshì 명 교실
花店 huādiàn 명 꽃집, 꽃 가게
宿舍 sùshè 명 기숙사
房间 fángjiān 명 방
办公室 bàngōngshì 명 사무실
药店 yàodiàn 명 약국

4 장소 관련 자주 등장하는 사물

花瓶 huāpíng 명 꽃병
杯子 bēizi 명 컵, 잔
桌子 zhuōzi 명 탁자, 책상
沙发 shāfā 명 소파
报纸 bàozhǐ 명 신문
电视 diànshì 명 TV, 텔레비전
小猫 xiǎo māo 명 고양이
小狗 xiǎo gǒu 명 강아지
手表 shǒubiǎo 명 손목시계
笔记本电脑 bǐjìběn diànnǎo 명 노트북

5 단위사(양사)

个 ge 양 개, 사람[주로 특정 양사가 없는 명사에 쓰임]
杯 bēi 양 잔, 컵
本 běn 양 권
件 jiàn 양 벌[옷을 세는 단위]
瓶 píng 양 병
双 shuāng 양 켤레
台 tái 양 대[기계 등을 세는 단위]
只 zhī 양 마리[동물을 세는 단위
份 fèn 양 부[신문, 문건을 세는 단위]
家 jiā 양 곳[가정 · 가게 · 기업 따위를 세는 단위]

답변 필수 문형

1 존재: 在

在: 술어(동사)로 쓰여 주어가 어디에 존재하는지를 나타낸다.

我	在	书店。	Wǒ zài shūdiàn. 저는 서점에 있습니다.
주어	술어(동사)	목적어	
手机	在	桌子上边。	Shǒujī zài zhuōzi shàngbian. 휴대폰은 탁자 위에 있습니다.
주어	술어(동사)	목적어	

▷ 在 뒤의 목적어는 장소를 나타내는데, 명사나 명사 + 방위사가 온다.

2 소유: 有

有: 술어로 쓰여 주어가 어떤 구체적, 추상적인 대상을 소유, 존재함을 나타내거나 어떤 장소 또는 시점에 대상이 존재함을 나타낸다.

我	有	中国朋友。	Wǒ yǒu Zhōngguó péngyou.
주어(인칭대명사)	술어(동사)	목적어	저는 중국 친구가 있습니다.
沙发上面	有	一只猫。	Shāfā shàngmiàn yǒu yì zhī māo.
주어(명사 + 방위사 = 장소)	술어(동사)	목적어	소파 위에 고양이 한 마리가 있습니다.

▷ 有의 주어는 사람 혹은 장소, 시점이 될 수도 있다.

존현문: 사람이나 사물의 존재, 출현, 소실을 나타내는 문장으로 '장소/시간에 ~(명사)이/가 있다'라는 뜻을 나타낸다.

① 기본 형식: 장소 / 시간 + 동사(有) / 사물의 이동, 출현, 소실과 관련된 동사 + 목적어

예 桌子上有一杯水。 Zhuōzi shang yǒu yì bēi shuǐ. 탁자 위에 물 한 잔이 있습니다.

② 존현문의 목적어: 반드시 불특정 목적어

예 桌子上放着几台电脑。 Zhuōzi shang fàngzhe jǐ tái diànnǎo. 탁자 위에 컴퓨터 몇 대가 놓여 있습니다.

기출 문제 | 사물

28. Mp3

책가방은 어디에 있나요?

书包在哪儿?

Shūbāo zài nǎr?

주어	술어(동사)	목적어	
花瓶 huāpíng 꽃병 小狗 xiǎo gǒu 강아지 杯子 bēizi 컵	在 zài ~에 있다	哪儿 nǎr 어디	?

답변 1 책가방은 탁자 위에 있습니다.

书包在桌子上面。 Shūbāo zài zhuōzi shàngmiàn.

주어	술어(동사)	목적어	
花瓶 小狗 杯子	在	房间里 fángjiān lǐ 방 안 沙发上面 shāfā shàngmiàn 소파 위 椅子下面 yǐzi xiàmiàn 의자 아래	。

답변 2 책가방은 휴대폰 옆에 있습니다.

书包在手机旁边。 Shūbāo zài shǒujī pángbiān.

주어	술어(동사)	목적어	
花瓶 小狗 杯子	在	电视右边 diànshì yòubian TV 오른쪽 超市后边 chāoshì hòubian 슈퍼 뒤쪽 眼镜左边 yǎnjìng zuǒbian 안경 왼쪽	。

핵심 콕콕 중국어의 보통명사와 방위사

① 보통명사의 장소명사로의 쓰임

중국어는 한국어와 달리 장소명사가 아닌 보통명사를 장소명사처럼 사용하는데, 이때 방위사 혹은 지시대명사를 붙여 장소명사로 만들어야 한다.

예 我这儿 wǒ zhèr (인칭대명사 + 지시대명사) 내 쪽 桌子上边 zhuōzi shàngbian (명사 + 방위사) 탁자 위

② 방위사

위쪽	아래쪽	왼쪽	오른쪽	앞쪽	뒤쪽	안쪽	바깥쪽
上边 shàngbian	下边 xiàbian	左边 zuǒbian	右边 yòubian	前边 qiánbian	后边 hòubian	里边 lǐbian	外边 wàibian
옆쪽	맞은편	가운데	동쪽	서쪽	남쪽	북쪽	
旁边 pángbiān	对面 duìmiàn	中间 zhōngjiān	东边 dōngbian	西边 xībian	南边 nánbian	北边 běibian	

기출 문제 | 인물

그들은 상점에 있나요?

他们在商店吗?

Tāmen zài shāngdiàn ma?

주어	술어(동사)	목적어	의문조사	
男的 nánde 남자 女的 nǚde 여자 他们 tāmen 그들	在 zài ~에 있다	花店 huādiàn 꽃집 学校 xuéxiào 학교 教室 jiàoshì 교실	吗 ma ~입니까	?

답변 1 그들은 상점에 있지 않습니다.

他们不在商店。 Tāmen bú zài shāngdiàn.

주어	부사어(부사)	술어(동사)	목적어	
男的 女的 他们	不 bú ~아니다	在	花店 学校 教室	。

부사는 동사 앞에 온다

답변 2 아니요, 그들은 도서관에 있습니다.

不是，他们在图书馆。 Búshì, tāmen zài túshūguǎn.

술어(부사+동사)		주어	술어(동사)	목적어	
不是 Búshì 아니다	，	男的 女的 他们	在	饭馆 fànguǎn 식당 公园 gōngyuán 공원 办公室 bàngōngshì 사무실	。

부정 표현 不是

'不是 búshì'는 원래 '是 shì'의 부정이다. 단독으로 '아니다'라는 뜻을 나타낼 수 있다.

기출 문제 | 사물과 양사

30. Mp3

탁자 위에 무엇이 있나요?

桌子上面有什么?

Zhuōzi shàngmiàn yǒu shénme?

주어	술어(동사)	목적어	
书包里面 shūbāo lǐmiàn 가방 안 椅子下边 yǐzi xiàbian 의자 밑 花店旁边 huādiàn pángbiān 꽃 가게 옆	有 yǒu 있다	什么 shénme 무엇	?

답변 1 탁자 위에는 노트북이 있습니다.

桌子上面有笔记本电脑。 Zhuōzi shàngmiàn yǒu bǐjìběn diànnǎo.

주어	술어(동사)	목적어	
书包里面 椅子下边 花店旁边	有	汉语书 Hànyǔ shū 중국어 책 报纸 bàozhǐ 신문 商店 shāngdiàn 상점	。

답변 2 탁자 위에는 노트북이 두 대 있습니다.

桌子上面有两台笔记本电脑。

Zhuōzi shàngmiàn yǒu liǎng tái bǐjìběn diànnǎo.

주어	술어(동사)	관형어(수량사)	목적어	
书包里面 椅子下边 花店旁边	有	一本 yì běn 한 권 一份 yí fèn 한 부 一家 yì jiā 한 곳	汉语书 报纸 商店	。

양사

양사는 단독으로 문장 성분이 될 수 없고 숫자나 지시대명사와 결합하여 명사를 수식한다.
한국어와 달리 명사 앞에 위치한다.

예 我有一个妹妹。Wǒ yǒu yí ge mèimei. 저는 여동생이 한 명 있습니다.
这儿有两双运动鞋。Zhèr yǒu liǎng shuāng yùndòngxié. 여기 운동화가 두 켤레 있습니다.

기출 문제 | 부정문

31. Mp3

탁자 위에 손목시계가 있나요?

桌子上边有手表吗?

Zhuōzi shàngbian yǒu shǒubiǎo ma?

주어	술어(동사)	목적어	의문조사	
你 nǐ 너 学校东边 xuéxiào dōngbian 학교 동쪽 宿舍旁边 sùshè pángbiān 기숙사 옆	有 yǒu 있다	哥哥 gēge 형, 오빠 邮局 yóujú 우체국 操场 cāochǎng 운동장	吗 ma ~입니까	?

답변 1 탁자 위에는 손목시계가 없습니다.

桌子上边没有手表。 Zhuōzi shàngbian méiyǒu shǒubiǎo.

주어	술어(동사)	목적어	
我 学校东边 宿舍旁边	没有 méiyǒu 없다	哥哥 邮局 操场	。

답변 2 없습니다. 탁자 위에는 사전과 휴대폰이 있습니다.

没有。桌子上边有词典和手机。

Méiyǒu. Zhuōzi shàngbian yǒu cídiǎn hé shǒujī.

술어(동사)		주어	술어(동사)	목적어	
没有	。	我 学校东边 宿舍旁边	有	弟弟和妹妹 dìdi hé mèimei 饭馆和书店 fànguǎn hé shūdiàn 教室和办公室 jiàoshì hé bàngōngshì	。

핵심 콕콕 有의 부정

有의 부정은 不가 아닌 没로 한다.

예 我没有弟弟。Wǒ méiyǒu dìdi. 저는 남동생이 없습니다.
房间里没有沙发。Fángjiān lǐ méiyǒu shāfā. 방 안에는 소파가 없습니다.

말하기 연습

1 다음 한국어를 제시된 문형에 맞게 중국어로 바꿔 말해 보세요. 32. Mp3

① **주어 + 在(동사) + 哪儿?**

- 당신은 어디에 있나요?
- 백화점은 어디에 있나요?

② **주어 + 在(동사) + 목적어(장소 명사, 명사 + 방위사)吗?**

- 그는 방 안에 있나요? (里)
- 고양이는 소파 위에 있나요? (沙发, 上边)

③ **주어 + 不 + 在(동사) + 목적어(장소 명사, 명사 + 방위사)。**

- 신문은 탁자 위에 있지 않습니다. (报纸, 上边)
- 식당은 학교 안에 있지 않습니다. (饭馆, 里边)

④ **주어 + 没有(동사) + 목적어。**

- 저는 남동생이 없습니다.
- 교실 안에는 학생이 없습니다. (里)

⑤ **주어 + 有(동사) + 수량사 + 목적어。**

- 그녀는 언니 두 명이 있습니다.
- 탁자 위에는 옷 한 벌이 있습니다. (上, 件)

모범답안 p 274~275

이 름
수험번호

第2部分 : 看图回答

思考	回答
00 : 03	00 : 06

다음 문제를 듣고 답변해 보세요. 33. Mp3

문제 1

沙发上边有什么?
Shāfā shàngbian yǒu shénme?
소파 위에는 무엇이 있나요?

답변 힌트 书包 shūbāo 명 책가방

문제 2

超市在花店前边吗?
Chāoshì zài huādiàn qiánbian ma?
슈퍼는 꽃 가게 앞에 있나요?

답변 힌트 后边 hòubian 명 뒤쪽

문제 3

报纸在哪儿?
Bàozhǐ zài nǎr?
신문은 어디에 있나요?

답변 힌트 旁边 pángbiān 명 옆쪽

문제 4

面包在哪儿?
Miànbāo zài nǎr?
빵은 어디에 있나요?

답변 힌트 左边 zuǒbian 명 왼쪽

모범답안 p 275

Unit

04 동작, 행위의 진행

기본 단어

34. Mp3

1 진행형을 나타내는 부사와 조사

在 zài 부 ~하고 있는 중이다
正 zhèng 부 ~하고 있는 중이다
正在 zhèngzài 부 (마침) ~하고 있는 중이다
没 méi 부 ~않다
呢 ne 조 진행의 어감을 강조

2 동작과 대상(술어+목적어)

做 zuò 동 하다
卖 mài 동 팔다
买 mǎi 동 사다
看 kàn 동 보다
点菜 diǎn cài 동 음식을 주문하다
唱歌 chànggē 동 노래를 부르다
看书 kànshū 동 책을 보다
爬山 páshān 동 등산하다
画画儿 huàhuàr 동 그림을 그리다
咖啡 kāfēi 명 커피
汉语 Hànyǔ 명 중국어
喝咖啡 hē kāfēi 커피를 마시다
喝 hē 동 마시다
学习 xuéxí 동 공부하다
看电影 kàn diànyǐng 영화를 보다
打电话 dǎ diànhuà 전화를 걸다, 전화하다
听音乐 tīng yīnyuè 음악을 듣다
看报纸 kàn bàozhǐ 신문을 보다
打篮球 dǎ lánqiú 농구를 하다
打羽毛球 dǎ yǔmáoqiú 배드민턴을 치다
打网球 dǎ wǎngqiú 테니스를 치다
踢足球 tī zúqiú 축구를 하다
买东西 mǎi dōngxi 물건을 사다, 쇼핑하다
做菜 zuòcài 음식을 만들다

3 동작(자동사, 목적어 수반 불가)

游泳 yóuyǒng 동 수영하다
休息 xiūxi 동 휴식하다, 쉬다

4 이합동사(이합사)

결합되어 있을 때는 단어처럼 사용되고, 분리되어 있을 때는 구처럼 사용되는 특수한 동사이다.
자체적으로 동사 + 목적어 구조를 가지고 있어 뒤에 목적어를 사용할 수 없음.

聊天儿 liáotiānr 동 이야기하다
跳舞 tiàowǔ 동 춤추다
睡觉 shuìjiào 동 (잠을) 자다
洗澡 xǐzǎo 동 목욕하다
散步 sànbù 동 산보하다, 산책하다
考试 kǎoshì 동 시험을 보다
加班 jiābān 동 초과 근무를 하다, 야근하다
上班 shàngbān 동 출근하다
下班 xiàbān 동 퇴근하다
上课 shàngkè 동 수업하다, 수업을 듣다
下课 xiàkè 동 수업이 끝나다
上网 shàngwǎng 동 인터넷을 하다
上学 shàngxué 동 등교하다
出差 chūchāi 동 출장하다

답변 필수 문형

1 ~하고 있는 중이다 = 在、正、正在

① **在**: 동작이 진행 중에 있으며 아직 끝나지 않았음을 나타낸다. 뒤의 '**呢**'를 생략할 수 있다.

他	在	喝	咖啡	(呢)。	Tā zài hē kāfēi (ne).
주어	부사어(부사)	술어(동사)	목적어	동작의 진행을 나타냄	그는 커피를 마시고 있는 중입니다.

▷ 呢는 어떤 동작이 진행되고 있음을 나타낸다. 부사 在와 함께 쓸 경우 생략해도 무방하다.

② **正**: 동작의 진행 시점을 강조하며 '때마침', '바로 그때'라는 의미를 나타낸다. 일반적으로 단독으로 사용할 수 없으며, 전후 문맥이 있어야 하고 뒤에 **呢**를 생략할 수 없습니다.

A: **你的电话！** Nǐ de diànhuà! 전화 왔어!
동사(술어) 조사 목적어(명사)

B: **我 正 洗澡 呢。** Wǒ zhèng xǐzǎo ne. 저는 목욕 중입니다.
주어 부사어(부사) 술어 + 목적어 동작의 진행을 나타냄 (지금 때마침 목욕 중이라 전화를 받을 수 없다는 의미임.)

③ **正在**: '동작의 진행 + 동작의 진행 시점'을 모두 강조한다. 뒤의 **呢**를 생략할 수 있다.

她	正在	学习	汉语	(呢)。	Tā zhèngzài xuéxí Hànyǔ (ne).
주어	부사어(부사)	술어(동사)	목적어	동작의 진행을 나타냄	그녀는 중국어 공부를 하고 있는 중입니다.

2 위치에 따라 달라지는 在의 해석

중국어에서 다양하게 사용되는 **在**는 동사에서 발전된 것으로 문장에서 어떤 자리에 위치하느냐에 따라 품사와 해석이 달라진다.

- **동사 在: 我在公司。** Wǒ zài gōngsī. 나는 회사에 있습니다.
- **전치사 在: 他在图书馆。** Tā zài túshūguǎn. 그는 도서관에서 책을 봅니다.
- **부사 在: 我在画画呢。** Wǒ zài huàhuà ne. 나는 그림을 그리고 있는 중입니다.
- **전치사 · 부사 在: 我在公司工作呢。** Wǒ zài gōngsī gōngzuò ne. 나는 회사에서 일을 하고 있는 중입니다.

▷ '在'는 '~에서', '~하고 있는 중이다'라는 의미를 모두 나타내기에 명사 앞에 한번 만 사용되어 '呢'는 생략 가능하다.

기출 문제 | 동작1

여자는 무엇을 하고 있나요?

女的在做什么?

Nǚde zài zuò shénme?

주어	부사어(부사)	동사	목적어	
男的 nánde 남자는 女的 nǚde 여자는 他们 tāmen 그들은	在 zài ~하고 있는 중이다	做 zuò 하다	什么 shénme 무엇	?

답변 1 여자는 노래를 부르고 있습니다. (동작의 진행 강조, 아직 끝나지 않았음)

女的在唱歌(呢)。 Nǚde zài chànggē (ne).

주어	부사어(부사)	동사	목적어	동작의 진행	
男的 女的 他们	在	看 kàn 보다 听 tīng 듣다 打 dǎ 걸다	书 shū 책 音乐 yīnyuè 음악 电话 diànhuà 전화	呢 ne (생략 가능)	。

답변 2 여자는 마침 노래를 부르는 중입니다. (동작의 진행 시점 강조)

女的正唱歌呢。 Nǚde zhèng chànggē ne.

주어	부사어(부사)	동사	목적어	동작의 진행	
男的 女的 他们	正 zhèng ~하고 있는 중이다	做 zuò 하다 买 mǎi 사다 打 dǎ 치다	菜 cài 음식 东西 dōngxi 물건 网球 wǎngqiú 테니스	呢 (생략 불가)	。

답변 3 여자는 노래를 부르고 있습니다. (동작의 진행+동작의 시점 강조)

女的正在唱歌(呢)。 Nǚde zhèngzài chànggē (ne).

주어	부사어(부사)	목적어	동작의 진행	
男的 女的 他们	正在 zhèngzài ~하고 있는 중이다	加班 jiābān 야근하다 跳舞 tiàowǔ 춤추다 聊天儿 liáotiānr 이야기하다	呢 (생략 가능)	。

기출 문제 | 동작2

36. Mp3

남자는 그림을 그리고 있나요?

男的在画画儿吗?

Nánde zài huàhuàr ma?

주어	부사어(부사)	동사	목적어		
男的 nánde 남자는 女的 nǚde 여자는 他们 tāmen 그들은	在 zài ~하고 있는 중이다	爬 pá 오르다 踢 tī 차다 看 kàn 보다	山 shān 산 足球 zúqiú 축구 电影 diànyǐng 영화	吗 ma ~입니까	?

답변 1 아니요, 남자는 그림을 그리고 있지 않습니다.

不是，他没(有)在画画儿。 Búshì, tā méi(yǒu) zài huàhuàr.

동사		주어	부사어(부사)	동사	목적어	
不是 Búshì 아니요	，	男的 女的 他们	没在 méi zài ~하고 있지 않다	爬 踢 看	山 足球 电影	。

답변 2 아니요, 남자는 수영을 하고 있습니다.

不是，男的在游泳(呢)。 Búshì, nán de zài yóuyǒng (ne).

동사		주어	부사어(부사)	동사 (자동사, 목적어X)	동작의 진행	
不是	，	男的 女的 他们	在	学习 xuéxí 공부하다 工作 gōngzuò 일하다 休息 xiūxi 쉬다	呢 ne (생략 가능)	。

핵심 콕콕 진행형의 부정

동작 진행의 부정은 '不 bù'가 아닌 '没 méi'로 한다.

예 他们没在休息。Tāmen méi zài xiūxi. 그들은 쉬고 있지 않다.
他没在洗澡。Tā méi zài xǐzǎo. 그는 목욕을 하고 있지 않다.

37. Mp3

기출 문제 | 동작3

9시에 여자는 무엇을 하고 있나요?

九点的时候，女的在做什么？

Jiǔ diǎn de shíhou, nǚde zài zuò shénme?

시간부사어	주어	부사어(부사)	동사	목적어	동작의 진행	
三点的时候 sān diǎn de shíhou 3시에 现在 xiànzài 지금 早上 zǎoshang 아침 中午 zhōngwǔ 정오 下午 xiàwǔ 오후	男的 nánde 남자는 女的 nǚde 여자는 她 tā 그녀 他 tā 그 他们 tāmen 그들은	在 zài ~하고 있는 중이다	做 zuò 하다	什么 shénme 무엇?	呢 ne	？

생략 가능

답변 9시에 여자는 신문을 보고 있습니다.

九点的时候，女的在看报纸。 Jiǔ diǎn de shíhou, nǚde zài kàn bàozhǐ.

~할 때, ~일 때

시간부사어	주어	부사어(부사)	술어(동사)	목적어	
三点的时候 现在 早上 中午 下午	男的 女的 她 他 他们	在	点 diǎn 주문하다 唱 chàng 부르다 吃 chī 먹다 看 kàn 보다 打 dǎ 치다	菜 cài 음식 歌 gē 노래 饭 fàn 밥 电影 diànyǐng 영화 羽毛球 yǔmáoqiú 배드민턴	。

시간 명사의 위치

시간명사와 구체적인 시점을 나타내는 표현의 문장성분이 부사어가 되므로, 서술어나 주어 앞에 위치한다.

예 今天我去中国出差。 Jīntiān wǒ qù Zhōngguó chūchāi. 오늘 저는 중국으로 출장을 갑니다.
八点半他上学。 Bā diǎn bàn tā shàngxué. 8시 30분에 그는 학교에 갑니다.

말하기 연습

1 아래의 단어를 올바르게 배열한 후, 중국어로 말해 보세요. 38. Mp3

① **주어(의문대명사) + 在 + 동사 + 목적어?**

在　谁　做菜

______________________________?

누가 요리를 하고 있는 중인가요?

② **주어 + 正在 + 이합동사(동사 + 목적어) + 呢。**

呢　我　散步　正在

______________________________。

저는 산책을 하고 있는 중입니다.

③ **주어 + 没 + 在 + 이합동사(동사 + 목적어)。**

没　考试　他们　在

______________________________。

그들은 시험을 보고 있지 않습니다.

④ **주어 + 在 + 동사 + 목적어 + 吗?**

吗　听　在　音乐　女的

______________________________?

여자는 음악을 듣고 있는 중인가요?

⑤ **[시간, 시점] + 주어 + 在 + 동사 + 목적어 + 呢。**

她　在　的时候　上班　呢　七点

______________________________。

7시에 그녀는 출근을 하고 있습니다.

모범답안 p 275

2 다음 한국어를 제시된 문형에 맞게 중국어로 바꿔 말해 보세요. 39. Mp3

① **주어 + 在 + 동사 + 목적어 + 吗?**

- 남자는 그림을 그리고 있는 중인가요?
- 아빠는 신문을 보고 있는 중인가요? (报纸)

② **주어 + 正在 + 동사 + 목적어 + 呢。**

- 그들은 이야기를 하고 있는 중입니다. (聊天儿)
- 여자는 잠을 자고 있는 중입니다. (睡觉)

③ **주어 + 没 + 在 + 동사 + 목적어。**

- 남자는 인터넷을 하고 있지 않습니다. (上网)
- 우리는 농구를 하고 있지 않습니다. (篮球)

④ **[시간, 시점] + 주어 + 在 + 동사 + 목적어 + 呢。**

- 현재 우리는 수업을 하고 있는 중입니다. (上课)
- 저녁 8시에 그는 목욕을 하고 있습니다. (洗澡)

⑤ **주어(의문대명사) + 在 + 동사?**

- 누가 일을 하고 있나요? (工作)
- 누가 축구를 하고 있나요?

모범답안 p 275

TSC® 실전 엿보기

Test of Spoken Chinese

이 름
수험번호

第2部分：看图回答

思考 00 : 03 回答 00 : 06

다음 문제를 듣고 답변해 보세요. 40. Mp3

문제 1

男的在做什么?

Nánde zài zuò shénme?

남자는 무엇을 하고 있나요?

답변 힌트 卖 mài 동 팔다

문제 2

女的在喝水吗?

Nǚde zài hē shuǐ ma?

여자는 물을 마시고 있나요?

답변 힌트 牛奶 niúnǎi 명 우유

문제 3

男的在吃饭吗?

Nánde zài chīfàn ma?

남자는 밥을 먹고 있나요?

답변 힌트 音乐 yīnyuè 명 음악

문제 4

女的在做什么呢?

Nǚde zài zuò shénme ne?

여자는 무엇을 하고 있나요?

답변 힌트 买 mǎi 동 사다

모범답안 p 276

Unit 05 비교

기본 단어

41. Mp3

1 비교 관련 핵심 표현

比 bǐ 전 ~보다
不比 bùbǐ ~보다 못하다
比较 bǐjiào 부 비교적
更 gèng 부 더욱
没有 méiyǒu 동 ~만큼 ~하지 않다
还 hái 부 게다가, 더욱
种 zhǒng 양 종류

2 비교 관련 명사

果汁 guǒzhī 명 과일 주스
苹果 píngguǒ 명 사과
橘子 júzi 명 귤
葡萄 pútao 명 포도
大衣 dàyī 명 외투, 코트
运动鞋 yùndòngxié 명 운동화
本子 běnzi 명 노트, 공책
雨伞 yǔsǎn 명 우산
礼物 lǐwù 명 선물
书 shū 명 책
东西 dōngxi 명 물건
帽子 màozi 명 모자
词典 cídiǎn 명 사전
圆珠笔 yuánzhūbǐ 명 볼펜
女孩子 nǚ háizi 여자아이
男孩子 nán háizi 남자아이
爷爷 yéye 명 할아버지
年龄 niánlíng 명 나이

3 형용사

大 dà 형 (크기가) 크다, (나이가) 많다
小 xiǎo 형 (크기가) 작다
多 duō 형 (양이) 많다
少 shǎo 형 (양이, 나이가) 적다
贵 guì 형 비싸다
便宜 piányi 형 싸다
长 cháng 형 길다
短 duǎn 형 짧다
年轻 niánqīng 형 젊다
老 lǎo 형 늙다
高 gāo 형 높다, (키가) 크다
低 dī 형 낮다
矮 ǎi 형 (키가) 작다
胖 pàng 형 뚱뚱하다
瘦 shòu 형 마르다
快 kuài 형 빠르다
慢 màn 형 느리다
重 zhòng 형 무겁다
轻 qīng 형 가볍다
好看 hǎokàn 형 예쁘다, 보기 좋다
冷 lěng 형 춥다
热 rè 형 덥다
厚 hòu 형 두껍다
薄 báo 형 얇다

답변 필수 문형

1 비교문

① 주어(비교주체) + 比 + 명사(비교기준) + 형용사: 주어가 ~보다 ~합니다

今天	比	昨天	冷。	Jīntiān bǐ zuótiān lěng. 오늘이 어제보다 춥습니다.
주어(비교 주체)	~보다	비교 기준	술어(형용사)	

▷ 사람 혹은 사물의 성질, 상태 간에 차이가 있음을 나타냄. 주어가 비교 대상보다 우월함을 나타낸다.

② 주어 + 比 + 명사 + 更/还 + 형용사: 주어가 ~보다 더 ~합니다

西瓜	比	苹果	更 / 还	大。	Xīguā bǐ píngguǒ gèng / hái dà.
주어	~보다	비교 기준	부사어(부사)	술어(형용사)	수박이 사과보다 더 큽니다.

③ 주어 + 没有 + 명사 + 형용사: 주어가 ~보다 ~하지 않습니다

我	没有	妹妹	高。	Wǒ méiyǒu mèimei gāo. 저는 여동생보다 크지 않습니다.
주어	~만큼 ~하지 않다	비교기준	술어(형용사)	

▷ 비교 주체가 비교 기준보다 못하다는 의미를 나타낸다.

④ 주어 + 不比 + 명사 + 형용사: 주어가 ~보다 못합니다

我的手机	不比	他的	好。	Wǒ de shǒujī bùbǐ tā de hǎo.
주어	~만큼 ~하지 않다	비교기준	술어(형용사)	저의 휴대폰은 그의 것보다 좋지 않습니다. (나의 휴대폰이 그의 것보다 좋지 않을 수도 있고 비슷할 수도 있음.)

▷ 비교 주체가 비교 기준보다 못하거나 비슷하다는 의미를 나타낸다.

⑤ 주어 + 最 + 형용사: 주어가 가장 ~합니다

果汁	最	贵。	Guǒzhī zuì guì. 주스가 가장 비쌉니다.
주어	부사어	술어(형용사)	

▷ 비교 주체가 가장 뛰어남을 말한다.

기출 문제 | 길이

42. Mp3

누구의 코트가 비교적 긴가요?

谁的大衣比较长?

Shéi de dàyī bǐjiào cháng?

관형어	주어	부사어(부사)	술어(형용사)	
谁的 shéi de 누구의	运动鞋 yùndòngxié 운동화 本子 běnzi 노트 雨伞 yǔsǎn 우산	比较 bǐjiào 비교적	大 dà 크다 贵 guì 비싸다 长 cháng 길다	?

답변 1 여자의 코트가 비교적 깁니다.

女的的大衣比较长。 Nǚde de dàyī bǐjiào cháng.

관형어	주어	부사어(부사)	술어(형용사)	
男的的 nánde de 남자의	运动鞋 本子 雨伞	比较	大 贵 长	。

답변 2 여자의 코트가 남자의 것보다 더 깁니다.

女的的大衣比男的的更长。 Nǚde de dàyī bǐ nánde de gèng cháng.

관형어	주어	부사어			술어(형용사)	
		전치사구		부사		
女的的 nǚde de 여자의	运动鞋 本子 雨伞	比 bǐ ~보다	男的的	更 gèng	小 xiǎo 작다 便宜 piányi 싸다 短 duǎn 짧다	。

= 还 hái 더욱

비교문에 쓰이는 부사

비교문에서 정도의 차이를 나타낼 때는 절대적 정도를 나타내는 부사 '很 hěn', '太 tài', '非常 fēicháng'은 사용할 수 없고, 상대적 의미를 나타내는 '更 gèng', '还 hái'만 사용할 수 있다.

기출 문제 | 크기

43. Mp3

여자의 선물이 더 큰가요?

女的的礼物更大吗?

Nǚde de lǐwù gèng dà ma?

관형어	주어	부사어(부사)	술어(형용사)	의문조사	
男的的 nánde de 남자의	手机 shǒujī 휴대폰 东西 dōngxi 물건 手表 shǒubiǎo 손목시계	更 gèng 더욱	好 hǎo 좋다 多 duō 많다 漂亮 piàoliang 예쁘다	吗 ma ~입니까	?

답변 1 아니요, 남자의 선물이 더 큽니다.

不是，男的的礼物更大。 Búshì, nánde de lǐwù gèng dà.

동사		관형어	주어	부사어(부사)	술어(형용사)	
不是	，	女的的	手机 东西 手表	更	好 多 漂亮	。

답변 2 여자의 선물이 남자 것보다 크지 않습니다.

女的的礼物没有男的的大。 Nǚde de lǐwù méiyǒu nánde de dà.

관형어	주어	부사어		술어(형용사)	
男的的	手机 东西 手表	没有 méiyǒu ~만큼 ~하지 않다	女的的 nǚde de 여자의 것	好 多 漂亮	。

= 不比 bùbǐ ~만 못하다

핵심 콕콕 비교문 뉘앙스 차이

여자의 선물이 남자 것보다 확실히 크지 않음.

예 女的的礼物没有男的的大。 Nǚde de lǐwù méiyǒu nánde de dà. 여자의 선물은 남자 것보다 크지 않습니다.

여자의 선물이 남자 것보다 크지 않을 수도 있고 비슷할 수도 있음.

예 女的的礼物不比男的的大。 Nǚde de lǐwù bùbǐ nánde de dà. 여자의 선물은 남자 것보다 크지 않습니다.

기출 문제 | 가격

44. Mp3

어떤 물건이 가장 비싼가요?

哪种东西最贵?

Nǎ zhǒng dōngxi zuì guì?

관형어	주어	부사어(부사)	술어(형용사)	
哪种 nǎ zhǒng 어느 종류의	东西 dōngxi 물건	最 zuì 가장	便宜 piányi 싸다 大 dà 크다 重 zhòng 무겁다 好看 hǎokàn 보기 좋다	?

답변 1 (가장 비싼 것은) 가방입니다.

주어 + 술어 부분 생략가능

(最贵的是)皮包。 (zuì guì de shì) Píbāo.

주어	술어(동사)	목적어	
最便宜的 zuì piányi de 가장 싼 것 最大的 zuì dà de 가장 큰 것 最重的 zuì zhòng de 가장 무거운 것 最好看的 zuì hǎokàn de 가장 보기 좋은 것	是	帽子 màozi 모자 西瓜 xīguā 수박 词典 cídiǎn 사전 大衣 dàyī 외투	。

답변 2 가방이 가장 비쌉니다.

皮包最贵。 Píbāo zuì guì.

주어	부사어(부사)	술어(형용사)	
帽子 西瓜 词典 大衣	最	便宜 大 重 好看	。

말하기 연습

1 아래의 단어를 올바르게 배열한 후, 중국어로 말해 보세요. 45. Mp3

① **주어 + 比 + 명사 + 술어(형용사) + 吗?**

吗　书　厚　比　词典

______________________________?

책이 사전보다 두꺼운가요?

② **관형어 + 주어 + 比较 + 술어(형용사)?**

哪种　好　比较　礼物

______________________________?

어떤 종류의 선물이 비교적 좋은가요?

③ **주어 + 比 + 명사 + 更 + 술어(형용사)。**

更　爷爷　女孩子　比　年轻

______________________________。

여자아이가 할아버지보다 더 젊습니다.

④ **주어(관형+명사) + 没有 + 명사 + 술어(형용사)。**

东西　他的　重　没有　我

______________________________。

그의 물건은 내 것보다 무겁지 않습니다.

⑤ **주어 + 不比 + 명사 + 술어(형용사)。**

不比　他　高　我

______________________________。

나는 그보다 크지 않습니다.

모범답안 p 276

2 다음 한국어를 제시된 문형에 맞게 중국어로 바꿔 말해 보세요. 46. Mp3

① **주어 + 比 + 명사 + 술어(형용사) + 吗?**

- 포도가 귤보다 비싼가요? (葡萄)
- 운동화가 모자보다 저렴한가요? (运动鞋)

② **관형어 + 주어 + 比较 + 술어(형용사)?**

- 어떤 종류의 과일 주스가 맛있나요? (果汁)
- 누구의 코트가 비교적 긴가요? (大衣)

③ **주어 + 比 + 명사 + 更 + 술어(형용사)。**

- 볼펜이 연필보다 더 비쌉니다. (圆珠笔)
- 여자아이가 남자아이보다 (키가) 더 작습니다. (矮)

④ **주어 + 没有 + 명사 + 술어(형용사)。**

- 나는 당신보다 나이가 많지 않습니다. (大)
- 남자아이는 여자아이보다 뚱뚱하지 않습니다. (男孩子)

⑤ **주어 + 不比 + 명사 + 술어(형용사)。**

- 책은 사전보다 가볍지 않습니다. (词典)
- 오늘은 어제보다 덥지 않습니다. (热)

모범답안 p 276

TSC® 실전 엿보기
Test of Spoken Chinese

이 름
수험번호

第2部分 : 看图回答

思考 00 : 03
回答 00 : 06

다음 문제를 듣고 답변해 보세요. 47. Mp3

문제 1

哪种水果比较重?

Nǎ zhǒng shuǐguǒ bǐjiào zhòng?

어떤 종류의 과일이 비교적 무겁나요?

답변 힌트 香蕉 xiāngjiāo 명 바나나

문제 2

帽子比手表贵吗?

Màozi bǐ shǒubiǎo guì ma?

모자는 손목시계 보다 비싼가요?

답변 힌트 没有 méiyǒu 동 ~만큼 ~하지 않다

문제 3

书比手机大吗?

Shū bǐ shǒujī dà ma?

책이 휴대전화보다 큰가요?

답변 힌트 比 bǐ 동 ~보다

문제 4

小猫比小狗多吗?

Xiǎo māo bǐ xiǎo gǒu duō ma?

고양이가 강아지보다 많나요?

답변 힌트 没有 méiyǒu 동 ~만큼 ~하지 않다

모범답안 p 276~277

무료 학습자료 제공

www.ybmbooks.com

第三部分 快速回答

제3부분

빠르게 답하기

Unit 06 기호와 동작 묻기

영화 | 날씨 | 숙제 장소 | 일기예보 | 쇼핑 | 약속 시간

Unit 07 수량, 시량, 동량

무게 | 과목 수 | 소요시간 | 공부시간 | 쇼핑 횟수

Unit 08 상태와 정도

노래 평가 | 날씨 묘사 | 차림새(상태와 정도)

Unit 09 제안과 요청

영화 관람 제안 | 과일 맛보기 | 동아리 가입 | 메뉴 선택
휴대폰 빌리기 | 프린트 요청

Unit 10 경험과 계획

영화 관람 | 인터넷 강의 | 감기
신발 구매 | 귀가 계획 | 강의 시간

제3부분 | 빠르게 답하기

구성

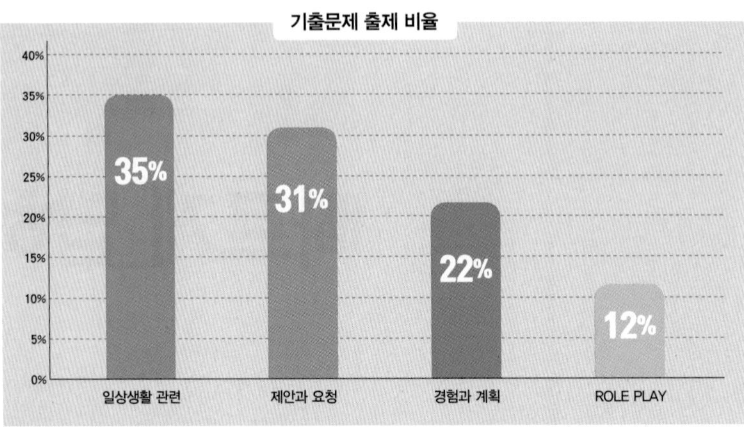

유형	간단한 대화를 완성하는 유형이다. 일상생활에서 이루어지는 대화로 먼저 그림이 제시된다. 최대한 완전한 문장으로 대답하자.
문항 수	5문항
답변 준비 시간	2초
답변 시간	문제당 15초

전략 포인트

① 최소한 두 마디는 말하자!

2부분에서 한 문장으로 말했었다면, 3부분에서는 최소한 두 마디는 이야기해야 한다. 문제의 화제가 대부분 일상생활에 관련된 것이므로 실제 일상생활을 생각하고 답변하면 된다.

② 다양한 부사와 전치사를 사용하자!

단답형의 문장보다는 다양한 부사와 전치사를 사용한 문장이 조금 더 높은 점수를 받을 수 있다. 따라서 평소에 상용 부사와 전치사를 익히도록 하자.

③ 3부분은 6부분의 기초단계이다!

3부분과 6부분의 공통점은 ROLE PLAY이다. 따라서 실제로 질문한 상황에 처해있다고 생각하고 자연스럽게 답변하는 게 관건이다. 또한 3부분이 6부분의 선행학습이라고 생각하고 문장을 자연스럽게 구사하는 방법을 익히도록 하자.

시험 맛보기

그림을 보고 그림의 내용을 설명하는 것이 아니라 질문을 듣고 질문에 맞게 정확하게 답변을 하는 형식이므로, 제3자의 입장이 아닌 자신의 입장에서 말을 해야 한다. 또한 자신이 질문의 의도를 이해했다는 것을 듣는 사람이 알 수 있도록 분명하게 답변해야 한다.

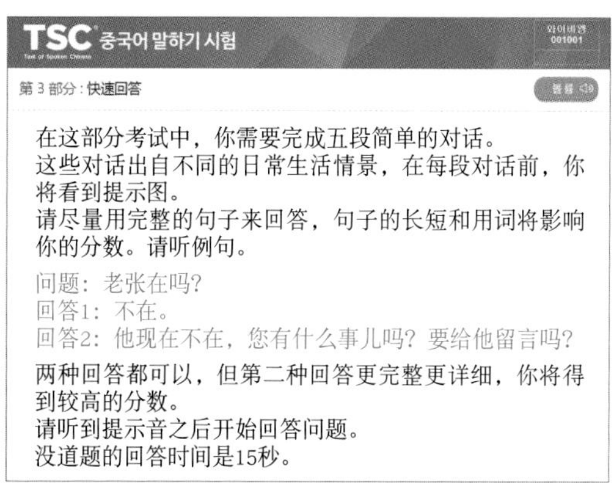

첫 화면에 3부분 유형의 지시문과 음성이 같이 나온다.

두 번째 화면에 그림과 함께 문제가 음성으로 나오고 하단에 [思考]라는 표시와 함께 2초의 준비 시간이 주어진다. 준비 시간이 끝나면 '삐' 소리가 나온다.

思考 〉 #Beep

화면 하단에 [回答]라고 표시되며 답변 시간 15초가 카운트된다. 답변 시간이 모두 끝나면 "现在结束。" 멘트가 나온다.

回答 〉 "现在结束。"

Unit 06 기호와 동작 묻기

기본 단어

48. Mp3

1 기호와 동작 관련 핵심 표현

喜欢 xǐhuan 동 좋아하다
爱 ài 동 ~하기를 좋아하다
一般 yìbān 형 일반적이다, 보통이다
平时 píngshí 명 평소, 평상시
都 dōu 부 모두
最 zuì 부 가장
非常 fēicháng 부 매우, 대단히
经常 jīngcháng 부 자주, 종종
每天 měitiān 명 매일, 날마다
跟 gēn 전 ~와(과)
一起 yìqǐ 부 같이, 더불어
什么时候 shénme shíhou 언제

2 동작과 대상

忙 máng 형 바쁘다
东西 dōngxi 명 음식, 물건
汉堡 hànbǎo 명 햄버거
音乐 yīnyuè 명 음악
电视 diànshì 명 텔레비전 TV
电影 diànyǐng 명 영화
家人 jiārén 명 식구
上午 shàngwǔ 명 오전
下午 xiàwǔ 명 오후
后天 hòutiān 명 모레
自行车 zìxíngchē 명 자전거
保龄球 bǎolíngqiú 명 볼링, 볼링공
炸酱面 zhájiàngmiàn 명 자장면
见 jiàn 동 만나다
听 tīng 동 듣다
骑 qí 동 (두 발을 벌려) 타다
坐 zuò 동 (교통수단을) 타다
吃饭 chīfàn 동 밥을 먹다
跑步 pǎobù 동 뛰다, 달리다
开会 kāihuì 동 회의하다
起床 qǐchuáng 동 (잠자리에서) 일어나다
见面 jiànmiàn 동 만나다
玩游戏 wán yóuxì 게임을 하다
做家务 zuò jiāwù 집안일을 하다
锻炼身体 duànliàn shēntǐ 운동하다
公共交通工具 gōnggòng jiāotōng gōngjù 대중교통

3 장소

快餐店 kuàicāndiàn 명 패스트푸드점
健身房 jiànshēnfáng 명 헬스장
咖啡厅 kāfēitīng 명 커피숍
购物中心 gòuwù zhōngxīn 명 쇼핑몰
博物馆 bówùguǎn 명 박물관
会议室 huìyìshì 명 회의실

4 계절과 날씨

天气 tiānqì 명 날씨
天气预报 tiānqì yùbào 명 일기예보
凉快 liángkuai 형 선선하다, 시원하다
晴天 qíngtiān 명 맑은 날씨
下雨 xiàyǔ 동 비가 오다
下雪 xiàxuě 동 눈이 오다
刮风 guāfēng 동 바람이 불다
暖和 nuǎnhuo 형 따뜻하다

답변 필수 문형

1 ~을 좋아하다 = 喜欢 = 爱

주어 + 喜欢 + 목적어(동사 + 목적어): 주어는 ~하는 것을 좋아합니다

我	喜欢	听音乐。	Wǒ xǐhuan tīng yīnyuè. 저는 음악 듣는 것을 좋아합니다.
주어	술어(동사)	목적어(동사 + 명사)	
我	爱	吃炸酱面。	Wǒ ài chī zhájiàngmiàn. 저는 자장면 먹는 것을 좋아합니다.
주어	술어(동사)	목적어(동사+명사)	

▷ 중국어도 한국어와 마찬가지로 목적어 자리에 동사구를 사용할 수 있다.

2 부사어

주어 + 부사어(전치사구, 부사, 시간 명사, 의문대명사) + 동사 + 목적어?:
주어는 (누구와, 어디에서, 언제, 어떻게) ~을 하나요?

你	在 哪儿	学习	汉语?	Nǐ zài nǎr xuéxí Hànyǔ?
주어	전치사 명사 부사어(전치사구)	술어(동사)	목적어	당신은 어디에서 중국어를 공부하나요?
你	跟 谁 一起	吃	饭?	Nǐ gēn shéi yìqǐ chīfàn?
주어	전치사 명사 부사 부사어	술어(동사)	목적어	당신은 누구와 함께 밥을 먹나요?
你	什么时候	去	书店?	Nǐ shénme shíhou qù shūdiàn?
주어	부사어(시간)	술어(동사)	목적어	당신은 언제 도서관에 가나요?
你	怎么	去	公司?	Nǐ zěnme qù gōngsī?
주어	부사	술어(동사)	목적어	당신은 어떻게 회사에 가나요?

▷ 누구와, 어디에서, 언제 등을 묻는 부사어는 모두 술어 앞에 위치한다.

49. Mp3

기출 문제 | 영화

당신은 영화관에 가는 것을 좋아하나요?

你喜欢去电影院吗?

Nǐ xǐhuan qù diànyǐngyuàn ma?

주어	술어(동사)	목적어(동사+명사)			
你 nǐ 당신	喜欢 xǐhuan 좋아하다	买 mǎi 사다 吃 chī 먹다 锻炼 duànliàn 단련하다	帽子 màozi 모자 汉堡 hànbǎo 햄버거 身体 shēntǐ 신체	吗 ma ~입니까	?

답변 1 저는 영화관에 가는 것을 좋아해요.

我很喜欢去电影院。 Wǒ hěn xǐhuan qù diànyǐngyuàn.

주어	부사어(부사)	술어(동사)	목적어(동사구)		
我	很 hěn 매우 非常 fēicháng 대단히 比较 bǐjiào 비교적	喜欢	买 吃 锻炼	帽子 汉堡 身体	。

= 爱 ài 좋아하다

답변 2 네, 저는 자주 영화관에 가요.

是，我经常去电影院看电影。 Shì, wǒ jīngcháng qù diànyǐngyuàn kàn diànyǐng.

동사		주어	부사어(부사)	술어(동사)1	목적어1	술어(동사)2	목적어2	
是	，	我	经常 jīngcháng 자주	去 qù 가다	购物中心 gòuwù zhòngxīn 쇼핑몰 快餐店 kuàicāndiàn 패스트푸드점 健身房 jiànshēnfáng 헬스장	买 吃 锻炼	帽子 汉堡 身体	。

핵심 콕콕 연동문

중국어도 한국어처럼 하나의 주어에 두 개 이상의 서술어가 나올 수 있다. 이때 부사는 첫 번째 동사 앞에 위치하며, 동사는 시간 발생 순서대로 나열하면 된다.

예 我常常去健身房锻炼身体。 Wǒ chángcháng qù jiànshēnfáng duànliàn shēntǐ. 저는 자주 헬스장에 가서 운동을 합니다.
我经常去公园骑自行车。 Wǒ jīngcháng qù gōngyuán qí zìxíngchē. 저는 자주 공원에 가서 자전거를 탑니다.

▷ 동작의 선후 관계: 장소에 가야, 동작을 할 수 있음.

50. Mp3

기출 문제 | 날씨

당신은 비 오는 날씨를 좋아하나요?

你喜欢下雨的天气吗?

Nǐ xǐhuan xiàyǔ de tiānqì ma?

주어	술어(동사)	관형어	목적어	의문조사	
你 nǐ 당신	喜欢 xǐhuan 좋아하다	暖和的 nuǎnhuo de 따뜻한 刮风的 guāfēng de 바람이 부는 下雪的 xiàxuě de 눈 오는	天气 tiānqì 날씨	吗 ma ~입니까	?

답변 1 저는 비 오는 날씨를 좋아합니다.

我很喜欢下雨的天气。 Wǒ hěn xǐhuan xiàyǔ de tiānqì.

주어	부사어(부사)	술어(동사)	관형어	목적어	
我	很 hěn 매우 最 zuì 가장 比较 bǐjiào 비교적	喜欢	暖和的 刮风的 下雪的	天气	。

답변 2 저는 비 오는 날씨를 싫어하고, 맑은 날씨를 좋아합니다.

我不喜欢下雨的天气，喜欢晴天。

Wǒ bù xǐhuan xiàyǔ de tiānqì, xǐhuan qíngtiān.

주어	부사어(부사)	술어(동사)	관형어	목적어	
我	不	喜欢	暖和的 刮风的 下雪的	天气	，

술어(동사)	관형어	목적어	
喜欢	凉快的 liángkuai de 선선한 没有风的 méiyǒu fēng de 바람이 없는 晴朗的 qínglǎng 맑은	天气	。

핵심 콕콕 계절 단어

春天 chūntiān 봄	夏天 xiàtiān 여름
秋天 qiūtiān 가을	冬天 dōngtiān 겨울

기출 문제 | 숙제 장소

51. Mp3

당신은 평소에 어디에서 숙제를 하나요?

你平时在哪儿做作业?

Nǐ píngshí zài nǎr zuò zuoyè?

주어	부사어		술어(동사)	목적어	
	부사	전치사구			
你 nǐ 당신	平时 píngshí 평소에	在哪儿 zài nǎr 어디에서	玩 wán 놀다 做 zuò 하다 买 mǎi 사다 开 kāi 열다 锻炼 duànliàn 단련하다	游戏 yóuxì 게임 菜 cài 음식 礼物 lǐwù 선물 会 huì 회의 身体 shēntǐ 신체	?

답변 저는 평소에 도서관에서 숙제를 해요.

我平时在图书馆做作业。 Wǒ píngshí zài túshūguǎn zuò zuoyè.

주어	부사어(부사)			술어(동사)	목적어	
	부사	전치사구				
我	平时	在	咖啡厅 kāfēitīng 카페 家 jiā 집 商店 shāngdiàn 상점 会议室 huìyìshì 회의실 健身房 jiànshēnfáng 헬스장	玩 做 买 开 锻炼	游戏 菜 礼物 会 身体	。

핵심 콕콕 주어 + 부사 + 전치사 + 동사(자동사) 형식

주어 + 부사 + 전치사 + 동사(자동사) 형식으로 대답할 수도 있다.

예 我平时在咖啡厅工作。 Wǒ píngshí zài kāfēitīng gōngzuò. 저는 평소에 커피숍에서 일을 합니다.
我平时在家休息。 Wǒ píngshí zài jiā xiūxi. 저는 평소에 집에서 쉽니다.

기출 문제 | 일기예보

52. Mp3

당신은 매일 일기예보를 보나요?

你每天都看天气预报吗?

Nǐ měitiān dōu kàn tiānqì yùbào ma?

주어	부사어		술어(동사)	목적어	의문조사	
你 nǐ 당신	每天 měitiān 매일	都 dōu 모두	做 zuò 하다 锻炼 duànliàn 단련하다 看 kàn 보다	家务 jiāwù 집안일 身体 shēntǐ 몸 电视 diànshì TV	吗 ma ~입니까	?

답변 1 저는 매일 일기예보를 봐요.

我每天都看天气预报。 Wǒ měitiān dōu kàn tiānqì yùbào.

주어	부사어		술어(동사)	목적어	
我	每天	都	做 锻炼 看	家务 身体 电视	。

답변 2 아니요, 저는 요즘 업무가 바빠요.

不，我最近工作很忙，不能每天看。

Bù, wǒ zuìjìn gōngzuò hěn máng, bùnéng měitiān kàn.

부정부사		주어1	부사어(시간명사)	술어(주어2+술어2)		
不	，	我	最近 zuìjìn 최근	工作 gōngzuò 일 学习 xuéxí 공부 身体 shēntǐ 몸	很多 hěn duō 많다 很忙 hěn máng 바쁘다 不好 bù hǎo 좋지 않다	，

부사어			술어(동사)	
부사	조동사	시간명사		
不	能 néng ~할 수 있다	每天	做 锻炼 看	。

기출 문제 | 쇼핑

53. Mp3

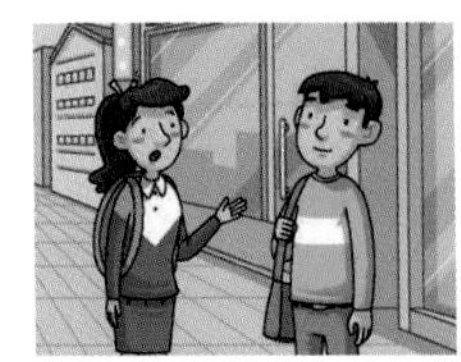

당신은 일반적으로 누구와 함께 옷을 사러 가나요?

你一般跟谁一起去买衣服?

Nǐ yìbān gēn shéi yìqǐ qù mǎi yīfu?

주어	부사어			술어1(동사)	술어2(동사)	목적어	
	부사	전치사구	부사				
你 nǐ 당신	一般 yìbān 일반적으로	跟谁 gēn shéi 누구와	一起 yìqǐ 함께	去 qù 가다	爬 pá 오르다 唱 chàng 부르다 打 dǎ 치다 玩 wán 놀다 吃 chī 먹다	山 shān 산 歌 gē 노래 保龄球 bǎolíngqiú 볼링 游戏 yóuxì 게임 饭 fàn 밥	?

답변 저는 일반적으로 친구와 함께 옷을 사러 가요.

我一般跟朋友一起去买衣服。 Wǒ yìbān gēn péngyou yìqǐ qù mǎi yīfu.

주어	부사어				술어1(동사)	술어2(동사)	목적어	
	부사	전치사구		부사				
我	一般	跟	家人 jiārén 식구 同事 tóngshì 동료 孩子 háizi 아이 弟弟 dìdi 남동생 爱人 àiren 배우자	一起	去	爬 唱 打 玩 吃	山 歌 保龄球 游戏 饭	。

핵심 콕콕 답변 응용하기

위의 문제에서 답을 할 때 누구와 같이 가지 않고, 혼자 간다고 답을 하고 싶을 때는 自己一个人을 넣어서 답하면 된다.

예 我一般自己一个人去买衣服。 Wǒ yìbān zìjǐ yí ge rén qù mǎi yīfu. 저는 일반적으로 혼자 가서 옷을 삽니다.

기출 문제 | 약속 시간

54. Mp3

우리 내일 오전에 몇 시에 만날까?

我们明天上午几点见面?

Wǒmen míngtiān shàngwǔ jǐ diǎn jiànmiàn?

주어	부사어(시간)		술어(동사)	목적어	
我们 wǒmen 우리	后天下午 hòutiān xiàwǔ 모레 오후 星期六 xīngqīliù 토요일 明天 míngtiān 내일	几点 jǐ diǎn 몇 시	看 kàn 보다 去 qù 가다 开 kāi 열다	电影 diànyǐng 영화 博物馆 bówùguǎn 박물관 会 huì 회의	?

답변 1 우리 내일 오전 9시 반에 보자.

我们明天上午九点半见吧。 Wǒmen míngtiān shàngwǔ jiǔ diǎn bàn jiàn ba.

주어	부사어(시간)		술어1(동사)	목적어	제안	
我们	后天下午 星期六 明天	五点二十分 wǔ diǎn èrshí fēn 5시 20분	看 去 开	电影 博物馆 会	吧 ba ~하자	。

답변 2 우리 내일 오전 9시 반에 학교에서 보자.

我们明天上午九点半在学校见吧。

Wǒmen míngtiān shàngwǔ jiǔ diǎn bàn zài xuéxiào jiàn ba.

주어	부사어				술어(동사)	제안	
	시간		전치사구				
我们	后天下午 星期六 明天	五点二十分	在 zài	电影院 diànyǐngyuàn 영화관 博物馆 bówùguǎn 박물관 会议室 huìyìshì 회의실	见 jiàn 만나다	吧 ba ~하자	。

말하기 연습

1 다음 한국어를 제시된 문형에 맞게 중국어로 바꿔 말해 보세요. 55. Mp3

① **주어 + 喜欢/爱 + 목적어(동사+목적어) + 吗?**

- 당신은 눈이 오는 날씨를 좋아하나요? (喜欢, 下雪)
- 그녀는 햄버거 먹는 것을 좋아하나요? (爱, 汉堡)

② **주어 + 平时 + 在 + 장소 + 목적어(동사+목적어)**

- 저는 평소에 집에서 밥을 먹습니다. (吃饭)
- 그는 평소에 헬스장에서 신체단련을 합니다. (锻炼)

③ **주어 + 每天 + 都 + 목적어(동사+목적어)**

- 저는 매일 숙제를 합니다. (作业)
- 아빠는 매일 신문을 봅니다. (报纸)

④ **我 + 一般 + 跟 + 명사 + 一起 + 술어(동사) + 목적어(동사+목적어)**

- 저는 일반적으로 엄마와 함께 옷을 사러 갑니다. (衣服)
- 저는 일반적으로 친구와 함께 영화를 보러 갑니다. (电影)

⑤ **주어 + 부사어(시간) + 술어(동사) + 목적어 + 吧**

- 우리 모레 오전 8시에 커피숍에서 보자. (咖啡厅)
- 우리 금요일 오후 6시에 패스트푸드점에서 보자. (快餐店)

모범답안 p 277

TSC® 실전 엿보기

Test of Spoken Chinese

이 름

수험번호

第3部分 : 快速回答

思考	回答
00 : 02	00 : 15

다음 문제를 듣고 답변해 보세요. 56. Mp3

문제 1

你喜欢看电视吗?

Nǐ xǐhuan kàn diànshì ma?

당신은 TV 보는 것을 좋아하나요?

답변 힌트 **每天** měitiān 매일 **晚上** wǎnshang 명 저녁 **都** dōu 부 모두

문제 2

你平时在哪儿锻炼身体?

Nǐ píngshí zài nǎr duànliàn shēntǐ?

당신은 평소에 어디에서 운동을 하나요?

답변 힌트 **健身房** jiànshēnfáng 명 헬스장

문제 3

我们下星期几看那部电影?

Wǒmen xià xīngqī jǐ kàn nà bù diànyǐng?

우리 다음 주 무슨 요일에 그 영화를 볼까?

답변 힌트 **下星期五** xià xīngqīwǔ 다음 주 금요일

문제 4

你每天几点下课?

Nǐ měitiān jǐ diǎn xiàkè?

당신은 매일 몇 시에 수업이 끝나나요?

답변 힌트 **下午** xiàwǔ 명 오후 **五点** wǔ diǎn 수 5시 **半** bàn 수 반, 30분

모범답안 p 277

Unit 07

수량, 시량, 동량

기본 단어

57. Mp3

1 양사

门 mén 양 과목을 세는 단위
节 jié 양 수업 시간을 세는 단위
斤 jīn 양 근 [500g, 무게를 세는 단위]
道 dào 양 가지 [음식, 요리를 셀 때 사용]
封 fēng 양 통 [편지, 메일을 세는 단위]
支 zhī 양 자루 [가늘고 긴 물건을 세는 단위]
次 cì 양 번, 차례
遍 biàn 양 번, 차례, 회

2 시량과 동량 관련 어휘

多长时间 duō cháng shíjiān 얼마 만에, 얼마 동안
从 cóng 전 ~부터
到 dào 동 ~까지, 도달하다, 도착하다
只 zhǐ 부 단지, 오로지
就 jiù 부 바로, 곧
一天 yìtiān 하루
一年 yì nián 1년
一个月 yí ge yuè 한 달
一个小时 yí ge xiǎoshí 한 시간
半个小时 bàn ge xiǎoshí 30분
一分钟 yì fēnzhōng 1분
一个星期 yí ge xīngqī 1주일
一天 yì tiān 하루
半天 bàntiān 명 반나절, 반일
大概 dàgài 부 대략
吧 ba 조 ~일 것이다 [문장 끝에 쓰여 추측을 나타냄]

3 관련 형용사, 동사, 명사

累 lèi 형 피곤하다
饿 è 형 배고프다
订 dìng 동 예약하다
点 diǎn 동 주문하다
学 xué 동 배우다
送 sòng 동 보내다
写 xiě 동 쓰다
选 xuǎn 동 고르다, 선택하다
购买 gòumǎi 동 사다, 구입하다
需要 xūyào 동 필요하다
打印 dǎyìn 동 인쇄하다, 프린트하다
能 néng 조동 ~할 수 있다
还要 háiyào 더 필요하다
不太 bú tài 그다지 ~하지 않다
课 kè 명 수업
信 xìn 명 편지
牛肉 niúròu 명 소고기
鸡肉 jīròu 명 닭고기
餐厅 cāntīng 명 식당
比萨 bǐsà 명 피자
报告 bàogào 명 보고서
材料 cáiliào 명 자료
杂志 zázhì 명 잡지
词典 cídiǎn 명 사전
可乐 kělè 명 콜라
雪碧 xuěbì 명 스프라이트
身体 shēntǐ 명 신체, 몸
电影票 diànyǐngpiào 명 영화표

답변 필수 문형

1 수량

주어 + 술어(동사) + (了) + 관형어(수사+양사) + 목적어: 주어는 ~을 했습니다

我	选了	三门	课。	Wǒ xuǎnle sān mén kè. 저는 세 과목을 신청했습니다.
주어	술어(동사)+동작의 완료	관형어(수사+양사)	목적어	

▷ 동사 + 了는 동작의 완료를 나타낸다.

▷ 수사 + 양사(사람이나 사물의 단위를 나타내는 단어)는 명사 앞에 놓여 명사를 수식한다.

2 시량(시간의 양)

주어 + 술어(동사) + 목적어 + 술어(동사) + 了 + 보어(시량): 주어는 ~를 시간의 양만큼 했습니다
= 주어 + 술어(동사) + 了 + 보어(시량) + 的 + 목적어
= 목적어 + 주어 + 술어(동사) + 了 + 보어

我	学汉语	学了	三个月。	Wǒ xué Hànyǔ xuéle sān ge yuè. 저는 중국어를 3개월 배웠습니다.
주어	술어(동사)+목적어	동사+동작의 완료	보어(시간의 양)	

= 我	学了	三个月	的	汉语。	Wǒ xuéle sān ge yuè de Hànyǔ.
주어	술어(동사)+동작의 완료	보어(시간의 양)	조사	목적어	
		관형어			

= 汉语	我	学了	三个月。	Hànyǔ wǒ xuéle sān ge yuè.
목적어	주어	술어(동사)+동작의 완료	보어(시간의 양)	

3 동량(동작의 양)

주어 + 술어(동사) + 了 + 보어(동량): 주어는 ~를 몇 번 했습니다

我	看了	两遍。	Wǒ kànle liǎng biàn. 저는 두 번 봤습니다.
주어	술어(동사)+동작의 완료	보어(동작의 양)	

我	吃过	一次	汉堡。	Wǒ chīguo yícì hànbǎo. 저는 햄버거를 한 번 먹어봤습니다.
주어	술어(동사)+동작의완료	보어(동작의 양)	목적어	

58. Mp3

기출 문제 | 무게

소고기 몇 근 필요하세요?

你要几斤牛肉?

Nǐ yào jǐ jīn niúròu?

주어	술어(동사)	관형어	목적어	
你 nǐ 당신	要 yào 원하다	几份 jǐ fèn 몇 부의 几个 jǐ ge 몇 개의 几本 jǐ běn 몇 권의	材料 cáiliào 자료 比萨 bǐsà 피자 杂志 zázhì 잡지	?

답변 1 소고기를 한 근 주세요.

我要一斤牛肉。 Wǒ yào yì jīn niúròu.

주어	술어(동사)	관형어	목적어	
我	要	两份 liǎng fèn 두 부의 一个 yí ge 한 개의 五本 wǔ běn 다섯 권의	材料 比萨 杂志	。

답변 2 소고기를 한 근 주시고요, 닭고기도 한 근 주세요.

我要一斤牛肉，还要一斤鸡肉。 Wǒ yào yì jīn niúròu, hái yào yì jīn jīròu.

주어	술어(동사)	관형어	목적어	
我	要	两份 一个 五本	材料 比萨 杂志	，

부사어(부사)	술어(동사)	관형어	목적어	
还 hái 아직, 더	要	一份 yí fèn 두 부의 两杯 liǎng bēi 두 잔의 一本 yì běn 한 권의	报告 bàogào 보고서 可乐 kělè 콜라 词典 cídiǎn 사전	。

기출 문제 | 과목 수

59. Mp3

너는 몇 과목을 선택했어?

你选了几门课?

Nǐ xuǎnle jǐ mén kè?

주어	술어(동사)	동작의 완료	관형어	목적어	
你 nǐ 당신	写 xiě 쓰다 送 sòng 보내다 点 diǎn 주문하다	了 le ~했다	几封 jǐ fēng 몇 통의 几份 jǐ fèn 몇 개의 几道 jǐ dào 몇 가지의	信 xìn 편지 礼物 lǐwù 선물 菜 cài 음식	?

답변 1 나는 세 과목을 선택했어.

我选了三门课。 Wǒ xuǎnle sān mén kè.

주어	술어(동사)	동작의 완료	관형어	목적어	
我	写 送 点	了	十封 shí fēng 열 통의 一份 yí fèn 한 개의 五道 wǔ dào 다섯 가지의	信 礼物 菜	。

답변 2 요즘 나 바빠서, 두 과목만 신청했어.

我很忙，只选了两门课。 Wǒ hěn máng, zhǐ xuǎnle liǎng mén kè.

주어	부사어(부사)	술어(형용사)	
我 这个 zhège 이것 我	非常 fēicháng 매우 比较 bǐjiào 비교적 不太 bú tài 그다지	累 lèi 피곤하다 贵 guì 비싸다 饿 è 배고프다	。

부사	술어(동사)	동작의 완료	관형어	목적어	
只 zhǐ 단지	写 送 点	了	两封 liǎng fēng 두 통의 一份 三道 sān dào 세 가지의	信 礼物 菜	。

기출 문제 | 소요시간

당신 집에서 회사까지 얼마나 걸려요?

从你家到公司需要多长时间?

Cóng nǐ jiā dào gōngsī xūyào duō cháng shíjiān?

부사어(전치사구)				술어(동사)	목적어	
从 cóng ~로부터	这儿 zhèr 여기 电影院 diànyǐngyuàn 영화관 公园 gōngyuán 공원	到 dào ~까지	那儿 nàr 저기 餐厅 cāntīng 식당 医院 yīyuàn 병원	需要 xūyào 필요하다	多长时间 duō cháng shíjiān 얼마의 시간 几个小时 jǐ ge xiǎoshí 몇 시간 几分钟 jǐ fēnzhōng 몇 분	?

답변 1 저희 집에서 회사까지 대략 10분정도 걸려요.

从我家到公司大概需要十分钟。 Cóng wǒ jiā dào gōngsī dàgài xūyào shí fēnzhōng.

부사어(전치사구)					술어(동사)	목적어	
从	这儿 电影院 公园	到	那儿 餐厅 医院	大概 dàgài 대략	需要	二十分钟 èrshí fēnzhōng 20분 一个小时 yí ge xiǎoshí 한 시간 一个小时二十分钟 yí ge xiǎoshí èrshí fēnzhōng 1시간 20분	。

답변 2 10분이 안 돼서 바로 도착해요.

不到十分钟就能到。 Búdào shí fēnzhōng jiù néng dào.

부정부사	술어1(동사)	보어	부사어		술어2(동사)	
			부사	조동사		
不 bú ~아니다	到 ~되다	一刻钟 yíkè zhōng 15분 半个小时 bàn ge xiǎoshí 30분 一个半小时 yí ge bàn xiǎoshí 1시간 30분	就 jiù 바로	能 néng ~할 수 있다	到 도착하다	。

핵심 콕콕 시점과 시간 표현

시점은 어떤 구체적인 시간을 나타내고, 시간량은 시간의 한 구간을 나타낸다. 시간량을 나타내는 단어만 동사 뒤에 쓰여 시량보어로 사용된다.

시점		시간량	
10분	十分 shí fēn	10분(동안)	十分钟 shí fēnzhōng
1시	一点 yī diǎn	1시간(동안)	一个小时 yí ge xiǎoshí
오늘	今天 jīntiān	하루(동안)	一天 yì tiān
이번 주	这个星期 zhège xīngqī	한 주(동안)	一个星期 yí ge xīngqī
올해	今年 jīnnián	한 해(동안)	一年 yì nián

기출 문제 | 공부시간

중국어를 얼마 동안 배웠어?

你学汉语学了多长时间?

Nǐ xué Hànyǔ xuéle duō cháng shíjiān?

주어	술어(동사)	목적어	술어(동사)	동작의 완료	보어(시간의 양)	
你 nǐ 당신	看 kàn 보다 打 dǎ 치다 写 xiě 쓰다	电影 diànyǐng 영화 保龄球 bǎolíngqiú 볼링 报告 bàogào 보고서	看 kàn 보다 打 dǎ 치다 写 xiě 쓰다	了 le ~했다	多长时间 duō cháng shíjiān 얼마 동안	?

답변 1 나는 중국어를 3개월 배웠어.

我学汉语学了三个月。 Wǒ xué Hànyǔ xuéle sān ge yuè.

주어	술어(동사)	목적어	술어(동사)	동작의 완료	보어(시간의 양)	
我	看 打 写	电影 保龄球 报告	看 打 写	了	一个小时 yí ge xiǎoshí 한 시간 四十分钟 sìshí fēnzhōng 40분 半个小时 bàn ge xiǎoshí 30분	。

답변 2 나는 중국어를 3개월 배웠어.

我学了三个月的汉语。 Wǒ xuéle sān ge yuè de Hànyǔ.

주어	술어(동사)	동작의 완료	보어(시간의 양)		목적어	
我	看 打 写	了	一天 yì tiān 하루 两个多小时 liǎng ge duō xiǎoshí 2시간 넘게 五十分钟 wǔshí fēnzhōng 50분	的	电影 保龄球 报告	。

답변 3 나는 중국어를 3개월 배웠어.

汉语我学了三个月。 Hànyǔ wǒ xuéle sān ge yuè.

목적어	주어	술어(동사)	동작의 완료	보어(시간의 양)	
电影 保龄球 报告	我	看 打 写	了	半天 bàntiān 반나절 一个小时 yí ge xiǎoshí 한 시간 一个星期 yí ge xīngqī 1주일	。

핵심 콕콕 상태의 지속을 나타내는 了

동사 뒤와 문장 끝에 조사 '了'가 있으면 동작이 끝나지 않고 현재까지 계속 진행 중임을 나타낼 수 있다.

예 我学汉语学了三个月了。Wǒ xué Hànyǔ xuéle sān ge yuè le. 저는 중국어를 3개월째 배우고 있습니다.
我看了一个小时的电视了。Wǒ kànle yí ge xiǎoshí de diànshì le. 저는 한 시간째 TV를 보고 있습니다.

62. Mp3

기출 문제 | 쇼핑 횟수

너는 얼마에 한 번 옷을 사?

你多长时间去购买一次衣服?

Nǐ duō cháng shíjiān qù gòumǎi yí cì yīfu?

주어	부사어	술어1(동사)	술어2(동사)	보어(동작의 양)		
你 nǐ 당신	多长时间 duō cháng shíjiān 얼마 동안	去 qù 가다	吃 chī 먹다 跳 tiào 추다 锻炼 duànliàn 단련하다	一次 yí cì 한 번	汉堡 hànbǎo 햄버거 舞 wǔ 춤 身体 shēntǐ 신체	?

답변 1 일주일에 한번.

一个星期一次。 Yí ge xīngqī yí cì.

부사어	보어(동작의 양)	
一个月 yí ge yuè 한 달 一个星期 yí ge xīngqī 일주일 两天 liǎng tiān 이틀	两三次 liǎng sān cì 두세 번 两次 liǎng cì 두 번 一次	。

답변 2 대략 한 달에 한 번인 것 같아.

大概一个月一次吧。 Dàgài yí ge yuè yí cì ba.

부사어		보어(동작의 양)	추측	
大概 dàgài 대략	两三个星期 liǎng sān ge xīngqī 이삼 주에 一个月 两个月 liǎng ge yuè 두 달에	一次 四次 sì cì 네 번 五六次 wǔ liù cì 대여섯 번	吧 ba ~인 것 같아	。

핵심 콕콕 동량보어 뒤에 목적어가 오는 경우

목적어가 일반명사일 경우, 동량보어는 목적어 앞에 위치한다.

술어[동사] + (了 / 过) + 동량보어 + 일반명사 목적어

예 我看了两遍小说。 Wǒ kànle liǎng biàn xiǎoshuō. 저는 소설을 두 번 봤습니다.

말하기 연습

1 아래의 단어를 올바르게 배열한 후, 중국어로 말해 보세요. 63. Mp3

① **주어 + 동사 + 了 + 관형어 + 목적어。**

三份　打印　材料　了　他

________________________________。

그는 자료 세 부를 프린트했습니다.

② **从 + 명사1 + 到 + 명사2 + 需要(동사) + 보어(시간의 양)。**

从　下课　上课　七个半　到　需要　小时

________________________________。

수업 시작부터 수업 끝날 때까지 7시간 30분이 걸려요.

③ **주어 + 동사1 + 목적어 + 동사2 + 了 + 보어(시간의 양)。**

一个小时　我　了　写信　四十分钟　写

________________________________。

저는 1시간 40분 동안 편지를 썼어요.

④ **주어 + 동사 + 了 + 보어(시간량의 양) + 的 + 목적어。**

画　了　的　她　画儿　三天

________________________________。

그녀는 3일 동안 그림을 그렸다.

⑤ **주어 + 동사 + 了 + 보어(시간의 양) + 목적어。**

我　三次　骑　自行车　了

________________________________。

저는 자전거를 세 번 탔어요.

모범답안 p 278

2 다음 한국어를 제시된 문형에 맞게 중국어로 바꿔 말해 보세요. 64. Mp3

① **주어 + 동사 + 了 + 관형어 + 목적어。**

- 나는 영화표 한 장을 예매했습니다. (订)
- 그녀는 코트 한 벌을 구매했습니다. (购买)

② **从 + 명사1 + 到 + 명사2 + 需要(동사) + 보어(시간의 양)。**

- 슈퍼마켓부터 공원까지 5분 걸립니다. (超市)
- 기숙사부터 교실까지 15분 걸립니다. (宿舍)

③ **주어 + 동사1 + 목적어 + 동사2 + 了 + 보어(시간의 양)。**

- 저는 한 시간 동안 영화를 봤습니다.
- 저는 20분간 선물을 골랐습니다. (选)

④ **주어 + 동사 + 了 + 보어(시간량의 양) + 的 + 목적어。**

- 저는 2시간 반 동안 음식을 했습니다. (做菜)
- 그는 30분간 목욕을 했습니다. (半个小时)

⑤ **주어 + 동사 + 了 + 보어(시간의 양) + 목적어。**

- 저는 등산을 한 번 했어요.
- 저는 박물관에 두 번 갔어요. (博物馆)

모범답안 p 278

TSC® 실전 엿보기

Test of Spoken Chinese

第3部分 : 快速回答

思考 00 : 02 回答 00 : 15

다음 문제를 듣고 답변해 보세요. 65. Mp3

문제 1

你喜欢吃汉堡吗?

Nǐ xǐhuan chī hànbǎo ma?

당신은 햄버거를 좋아하나요?

답변 힌트 **非常** fēicháng 부 매우, 대단히 **大概** dàgài 부 대략
吃一次 chī yí cì 한 번 먹다

문제 2

你从几点到几点工作?

Nǐ cóng jǐ diǎn dào jǐ diǎn gōngzuò?

당신은 몇 시부터 몇 시까지 일하나요?

답변 힌트 **从~到~** cóng~dào~ ~에서 ~까지

문제 3

你多长时间去一次咖啡店?

Nǐduō cháng shíjiān qù yí cì kāfēidiàn?

당신은 얼마만에 한 번 커피숍에 가나요?

답변 힌트 **一个星期** yí ge xīngqī 일주일 **两三次** liǎng sān cì 두세 번

문제 4

请问，这儿附近有邮局吗?

Qǐngwèn, zhèr fùjìn yǒu yóujú ma?

실례지만, 여기 근처에 우체국이 있나요?

답변 힌트 **不到五分钟** búdào wǔ fēnzhōng 5분도 안 돼서

모범답안 p 278

Unit 08 상태와 정도

기본 단어

66. Mp3

1 조동사, 보어

得 de 조 동사나 형용사 뒤에 쓰여 정도보어와 연결함
要死 yàosǐ 정도가 최고에 이르다
还行 hái xíng 그런대로 괜찮다
极了 jí le 매우, 아주, 몹시
死了 sǐ le ~해 죽겠다[정도가 아주 심함을 나타냄]
坏了 huài le 엄청 ~하다

2 동사

穿 chuān 동 (옷이나 신발 등을)착용하다
哭 kū 동 울다
说 shuō 동 말하다, 이야기하다
感动 gǎndòng 동 감동하다
后悔 hòuhuǐ 동 후회하다
放 fàng 동 넣다, 놓다
笑 xiào 동 웃다
变 biàn 동 변하다
尝 cháng 동 맛보다
踢球 tīqiú 동 공을 차다, 축구하다

3 형용사, 부사

对 duì 형 맞다, 정확하다
流利 liúlì 형 유창하다
甜 tián 형 달다
咸 xián 형 짜다
辣 là 형 맵다
酸 suān 형 시다
高兴 gāoxìng 형 기쁘다
有趣 yǒuqù 형 재미있다
困 kùn 형 졸리다
不得了 bùdéliǎo 형 대단하다, 매우 심하다
不错 búcuò 형 괜찮다, 나쁘지 않다
漂亮 piàoliang 형 예쁘다, 아름답다
帅 shuài 형 멋지다, 잘생겼다
认真 rènzhēn 형 성실하다
疼 téng 형 아프다
难 nán 형 어렵다
厉害 lìhai 형 대단하다, 심하다
好看 hǎokàn 형 아름답다
不怎么 bù zěnme 부 별로, 그다지

4 명사

汉字 Hànzì 고유 한자
英语 Yīngyǔ 고유 영어
肚子 dùzi 명 배
午饭 wǔfàn 명 점심(밥)
糖 táng 명 설탕
外面 wàimiàn 명 바깥, 밖
自己 zìjǐ 명 자신
这么 zhème 대 이렇게
那么 name 대 그렇게
头 tóu 명 머리
刚才 gāngcái 명 방금, 지금 막
附近 fùjìn 명 근처

답변 필수 문형

1 상태보어: 발생한 혹은 발생 중인 동작, 상태를 평가하거나 묘사함

① 평가

주어 + 술어(동사) + 得 + 보어(형용사): 주어는 ~를 ~(정도로) 합니다

她	唱	得很好。	Tā chàng de hěn hǎo.
주어	술어(동사)	보어(정도부사+형용사)	그녀는 노래를 잘합니다.

주어 + 술어(동사)목적어 + 술어(동사) + 得 + 보어(형용사): 주어는 ~를 ~(정도로) 합니다

她	唱歌	唱	得很好。	Tā chànggē chàng de hěn hǎo.
주어	동사+목적어	동사	보어(정도부사+형용사)	그녀는 노래를 잘합니다.

② 묘사

주어 + 술어(형용사) + 得 + 보어(동사구/형용사구): 주어는 ~해서 ~합니다

我	累	得头很疼。	Wǒ lèi de tóu hěn téng.
주어	술어(형용사)	보어(형용사구)	저는 피곤해서 머리가 아픕니다.

2 정도보어: 사물의 상태나 심리가 도달한 정도를 설명

① 주어 + 술어(형용사/심리 동사) + 得 + 보어(很, 不得了, 要死): 주어는 매우 ~합니다

我	累	得很。	Wǒ lèi de hěn. 저는 매우 피곤합니다.
주어	술어(형용사)	보어	

② 주어 + 술어(형용사/심리 동사) + 보어(死了, 极了, 坏了): 주어는 매우 ~합니다

今天	热	死了。	Jīntiān rè sǐ le. 오늘은 더워 죽겠습니다.
주어	술어(형용사)	보어	

67. Mp3

기출 문제 | 노래 평가

너 노래 잘 불러?

你唱歌唱得好吗?

Nǐ chànggē chàng de hǎo ma?

주어	술어(동사+목적어)	술어(동사)	상태를 나타냄	보어	의문조사	
你 nǐ 당신은	踢球 tī qiú 축구하다 说英语 shuō Yīngyǔ 영어를 말하다 写汉字 xiě Hànzì 한자를 쓰다	踢 tī 차다 说 shuō 말하다 写 xiě 쓰다	得 de ~한 상태가	好 hǎo 좋다	吗 ma ~입니까	?

답변 1 나 노래 잘 불러.

我唱歌唱得很好。 Wǒ chànggē chàng de hěn hǎo.

동사 생략가능

주어	술어(동사+목적어)	술어(동사)	정도를 나타냄	보어(부사+형용사)	
我	踢球 说英语 写汉字	踢 说 写	得	不错 búcuò 괜찮다 还行 hái xíng 그럭저럭이다 漂亮 piàoliang 예쁘다	。

답변 2 나 노래 잘 못 불러.

我唱歌唱得不好。 Wǒ chànggē chàng de bù hǎo.

동사 생략가능

주어	동사+목적어	술어(동사)	정도를 나타냄	보어(부사+형용사)		
我	踢球 说英语 写汉字	踢 说 写	得	不 bù 아니다 不太 bú tài 그다지 不怎么 bù zěnme 별로	好 hǎo 좋다 流利 liúlì 유창하다 好看 hǎokàn 예쁘다	。

핵심 콕콕 정도보어 得의 잘못된 쓰임

상태를 나타내는 得는 반드시 동사 뒤에 붙는다. 상태를 나타내는 得는 실질적인 의미 없이 서술어(동사, 형용사) 뒤에 쓰여 동작의 상태를 평가하거나 묘사한다.

예 我做菜做得很好。Wǒ zuòcài zuò de hěn hǎo. 저는 요리를 잘합니다. (O)
我菜做得很好。Wǒ cài zuò de hěn hǎo. 저는 요리를 잘합니다. (O)
我做菜得很好。Wǒ zuòcài de hěn hǎo. 저는 요리를 잘합니다. (×)

기출 문제 | 날씨 묘사

68. Mp3

날씨가 선선해졌어!

天气变得很凉快！

Tiānqì biàn de hěn liángkuai!

주어	술어(동사/형용사)	정도를 나타냄	보어	
她 tā 그녀, 그 여자 他 tā 그, 그 남자	感动 gǎndòng 감동하다 高兴 gāoxìng 기쁘다	得 de ~해서	哭了 kū le 울었다 笑了 xiào le 웃었다	!

답변 네 말이 맞아. 날씨가 정말 선선해졌어!

你说得对。天气真的凉快多了！

Nǐ shuō de duì. Tiānqì zhēnde liángkuai duō le!

주어	술어(동사)	정도를 나타냄	보어	
你	说 shuō 말하다	得	对 duì 맞다	。

주어	부사어(부사)	술어(심리동사, 형용사)	상태의 변화	
她 他	真的 zhēnde 정말로, 진짜로	感动 高兴	了 le	!

상황의 변화를 나타내는 了

了는 문장 맨 마지막에 놓여 사건이나 상황의 변화, 발생을 나타낸다.

예 花开了。Huā kāi le. 꽃이 피었습니다. (예전에는 꽃이 피지 않음)
现在他不工作了。Xiànzài tā bù gōngzuò le. 지금 그는 더 이상 일을 하지 않습니다. (예전에는 일을 했음)
今年她三十了。Jīnnián tā sānshí le. 올해 그녀는 서른이 되었습니다. (작년에는 29살이었음)

기출 문제 | 차림새(상태와 정도)

69. Mp3

오늘 옷을 이렇게나 얇게 입었는데 안 추워요?

今天你衣服穿得这么少，不冷吗?

Jīntiān nǐ yīfu chuān de zhème shǎo, bù lěng ma?

부사어(전치사구)	주어	목적어	술어(동사)	정도를 나타냄	보어(대명사+형용사)
中午 zhōngwǔ 점심 上午 shàngwǔ 오전 刚才 gāngcái 방금	你 nǐ 너는	午饭 wǔfàn 점심 报告 bàogào 보고서 糖 táng 설탕	吃 chī 먹다 写 xiě 쓰다 放 fàng 넣다	得 de ~한 상태가	那么少 nàme shǎo 그렇게나 적다 这么认真 zhème rènzhēn 이렇게나 열심히 하다 这么多 zhème duō 이렇게나 많다

부사어(부사)	술어(형용사)		
不 bú 不 bú 不 bù 아니다	饿 è 배고프다 累 lèi 피곤하다 甜 tián 달다	吗 ma ~입니까	?

답변 추워 죽겠어요. 저도 이렇게 얇게 입은 거 후회해요.

冷死了，我也后悔自己穿得这么少。

Lěng sǐ le, wǒ yě hòuhuǐ zìjǐ chuān de zhème shǎo.

술어(형용사)	보어	
饿 累 甜	死了 sǐ le 죽겠다 坏了 huài le 엄청 ~하다 极了 jí le 죽겠다	,

주어	부사어(부사)	술어(동사)	목적어				
			주어	술어(동사)	정도를 나타냄	보어(대명사+형용사)	
我	也 yě ~도	后悔 hòuhuǐ 후회하다	自己 zìjǐ 자신이	吃 写 放	得	那么少 这么认真 这么多	。

말하기 연습

1 아래의 단어를 올바르게 배열한 후, 중국어로 말해 보세요. **70. Mp3**

① **주어 + 술어(심리동사/형용사) + 보어。**

难　死了　汉语

____。

중국어는 어려워 죽겠습니다.

② **주어 + 목적어 + 동사 + 得 + 보어。**

很大　风　刮　外面　得

____。

밖에 바람이 많이 붑니다.

③ **주어 + 동사 + 得 + 목적어。**

很　她　得　漂亮　长

____。

그녀는 매우 예쁘게 생겼습니다.

④ **주어 + 동사 + 목적어 + 동사 + 得 + 보어 + 吗?**

喝　得　喝　多　吗　你　咖啡

____?

당신은 커피를 많이 마시나요?

⑤ **주어 + 동사 + 了 + 명사 + 형용사 + 得 + 보어。**

要死　了　我　累　工作　一天　得

____。

나는 하루 종일 일을 해서 무척이나 피곤합니다.

모범답안 p 278~279

2 다음 한국어를 제시된 문형에 맞게 중국어로 바꿔 말해 보세요. 71. Mp3

① **주어 + 동사1 + 목적어 + 동사2 + 得 + 보어 + 吗?**

- 그녀는 배드민턴을 잘 치나요? (羽毛球)
- 당신은 중국어를 유창하게 하나요? (流利)

② **주어 + 목적어 + 동사 + 得 + 보어。**

- 저는 머리가 무척 아픕니다. (疼, 厉害)
- 저는 수업을 많이 듣습니다.

③ **주어 + 동사 + 得 + 보어。**

- 저는 어제 잘 잤습니다.
- 최근 날씨가 더워졌습니다. (变)

④ **주어 + 술어(심리동사) + 得 + 보어。**

- 그녀는 무척이나 감동했습니다. (不得了)
- 저는 두 과목만 선택해서 뼈저리게 후회했습니다. (只, 要死)

⑤ **주어 + 술어(형용사) + 보어。**

- 이 음식은 무척 짭니다. (咸, 死了)
- 그녀는 지금 매우 기쁩니다. (极了)

모범답안 p 279

TSC® 실전 엿보기
Test of Spoken Chinese

이 름
수험번호

第3部分：快速回答

思考 00 : 02　回答 00 : 15

다음 문제를 듣고 답변해 보세요. 72. Mp3

문제 1

你骑自行车骑得好吗?

Nǐ qí zìxíngchē qí de hǎo ma?

당신은 자전거를 잘 타나요?

답변 힌트 很好 hěn hǎo 매우 좋다 每天 měitiān 매일 去 qù 동 가다 公园 gōngyuán 명 공원

문제 2

学校附近超市卖的水果很好吃!

Xuéxiào fùjìn chāoshì mài de shuǐguǒ hěn hǎochī!

학교 근처 슈퍼에서 파는 과일이 정말 맛있어!

답변 힌트 那 nà 명 그 家 jiā [양] 채(건물을 세는 단위) 好吃 hǎochī 형 맛있다

문제 3

你每天都吃三顿饭吗?

Nǐ měitiān dōu chī sān dùn fàn ma?

당신은 매일 세 끼를 먹습니까?

답변 힌트 只 zhǐ 형 아주 적게 一两顿 yì liǎng dùn 한두 끼

문제 4

这是我自己做的菜，尝一尝吧。

Zhè shì wǒ zìjǐ zuò de cài, cháng yi cháng ba.

이거 내가 만든 음식이야. 먹어 봐.

답변 힌트 得 de ~의 정도가 ~하다 太~了 tài ~ le 너무 ~하다

모범답안 p 279

Unit

09 제안과 요청

기본 단어

73. Mp3

1 제안과 요청

~怎么样? zěnmeyàng? 대 ~어때?
什么样 shénme yàng 어떠한
不好意思 bù hǎoyìsi 미안합니다, 죄송합니다
没关系 méi guānxi 괜찮다, 문제없다(=没问题)
能 néng 조동 ~할 수 있다, ~해도 된다
要 yào 조동 ~해야 한다 동 원하다
想 xiǎng 조동 ~하고 싶다, ~하려고 하다
可以 kěyǐ 조동 ~해도 된다, ~할 수 있다

2 명사

美术馆 měishùguǎn 명 미술관
网吧 wǎngbā 명 PC방
时间 shíjiān 명 시간
以后 yǐhòu 명 이후, 나중
社团 shètuán 명 동아리, 서클
主意 zhǔyi 명 생각
比赛 bǐsài 명 경기, 시합
会议 huìyì 명 회의
鱼 yú 명 생선, 물고기
事 shì 명 일, 사건
婚礼 hūnlǐ 명 결혼식
短信 duǎnxìn 명 문자메시지
传真 chuánzhēn 명 팩스
棒球 bàngqiú 명 야구, 야구공
西瓜 xīguā 명 수박
橘子 júzi 명 귤
家务 jiāwù 명 집안일
车票 chēpiào 명 차표

3 동사

等 děng 동 기다리다
帮 bāng 동 돕다
发 fā 동 보내다
约 yuē 동 약속하다
试穿 shì chuān 입어보다
选 xuǎn 동 고르다
完 wán 동 다하다, 끝내다
查 chá 동 찾다
冰 bīng 동 차다
用 yòng 동 사용하다
加入 jiārù 동 가입하다
觉得 juéde 동 (~라고) 생각하다, 여기다
打字 dǎzì 동 타자를 치다
准备 zhǔnbèi 동 준비하다
决定 juédìng 동 결정하다
逛街 guàngjiē 동 거리 구경을 하다, 쇼핑하다
当然 dāngrán 형 당연하다
参加 cānjiā 동 참석하다

4 부사, 수사, 접속사

马上 mǎshàng 부 곧, 바로
一下 yíxià 수 좀 ~하다
一会儿 yíhuìr 수 잠시, 잠깐
还是 háishi 접 ~아니면, 또는
一点儿 yìdiǎnr 수 조금, 약간

답변 필수 문형

1 조동사의 종류

조동사는 동사(구) 앞에서 동사의 의미를 도와주는 역할을 한다. 객관적인 사실에 대해 말하는 사람의 주관적인 생각(의지, 능력, 의무, 추측 등)을 드러낸다.

① 의지

要 : 어떤 일에 대한 의지를 나타낸다. (결정된 상황, 강한 의지)

예 我要学游泳。Wǒ yào xué yóuyǒng. 저는 수영을 배울 거예요.

想 : 어떤 일에 대한 바람, 계획, 예정을 나타낸다. (생각만 하고 있는 상황, 약한 의지)

예 我想去逛街。Wǒ xiǎng qù guàngjiē. 저는 쇼핑하러 가고 싶어요.

부정: **要**와 **想**의 부정은 모두 **不想**으로 한다.

예 我不想玩电脑游戏。Wǒ bùxiǎng wán diànnǎo yóuxì. 저는 컴퓨터 게임을 하고 싶지 않아요.
我要吃比萨，不想吃汉堡。Wǒ yào chī bǐsà, bùxiǎng chī hànbǎo. 저는 햄버거 말고, 피자를 먹을래요.

② 능력

能 : 어떤 일을 할 수 있는 능력이 있음을 나타낸다. (선천적 습득, 회복한 능력)

예 我一分钟能打三十多个字。 Wǒ yì fēnzhōng néng dǎ sānshí duō ge zì.
저는 1분에 한자 30여자를 타이핑할 수 있어요.
我肚子疼，不能多吃。Wǒ dùzi téng, bùnéng duō chī. 저는 배가 아파서 많이 먹을 수 없어요.

会 : 학습을 통해 어떤 기능을 습득하였음을 나타낸다.

예 我会说汉语。Wǒ huì shuō Hànyǔ. 저는 중국어를 할 줄 알아요.
我不会游泳。Wǒ búhuì yóuyǒng. 저는 수영을 할 줄 몰라요.

③ 허가

可以 : 상식 기준에서 허가나 허락을 나타낸다.
(단독으로 서술어 사용 가능, 긍정문에서 더 많이 사용됨)

예 我可以用一下你的笔记本电脑吗? Wǒ kěyǐ yòng yíxià nǐ de bǐjìběn diànnǎo ma?
제가 당신의 노트북을 사용해도 되나요?

부정: 부정은 **不能**(주로), **不可以**(가끔) 사용 가능

예 现在不能休息。Xiànzài bùnéng xiūxi. 지금은 쉬면 안 됩니다.
这儿不可以踢球。Zhèr bù kěyǐ tī qiú. 여기서는 축구를 하시면 안 됩니다.

能 : **可以**와 같은 용법을 가지고 있으나, 주로 의문문과 부정문에 사용된다.

예 今天你能来上课吗? Jīntiān nǐ néng lái shàngkè ma? 당신은 오늘 수업에 올 수 있나요?
我现在不能去。Wǒ xiànzài bùnéng qù. 저는 지금 갈 수 없어요.

④ 의무

要 : 주관성이 부가된 강한 의무를 나타낸다.

예 我头很疼，要休息。Wǒ tóu hěn téng, yào xiūxi. 저는 머리가 아파서 좀 쉬어야 해요.
我们不要坐车。Wǒmen búyào zuò chē. 우리는 차를 안 탈거예요.

74. Mp3

기출 문제 | 영화 관람 제안

내일 저녁에 같이 영화를 보러 가는 거 어때?

明天晚上一起去看电影，怎么样?

Míngtiān wǎnshang yìqǐ qù kàn diànyǐng, zěnmeyàng?

부사어(시간명사+부사)		술어1 (동사)	술어2(동사)	목적어		
下课以后 xiàkè yǐhòu 수업이 끝난 다음 周末 zhōumò 주말 星期六下午 xīngqīliù xiàwǔ 토요일 오후	一起 yìqǐ 같이	去 qù 가다	看 kàn 보다 做 zuò 하다 逛 guàng 거닐다	棒球比赛 bàngqiú bǐsài 야구 경기 运动 yùndòng 운동 街 jiē 거리	好不好 hǎo bu hǎo 어때	?

답변 1 좋아. 나도 마침 영화를 보러 가고 싶었어. 어디에서 만날까?

好啊，我也正想去看电影，在哪儿见?

Hǎo a, wǒ yě zhèng xiǎng qù kàn diànyǐng, zài nǎr jiàn?

		주어	부사어			술어1(동사)	술어2(동사)	목적어	
			부사1	부사2	조동사				
好啊 Hǎo a 좋아	，	我	也 yě ~도	正 zhèng 마침	想 xiǎng ~하고 싶다	去	看 做 逛	棒球比赛 运动 街	。

답변 2 미안해, 내가 일이 있어서 너랑 같이 못 갈 것 같아.

不好意思，我有事不能跟你一起去。

Bù hǎoyìsi, wǒ yǒu shì bùnéng gēn nǐ yìqǐ qù.

형용사		주어	술어(동사)	목적어	
不好意思 Bù hǎoyìsi 미안해	，	我	有	约 yuē 약속 考试 kǎoshì 시험 会议 huìyì 회의	。

부사	조동사	부사어	전치사구	부사	술어(동사)	
不	能 néng ~할 수 있다	跟 gēn ~와(과)	你	一起	去	。

75. Mp3

기출 문제 | 과일 맛보기

이 과일은 맛있어, 너도 좀 먹을래?

这水果很好吃，你要不要吃点儿?

Zhè shuǐguǒ hěn hǎochī, nǐ yào bu yào chī diǎnr?

주어	부사어(부사)	술어(형용사)	
这家咖啡 zhè jiā kāfēi 이 커피 这件衣服 zhè jiàn yīfu 이 옷 这个音乐 zhège yīnyuè 이 음악	非常 fēicháng 매우 真 zhēn 정말 很 hěn 아주	好喝 hǎohē 맛있다 好看 hǎokàn 예쁘다 好听 hǎotīng 듣기 좋다	，

주어	부사어(조동사+부사+조동사)			술어(동사)	보어	
你 nǐ 당신은	要 yào ~하려 하다	不 bù ~않다	要 yào ~하려 하다	喝 hē 마시다 试穿 shì chuān 입어 보다 听 tīng 듣다	一点儿 yìdiǎnr 조금, 약간 一下 yíxià 좀 ~하다 一下 yíxià 좀 ~하다	?

답변 1 좋아! 내가 먹어 볼게.

好啊！我尝一下吧。 Hǎo a! Wǒ cháng yíxià ba.

		주어	술어(동사)	보어	제안	
好啊	！	我	喝 试穿 听	一点儿 一下 一下	吧 ba ~할게	。

답변 2 나는 지금 먹고 싶지 않아, 좀 있다가 먹을게.

我现在不想吃，一会儿吃吧。 Wǒ xiànzài bùxiǎng chī, yíhuìr chī ba.

주어	부사어			술어(동사)		부사어(시간명사)	술어(동사)	제안	
	시간명사	부사	조동사						
我	现在 xiànzài 지금, 현재	不	想 xiǎng ~하고 싶다	喝 试穿 听	，	一会儿 yíhuìr 잠시 후에	喝 试穿 听	吧	。

핵심 콕콕 点儿과 一下

点儿은 양사로 소량을 나타내며 수사 一와 결합하여 一点儿로 사용할 수 있다.

예 买了点儿水果。 Mǎile diǎnr shuǐguǒ. 과일을 조금 샀습니다. 一点儿问题 yìdiǎnr wèntí 문제 조금

一下는 동량보어로 동사 뒤에 쓰여 '잠시 ~하다'의 의미를 나타낸다.

예 你等一下。 Nǐ děng yíxià. 너 좀 기다려. 你来一下。 Nǐ lái yíxià. 너 잠깐 와 봐.

기출 문제 | 동아리 가입

나 영화 동아리 가입하고 싶은데, 너도 같이 가입할래?

我想加入电影社团，你要一起加入吗?

Wǒ xiǎng jiārù diànyǐng shètuán, nǐ yào yìqǐ jiārù ma?

주어	부사어 (조동사)	술어(동사)	목적어		주어	부사어		술어(동사)		
						조동사	부사			
我 wǒ 나, 저	想 xiǎng ~하고 싶다	打 dǎ 치다 吃 chī 먹다 去 qù 가다	保龄球 bǎolíngqiú 볼링 汉堡 hànbǎo 햄버거 美术馆 měishùguǎn 미술관	，	你 nǐ 당신은	要 yào ~하려고 하다	一起 yìqǐ 함께, 같이	打 吃 去	吗 ma 입니까	?

답변 1 좋은 생각이야, 너 언제 가입할 거야?

好主意，你想什么时候加入? Hǎo zhǔyi, nǐ xiǎng shénme shíhou jiārù?

		주어	부사어		술어(동사)	
			조동사	시간명사		
好主意 hǎo zhǔyi 좋은 생각이다	，	你	想 ~하고 싶다	什么时候 shénme shíhou 언제	打 吃 去	。

답변 2 미안해. 나는 해야 할 일이 있어서, 시간이 없어.

我有事要做，没有时间。 Wǒ yǒu shì yào zuò, méiyǒu shíjiān.

주어	부사어 (시간명사)	술어1 (동사)	목적어1	부사어 (조동사)	술어2(동사)		술어1 (동사)	보어	술어2 (동사)	
我	下午 xiàwǔ 오후	有	很多作业 hěn duō zuòyè 숙제가 많다 会议 huìyì 회의 考试 kǎoshì 시험	要	做 zuò 하다 参加 cānjiā 참석하다 准备 zhǔnbèi 준비하다	，	没有	时间 shíjiān 시간	打 吃 去	。

핵심 콕콕 연동문

연동문은 하나의 주어에 둘 이상의 동사가 서술어를 담당하는 동사술어문을 말한다.
첫 번째 동사가 有 / 没(有)인 연동문은 (동사2 + 목적어2)할 목적어1이 있거나 없음을 나타낸다.

예 我有钱买衣服。Wǒ yǒu qián mǎi yīfu. 저는 옷 살 돈이 있습니다.
我没有时间睡觉。Wǒ méiyǒu shíjiān shuìjiào. 저는 잠잘 시간이 없습니다.

기출 문제 | 메뉴 선택

우리 생선을 먹을까, 아니면 고기를 먹을까?

我们吃鱼还是吃肉?

Wǒmen chī yú háishi chī ròu?

주어	술어1(동사)	목적어1	접속사	술어2(동사)	목적어2	
我们 wǒmen 우리	喝 hē 마시다 去 qù 가다 买 mǎi 사다	热的 rè de 따뜻한 것 电影院 diànyǐngyuàn 영화관 香蕉 xiāngjiāo 바나나	还是 háishi 아니면	喝 hē 마시다 去 qù 가다 买 mǎi 사다	冰的 bīng de 차가운 것 网吧 wǎngbā PC방 橘子 júzi 귤	?

답변 1 우리 생선을 먹자, 나는 생선이 더 맛있는 것 같아.

我们吃鱼吧，我觉得鱼更好吃。

Wǒmen chī yú ba, wǒ juéde yú gèng hǎochī.

주어	술어(동사)	목적어	제안		주어	술어1(동사)	목적어(주술구)			
							주어	부사어(부사)	술어(형용사)	
我们	喝 去 买	热的 网吧 橘子	吧 ba ~하자	，	我	觉得 juéde ~라고 생각하다	热的 网吧 橘子	更 gèng 더, 훨씬	好喝 hǎohē 맛있다 有意思 yǒu yìsi 재미있다 好吃 hǎochī 맛있다	。

답변 2 나는 다 괜찮아, 네가 골라.

我都可以，你来选吧。 Wǒ dōu kěyǐ, nǐ lái xuǎn ba.

주어	부사어	술어(동사)		주어	술어1(동사)	술어2(동사)	제안	
我	都 dōu 모두, 다	喜欢 xǐhuan 좋아하다 没关系 méi guānxi 괜찮다 喜欢	，	你	来 lái (어떤 동작을) 하다	点 diǎn 주문하다 决定 juédìng 결정하다 选 xuǎn 고르다	吧 ba ~해라	。

핵심 콕콕 还是와 来

① 접속사 还是: 还是는 선택을 나타내는 접속사로 영어의 'or'과 같다. 의문을 함축하기 때문에 뒤에 다시 吗를 붙이지 않는다.

② 동사 来: 동사 앞에 놓여 '(어떤 일을) 한다'는 것을 나타낸다.

예 我来买吧。 Wǒ lái mǎi ba. 내가 살게.
你来写一下。 Nǐ lái xiě yíxià. 네가 써 봐.

78. Mp3

기출 문제 | 휴대폰 빌리기

네 휴대폰 좀 빌려 써도 돼?

我可以借用一下你的手机吗?

Wǒ kěyǐ jièyòng yíxià nǐ de shǒujī ma?

주어	부사어(조동사)	술어(동사)	보어	관형어	목적어		
我 wǒ 저	可以 kěyǐ ~해도 된다 可以 kěyǐ ~해도 된다 能 néng ~해도 된다	用 yòng 쓰다 借 jiè 빌리다 用 yòng 쓰다	一下 yíxià 좀 ~하다	你的 nǐ de 당신의	笔记本电脑 bǐjìběn diànnǎo 노트북 컴퓨터 圆珠笔 yuánzhūbǐ 볼펜 电子词典 diànzǐ cídiǎn 전자사전	吗 ma ~입니까	?

답변1 나도 마침 전화를 걸어야 해서, 미안해.

我也正要打电话，不好意思。 Wǒ yě zhèng yào dǎ diànhuà, bù hǎoyìsi.

주어	부사어			술어(동사)	목적어			
	부사	부사	조동사					
我	也 yě ~도	正 zhèng 마침	要 yào ~해야 한다	用 yòng 쓰다 做 zuò 하다 查 chá 찾다	电脑 diànnǎo 컴퓨터 作业 zuòyè 숙제 汉字 Hànzì 한자	，	不好意思 bù hǎoyìsi 미안해	。

답변2 당연히 되지, 나 곧 문자 다 보내.

当然可以，我马上发完短信。 Dāngrán kěyǐ, Wǒ mǎshàng fāwán duǎnxìn.

		주어	부사어	술어(동사)	보어	목적어	
当然可以 Dāngrán kěyǐ 당연히 되지	，	我	马上 mǎshàng 곧	用 写 xiě 쓰다 用	完 wán 다하다, 끝내다 (동작의 결과)	笔记本电脑 作业 电子词典	。

핵심 콕콕 결과 보어

完은 원래 '끝내다', '완료하다'의 의미를 가진 동사이지만, 동사 뒤에 보어로 쓰여 동작이 끝난 결과를 설명한다.

예 我吃完了。Wǒ chīwán le. 저는 다 먹었습니다.
鸡肉卖完了。Jīròu màiwán le. 닭고기는 다 팔렸습니다.

79. Mp3

기출 문제 | 프린트 요청

자료 좀 프린트해 줄 수 있나요?

你能帮我打印材料吗?

Nǐ néng bāng wǒ dǎyìn cáiliào ma?

주어	부사(조동사)	술어1(동사)	목적어1	술어2(동사)	목적어2		
你 nǐ 당신은	可以 kěyǐ ~할 수 있다	帮 bāng 돕다	我 wǒ 저	发 fā 보내다 选 xuǎn 고르다 订 dìng 예약하다	传真 chuánzhēn 팩스 礼物 lǐwù 선물 车票 chēpiào 차표	吗 ma ~입니까	?

답변 1 문제없어요, 어떤 자료를 프린트할 거예요?

没问题，你要打印哪个材料?

Méi wèntí, nǐ yào dǎyìn nǎge cáiliào?

술어		주어	부사어(조동사)	술어(동사)	관형어	목적어	
没问题 Méi wèntí 문제없어요	，	你	要 yào ~할 것이다	发 选 订	几份 jǐ fèn 몇 부 什么样的 shénme yàng de 어떠한 것의 几点的 jǐ diǎn de 몇 시의	传真 礼物 车票	?

답변 2 죄송해요, 저 회의를 참석해야 해요.

不好意思，我要参加会议。 Bù hǎoyìsi, wǒ yào cānjiā huìyì.

술어		주어	부사어(조동사)	술어(동사)	목적어	
不好意思 Bù hǎoyìsi 죄송해요	，	我	要	写 xiě 쓰다 准备 zhǔnbèi 준비하다 做 zuò 하다	报告 bàogào 보고서 考试 kǎoshì 시험 家务 jiāwù 집안일	。

말하기 연습

1 다음 한국어를 제시된 문형에 맞게 중국어로 바꿔 말해 보세요. 80. Mp3

① **주어 + 조동사 + 동사 + 목적어 + 吗?**

- 저를 도와주실 수 있나요?
- 제가 자전거를 빌릴 수 있나요? (可以)

② **주어 + 有(동사1) + 목적어 + 要 + 동사2。**

- 저는 참가해야 할 시합이 있습니다. (比赛, 参加)
- 저는 보내야 할 팩스가 있습니다. (传真)

③ **你 + 要/想 + 동사1 + 목적어1 + 还是 + (동사2) + 목적어2?**

- 따뜻한 거 마실 거예요, 아니면 차가운 거 마실 거예요? (要)
- 야구 동아리 가입할 거예요, 아니면 미술 동아리 가입할 거예요? (想)

④ **주어 + 一起(부사) + 동사 + 목적어, 怎么样?**

- 우리 같이 쇼핑 가는 거 어때요?
- 우리 같이 컴퓨터를 쓰는 건 어때요?

⑤ **你 + 能 + 帮(동사1) + 我(목적어1) + 동사2 + 목적어2 + 吗?**

- 팩스 보내는 거 도와 주실 수 있나요?
- 한자 찾는 거 도와 주실 수 있나요?

모범답안 p 279~280

TSC® 실전 엿보기

Test of Spoken Chinese

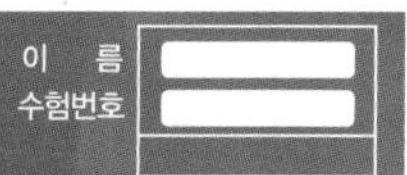

第3部分：快速回答

思考 00:02 回答 00:15

다음 문제를 듣고 답변해 보세요. 81. Mp3

문제 1

你要喝点儿什么?

Nǐ yào hē diǎnr shénme?

뭐 드시겠어요?

답변 힌트 杯 bēi 양 잔(음료를 세는 단위) 热 rè 형 뜨겁다 茶 chá 명 차

문제 2

下个星期我们去爬山吧!

Xià ge xīngqī wǒmen qù páshān ba!

다음 주에 우리 등산 가자!

답변 힌트 下个星期 xià ge xīngqī 다음 주 见 jiàn 동 만나다

문제 3

我们在外边儿吃饭吧!

Wǒmen zài wàibianr chī fàn ba!

우리 밖에서 밥을 먹자!

답변 힌트 不好意思 bù hǎoyìsi 미안하다 没有 méiyǒu 동 없다 时间 shíjiān 명 시간

문제 4

你能参加会议吗?

Nǐ néng cānjiā huìyì ma?

당신 회의에 참석할 수 있나요?

답변 힌트 出差 chūchāi 동 출장하다 不能 bùnéng 조동 ~할 수 없다

모범답안 p 280

Unit 10

경험과 계획

기본 단어

82. Mp3

1 조사와 부사

过 guo 조 ~한 적이 있다
没(有) méi (yǒu) 부 ~하지 않다
刚 gāng 부 막, 방금
从来 cónglái 부 여태껏, 지금까지
一直 yìzhí 부 줄곧, 계속해서
好好儿 hǎohāor 부 잘, 충분히

2 동사와 형용사

养 yǎng 동 기르다
打算 dǎsuan 동 ~할 예정이다
准备 zhǔnbèi 동 준비하다
过敏 guòmǐn 동 알레르기 반응을 보이다
减肥 jiǎnféi 동 다이어트를 하다
过年 guònián 동 새해를 보내다
通过 tōngguò 동 통과하다
加入 jiārù 동 가입하다
开始 kāishǐ 동 시작하다
换 huàn 동 바꾸다
坐 zuò 동 타다, 앉다
给 gěi 동 주다
发烧 fāshāo 동 열이 나다
出差 chūchāi 동 출장하다
请假 qǐngjià 동 휴가를 내다
放假 fàngjià 동 방학하다, 휴가로 쉬다
过节 guòjié 동 명절을 보내다
方便 fāngbiàn 형 편리하다
新 xīn 형 새롭다
不错 búcuò 형 맞다, 좋다

3 명사와 양사

酒 jiǔ 명 술
宠物 chǒngwù 명 반려동물
别人 biérén 명 남, 타인
附近 fùjìn 명 부근, 근처
老家 lǎojiā 명 본가, 고향 집
旅游 lǚyóu 명 여행 동 여행하다
国外 guówài 명 외국
美国 Měiguó 고유 미국
中国 Zhōngguó 고유 중국
韩国 Hánguó 고유 한국
去年 qùnián 명 작년
今年 jīnnián 명 작년
明年 míngnián 명 작년
鞋子 xiézi 명 신발
课 kè 명 과목
地铁 dìtiě 명 지하철
咖啡机 kāfēijī 명 커피 머신
社团 shètuán 명 동아리
计划 jìhuà 명 계획 동 계획하다
礼物 lǐwù 명 선물
毕业 bìyè 명 졸업
名胜古迹 míngshèng gǔjì 명 명승고적
毕业典礼 bìyè diǎnlǐ 졸업식
传统市场 chuántǒng shìchǎng 전통 시장, 재래시장
部 bù 양 영화나 기계, 차량 등을 세는 단위
自己 zìjǐ 대 자신, 자기, 스스로

답변 필수 문형

1 과거 경험: ~한 적 있다 = 过

过: 동사 뒤에 过를 붙여 현재와는 무관하게 어떠한 동작이 더 이상 진행되지 않거나 상태가 존재하지 않음을 나타낸다.

我	去	过	中国。	Wǒ qùguò Zhōngguó. 저는 중국에 가본 적 있습니다.
주어	술어(동사)	~한적이 있다	목적어(명사)	

▷ 과거의 동작인 去는 현재와 무관함. 중국어는 시제가 발달되어 있지 않고, 상(aspect)가 발달됨.

2 과거 강조: 특수구문 是~的

중국어에서는 발생한 어떤 동작 또는 행위에 대해 그 동작과 행위가 언제, 어디서, 어떻게, 누구와, 왜 등 구체적인 사항 혹은 정보를 강조할 때 주어 뒤의 **是**를 붙이고 문장 마지막에 **的**를 써서 나타낸다.

▷ 是는 동사가 아니므로 '~이다'로 해석하지 않는다. 的 역시 실질적인 뜻은 없으며 생략하여 사용하지 않는다.

他	是	坐地铁	来	的。	Tā shì zuò dìtiě lái de.
주어	강조	강조내용(방식))	술어(동사)	강조	그는 지하철을 타고 왔습니다.

▷ 화자, 청자 모두 그가 온 사실은 알고 있음. 화자의 입장에서는 '지하철을 타고 왔다'는 것을 강조해서 사용.
즉 '택시도 아니고, 기차도 아니고 지하철 타고 온 것이야.' 라는 의미임.

3 계획: ~할 거예요 = 打算

打算: 앞으로 계획한 일을 말할 때 쓰며, 동사 앞에 위치한다. 명사로 사용할 때는 행동하는 방향이나 방법 등의 생각을 나타낸다.

我	打算	去中国。	Wǒ dǎsuan qù Zhōngguó. 저는 중국에 갈 거예요.
주어	술어(동사)	목적어(동사+명사)	

기출 문제 | 영화 관람

83. Mp3

너 요즘 영화 본 적이 있어?

你最近看过电影吗?

Nǐ zuìjìn kànguo diànyǐng ma?

주어	부사어	술어(동사)	경험을 나타냄	목적어		
你 nǐ 당신은	最近 zuìjìn 요즘, 최근	参加 cānjiā 참석하다 去 qù 가다 养 yǎng 기르다	过 guo ~한 적이 있다	别人的婚礼 biérén de hūnlǐ 다른 사람의 결혼식 传统市场 chuántǒng shìchǎng 전통 시장 宠物 chǒngwù 반려동물	吗 ma ~입니까	?

답변 1 최근에 영화를 본 적이 있어, 중국 영화야.

我最近看过电影，是一部中国电影。

Wǒ zuìjìn kàn guo diànyǐng, shì yí bù Zhōngguó diànyǐng.

주어	부사어	술어(동사)	경험	목적어		술어(동사)	관형어	목적어	
我	最近	参加 去 养	过	别人的婚礼 传统市场 宠物	，	是	最好朋友的 zuì hǎo péngyou de 가장 친한 친구의 我家附近的 wǒ jiā fùjìn de 우리 집 근처의 一只 yì zhī 한 마리	婚礼 hūnlǐ 결혼식 传统市场 chuántǒng shìchǎng 전통 시장 小猫 xiǎo māo 고양이	。

답변 2 요즘 바빠서, 영화를 본 적이 없어.

因为最近很忙，我没看过电影。 Yīnwèi zuìjìn hěn máng, wǒ méi kànguo diànyǐng.

	서술어(주어+동사/주어+형용사)		주어	부사어	술어(동사)	경험	목적어	
因为 yīnwèi ~때문에	工作很多 gōngzuò hěn duō 업무가 많다 我家附近没有 wǒ jiā fùjìn méiyǒu 우리 집 근처에 없다 我过敏 wǒ guòmǐn 나는 알레르기가 있다	，	我	没	参加 去 养	过	别人的婚礼 传统市场 宠物	。

핵심 콕콕 조사 过

过는 동사 뒤에 쓰여 동작이 발생한 적이 있음을 나타낸다. 부정은 不가 아닌 没로 한다.

예 我没来过这里。 Wǒ méi láiguo zhèli. 저는 여기에 와 본적이 없습니다.
他没去过中国。 Tā méi qùguo Zhōngguó. 그는 중국에 가 본 적이 없습니다.

기출 문제 | 인터넷 강의

84. Mp3

나는 인터넷으로 중국어를 배우고 싶은데, 너 이렇게 배워 본 적이 있어?

我想在网上学习汉语，你这么学习过吗?

Wǒ xiǎng zài wǎngshàng xuéxí Hànyǔ, nǐ zhème xuéxíguo ma?

주어	부사어		술어+목적어/술어(자동사)	
	조동사	전치사구/부사		
我 wǒ 나는	想 xiǎng ~하고 싶다	在咖啡厅 zài kāfēitīng 커피숍에서 一个人 yí ge rén 혼자서 在国外 zài guówài 외국에서	准备考试 zhǔnbèi kǎoshì 시험을 준비하다 旅游 lǚyóu 여행하다 工作 gōngzuò 일하다	，

주어	부사어	술어(동사)	경험을 나타냄		
你 nǐ 너는	这么 zhème 이렇게	准备 zhǔnbèi 준비하다 旅游 lǚyóu 여행하다 工作 gōngzuò 일하다	过 guo ~한 적이 있다	吗 ma ~입니까	?

답변 1 나는 이렇게 한 번 배워 본 적이 있어, 괜찮았어.

我这么学习过一次，觉得很不错。 Wǒ zhème xuéxíguo yí cì, juéde hěn búcuò.

주어	부사어	술어(동사)	경험	보어(동량/시량)		술어(동사)	목적어(형용사어)	
我	这么	准备 旅游 工作	过	很多次 hěn duō cì 여러 번 两次 liǎng cì 두 번 一年 yì nián 일 년	，	觉得 juéde ~라고 생각하다	很好 hěn hǎo 좋다 很方便 hěn fāngbiàn 편리하다 很有意思 hěn yǒuyìsi 재미있다	。

답변 2 나는 한 번도 이렇게 배워 본 적이 없어.

我一次都没这么学习过。 Wǒ yí cì dōu méi zhème xuéxíguo.

주어	부사어			술어(동사)	경험	
我	从来 cónglái 여태껏	没	这么	准备 旅游 工作	过	。

핵심 콕콕 从来의 부정표현

从来는 '여태껏', '지금까지'라는 뜻으로, 뒤에 부정부사와 함께 사용한다.

예 我从来没参加过社团。Wǒ cónglái méi cānjiāguò shètuán. 저는 여태껏 동아리에 가입해 본 적이 없습니다.
我从来不喝酒。Wǒ cónglái bù hē jiǔ. 저는 지금까지 술을 마셔 본 적이 없습니다.

85. Mp3

기출 문제 | 감기

언제부터 이렇게 열이 난 거예요?

你是从什么时候开始发烧的?

Nǐ shì cóng shénme shíhou kāishǐ fāshāo de?

주어	강조	부사어(강조하는 내용)	술어(동사)	강조	
你 nǐ 당신은	是 shì	怎么 zěnme 어떻게 在哪儿 zài nǎr 어디서 跟谁 gēn shéi 누구와 从哪个国家 cóng nǎge guójiā 어느 나라로부터	减肥 jiǎnféi 다이어트를 하다 过年 guònián 새해를 보내다 去中国出差 qù Zhōngguó chūchāi 중국으로 출장을 가다 来 lái 오다	的 de	?

답변 어제 저녁부터 열이 나기 시작했어요.

我是从昨天晚上开始发烧的。

Wǒ shì cóng zuótiān wǎnshang kāishǐ fāshāo de.

주어	강조	부사어(강조하는 내용)	술어(동사)	강조	
我	是	通过运动 tōngguò yùndòng 운동을 통해서 在老家 zài lǎojiā 본가에서 一个人 yí ge rén 혼자서 从韩国 cóng Hánguó 한국에서부터	减肥 过年 去中国出差 来	的	。

핵심 콕콕 是~的 강조 구문

是는 주어 뒤, 的는 맨 마지막에 쓰이며, 이미 어떤 동작 또는 행위의 발생 사실을 알고 있는 상황에서 시간, 장소, 방식, 행위자, 대상, 목적 등 구체적인 상황 혹은 정보를 강조할 때 사용한다.

예 我是昨天来的。 Wǒ shì zuótiān lái de. 저는 어제 왔습니다.
我不是在网上买的。 Wǒ búshì zài wǎngshàng mǎi de. 저는 인터넷에서 사지 않았습니다.

생략 가능

부정은 생략 불가능

기출 문제 | 신발 구매

86. Mp3

신발이 예쁘네요, 새로 산 거예요?

你的鞋子很好看，是新买的吗?

Nǐ de xiézi hěn hǎokàn, shì xīn mǎi de ma?

주어	술어(부사+형용사)		강조	부사어(강조내용)	목적어	강조	
你的手机 nǐ de shǒujī 너의 휴대폰 你的衣服 nǐ de yīfu 너의 옷 这杯咖啡 zhè bēi kāfēi 이 커피	很不错 hěn búcuò 좋다 真漂亮 zhēn piàoliang 진짜 예쁘다 非常好喝 fēicháng hǎohē 매우 맛있다	，	是 shì	什么时候 shénme shíhou 언제 在哪儿 zài nǎr 어디서 怎么 zěnme 어떻게	换 huàn 바꾸다 买 mǎi 구매하다 做 zuò 만들다	的 de	?

답변 네, 친구랑 같이 샀어요.

是，是跟朋友一起买的。 Shì, gēn péngyou yìqǐ mǎi de.

강조	부사어(강조내용)	술어(동사)	강조	
是	昨天刚 zuótiān gāng 어제 막 在百货商店 zài bǎihuò shāngdiàn 백화점에서 用咖啡机 yòng kāfēijī 커피 머신을 사용해서	换 买 做	的	?
생략 가능			생략 불가	

핵심 콕콕 답변 응용하기

위의 문제에서 부정을 답할 때에는 아래와 같이 답변할 수 있다. 단, '不是~的'의 문장에서 不是와 的는 모두 생략할 수 없다.

예 不是新买的，是去年买的。Búshì xīn mǎi de, shì qùnián mǎi de. 새로 산 것이 아니라, 작년에 산 거예요.

기출 문제 | 귀가 계획

87. Mp3

늦었어, 너 몇 시에 집에 갈 거야?

时间不早了，你打算几点回家?

Shíjiān bù zǎo le, nǐ dǎsuan jǐ diǎn huíjiā?

주어	술어(동사)	목적어		
		대명사/시간명사	동사구	
你 nǐ 당신은	计划 jìhuà ~할 계획이다	怎么 zěnme 어떻게 这次放假 zhècì fàngjià 이번 방학에 下课后 xiàkè hòu 수업이 끝난 후	过节 guòjié 명절을 보내다 学什么 xué shénme 무엇을 배우다 做什么 zuò shénme 무엇을 하다	?

답변 1 밤 11시에 집에 돌아갈 계획이야.

我打算晚上十一点回家。

Wǒ dǎsuan wǎnshang shíyī diǎn huíjiā.

주어	술어(동사)	목적어		
		전치사구/시간명사	동사구	
我	计划	跟家人一起 gēn jiārén yìqǐ 가족과 함께 这次放假 下课后	过节 guòjié 명절을 보내다 学游泳 xué yóuyǒng 수영을 배우다 买朋友的毕业礼物 mǎi péngyou de bìyè lǐwù 친구의 졸업 선물을 사다	。

답변 2 나는 도서관이 문 닫을 때 집에 갈 생각이야.

我想图书馆关门的时候回家。

Wǒ xiǎng túshūguǎn guānmén de shíhou huíjiā.

주어	부사어(조동사+부사/전치사구/시간명사)		술어+목적어	
我	想 xiǎng ~할 생각이다	好好儿 hǎohāor 잘 跟游泳老师 gēn yóuyǒng lǎoshī 수영 선생님에게 下课后	休息 xiūxi 쉬다 学游泳 吃点东西 chī diǎn dōngxi 뭐 좀 먹다	。

핵심 콕콕 打算, 计划의 명사 용법

打算, 计划는 '계획'이라는 명사 용법도 있다.

예 你有什么打算? Nǐ yǒu shénme dǎsuan? 당신은 무슨 계획이 있나요?
= 你有什么计划? Nǐ yǒu shéme jìhuà?

기출 문제 | 강의 시간

88. Mp3

몇 시 수업을 들으실 거예요?

你要上什么时间的课?

Nǐ yào shàng shénme shíjiān de kè?

주어	부사어(조동사)	술어(동사)	관형어 / 보어	목적어	
你 nǐ 당신은	要 yào ~하려고 하다	选 xuǎn 선택하다 请 qǐng 신청하다 加入 jiārù 가입하다 养 yǎng 기르다	哪门 nǎ mén 几天 jǐ tiān 며칠 哪个 nǎge 어느 什么 shénme 무슨	课 kè 과목 假 jià 휴가 社团 shètuán 동아리 宠物 chǒngwù 반려동물	?

답변 저는 오전 9시 수업을 들으려고요.

我要上上午九点的课。 Wǒ yào shàng shàngwǔ jiǔ diǎn de kè.

술어(동사)	부사어(조동사)	술어(동사)	관형어 / 보어	목적어	
我	要	选 请 加入 养	英语和汉语 Yīngyǔ hé Hànyǔ 영어와 중국어 两天 liǎng tiān 이틀 棒球 bàngqiú 야구 一只 yì zhī 한 마리	课 假 社团 小狗 xiǎo gǒu 강아지	。

핵심 콕콕 要의 다양한 용법

要는 동사에서 조동사로 발전, 변화한 것이기에 동사와 조동사 용법을 모두 가지고 있다.
문장에서 놓이는 위치에 따라 해석을 달리 하면 된다.

예 你要什么? Nǐ yào shénme? 무엇을 원하세요? (동사)
我要去上课。 Wǒ yào qù shàngkè. 저는 수업에 가야 합니다. (조동사)

말하기 연습

1 다음 한국어를 제시된 문형에 맞게 중국어로 바꿔 말해 보세요. 89. Mp3

① **주어 + (부사) + 동사 + 过 + (관형어) + 목적어 + 吗?**

- 당신은 반려동물을 키워 본 적이 있나요? (宠物)
- 당신은 회사 근처 그 식당에 가 본 적이 있나요? (附近, 那家)

② **주어 + (부사) + 没 + 동사 + 过 + 목적어。**

- 나는 미국에 가 본 적이 없습니다. (美国)
- 나는 여태껏 휴가를 내 본 적이 없습니다. (请假)

③ **주어 + 是 + 부사어 + 동사 + 목적어 + 的。**

- 이 휴대폰은 어제 막 산 거예요. (刚)
- 저는 2008년에 졸업했습니다. (毕业)

④ **시간사 + 주어 + 打算 + 동사 + 목적어。**

- 주말에 저는 친구의 결혼식에 갈 계획입니다. (周末, 婚礼)
- 이번 방학에 저는 중국에 가서 친구를 볼 계획입니다. (放假)

⑤ **주어 + 조동사 + 동사 + 목적어。**

- 저는 재래시장에 가서 과일을 조금 살 생각입니다. (想, 点儿)
- 저는 본가에 가서 명절을 보내려고 합니다. (要)

모범답안 p 280

TSC® 실전 엿보기

Test of Spoken Chinese

第3部分：快速回答

思考 00:02 回答 00:15

다음 문제를 듣고 답변해 보세요. 90. Mp3

문제 1

听说你要去旅游，跟谁一起去啊？

Tīngshuō nǐ yào qù lǚyóu, gēn shéi yìqǐ qù a?

듣자하니 너 여행을 간다며. 누구랑 같이 가?

답변 힌트 朋友 péngyou 명 친구

문제 2

你的手机是新买的吗？

Nǐ de shǒujī shì xīn mǎi de ma?

네 휴대폰 새로 산 거야?

답변 힌트 昨天 zuótiān 명 어제 刚 gāng 부 막, 방금

문제 3

这次放假我打算学游泳！

Zhècì fàngjià wǒ dǎsuan xué yóuyǒng!

이번 방학에 나는 수영을 배울 계획이야!

답변 힌트 哪儿 nǎr 명 어디 学 xué 동 배우다

문제 4

这个周末你有什么计划？

Zhège zhōumò nǐ yǒu shénme jìhuà?

이번 주말에 넌 무슨 계획이 있어?

답변 힌트 家里 jiā lǐ 집 안 休息 xiūxi 동 휴식하다 累 lèi 형 힘들다

모범답안 p 280~281

무료 학습자료 제공

www.ybmbooks.com

第四部分 简短回答

제4부분

간단하게 답하기

제4부분 | 간단하게 답하기

구성

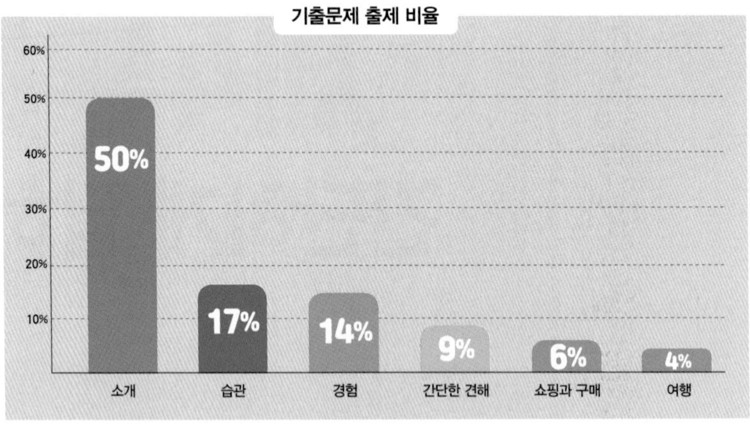

유형	일상화제 관련 질문에 간단하게 답변하는 문제이며, 그림은 제시되지 않고 질문은 텍스트로 주어진다.
문항 수	5문항
답변 준비 시간	15초
답변 시간	문제당 25초

전략 포인트

① 자신의 이야기를 하자!

4부분은 응시자의 평소 생활과 관련된 내용을 물어보거나 어떤 사회 이슈에 대한 견해를 물어본다. 따라서 자신과 상관없는 모범답안을 외워서 이야기하기 보다는 자신의 경험을 바탕으로 답변하는 것이 좋다.

② 준비 시간 15초를 활용하자!

준비 시간 15초를 그냥 흘려 보내지 말고 제시된 문제에 어떻게 답변할 것인지를 머릿속으로 미리 정리하자.

③ 이유를 곁들여서 이야기하자!

답변 시간 25초를 최대한 다 활용하는 것이 좋다. 제시된 질문에 자신의 견해나 생각을 뒷받침할 수 있는 문장을 논리적으로 짜임새 있게 이야기하도록 하자.

시험 맛보기

답변은 간단하지만 질문의 주제를 정확히 파악해서 답변하는 것이 가장 중요합니다. 답변할 때 특히 접속사를 사용하면 의미전달이 명확해질 뿐 아니라 2개 이상을 말할 경우 높은 점수를 받을 수 있습니다.

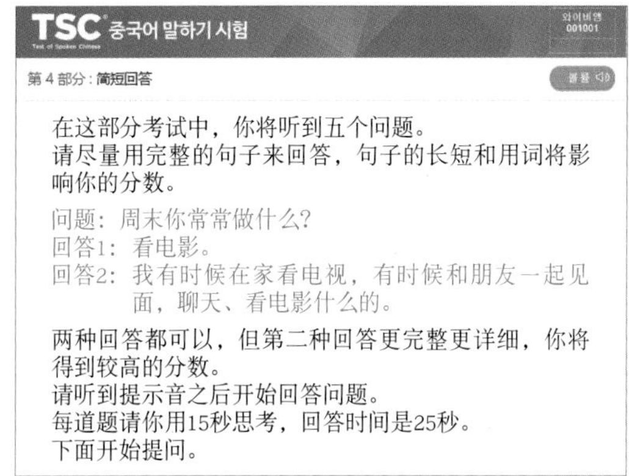

첫 화면에 4부분 유형의 지시문과 음성이 같이 나온다.

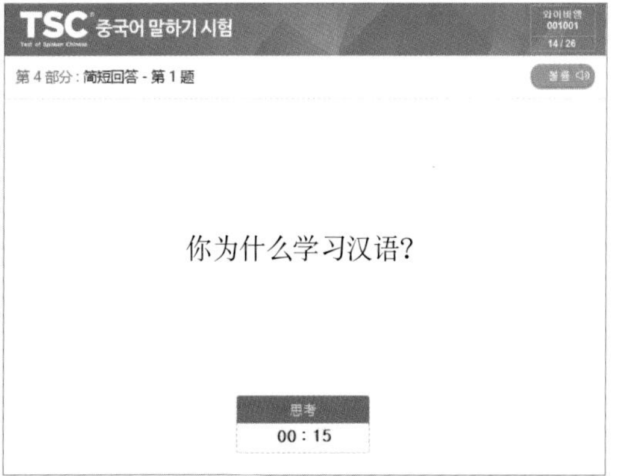

두 번째 화면에 문제와 음성이 나오고 하단에 [思考]라는 표시와 함께 15초의 준비 시간이 주어진다. 준비 시간이 끝나면 '삐' 소리가 나온다.

思考 〉 #Beep

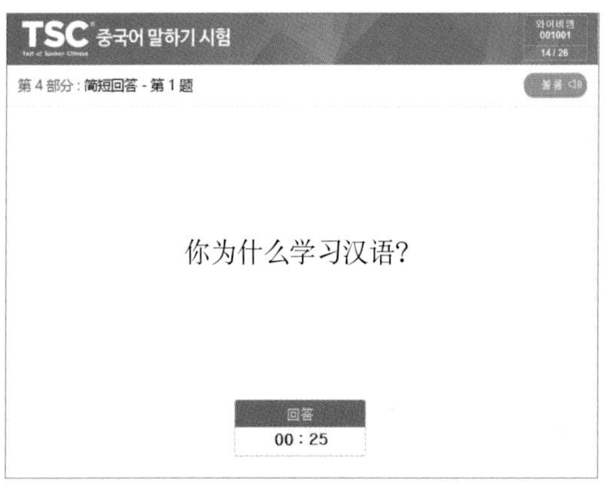

화면 하단에 [回答]라고 표시되며 답변 시간 25초가 카운트된다. 답변 시간이 모두 끝나면 "现在结束。" 멘트가 나온다.

回答 〉 "现在结束。"

Unit 11

소개1(사람, 성격, 장소, 경험, 습관)

기본 단어

91. Mp3

1 동사와 형용사

长 zhǎng 동 생기다
住 zhù 동 살다
尊敬 zūnjìng 동 존경하다
发现 fāxiàn 동 발견하다
赚钱 zhuàn qián 동 돈을 벌다
乘坐 chéngzuò 동 타다
照顾 zhàogù 동 돌보다
鼓励 gǔlì 동 격려하다
评价 píngjià 동 평가하다
开朗 kāilǎng 형 쾌활하다
热情 rèqíng 형 친절하다
细心 xìxīn 형 세심하다
善良 shànliáng 형 착하다
一样 yíyàng 형 똑같다
快乐 kuàilè 형 즐겁다, 유쾌하다
单纯 dānchún 형 단순하다
丰富 fēngfù 형 풍부하다
鲜美 xiānměi 형 (맛이) 좋다
简单 jiǎndān 형 간단하다
流利 liúlì 형 유창하다
环保 huánbǎo 형 환경을 보호하다

2 명사 양사

周围 zhōuwéi 명 주위, 주변
性格 xìnggé 명 성격
过程 guòchéng 명 과정
生活 shēnghuó 명 생활
营养 yíngyǎng 명 영양
城市 chéngshì 명 명사 도시
位 wèi 양 분, 명
味道 wèidao 명 맛
餐桌 cānzhuō 명 식탁
交通 jiāotōng 명 교통
二手 èrshǒu 중고
网站 wǎngzhàn 명 웹사이트
宠物 chǒngwù 명 애완동물

3 부사, 접속사, 전치사

最 zuì 부 가장
像 xiàng 부 마치 ~처럼
本来 běnlái 부 원래는, 본래
再 zài 부 또, 다시
已经 yǐjing 부 이미, 벌써
总 zǒng 부 항상
真 zhēn 부 정말(로)
而且 érqiě 접 게다가
对 duì 전 ~에 대해
虽然~但~ suīrán~dàn~ 비록 ~하지만, 그러나 ~하다
不仅~还(而且)~ bùjǐn~hái(érqiě)~ ~일 뿐만 아니라, 게다가 ~하다
不管~都~ bùguǎn~dōu~ ~에 상관없이 모두 ~하다

답변 필수 문형

1 ~일 뿐만 아니라, 게다가 ~하다 : **不仅~而且~**

这样做 不仅 简单, 而且 方便。
주어 술어1(형용사) 술어2(형용사)
Zhèyàng zuò bùjǐn jiǎndān, érqiě fāngbiàn. 이렇게 하면 간단할 뿐만 아니라 편리합니다.

2 주어는 ~한 ~이다 : **주어 + 술어(동사是) + 一个 + 관형어 + 的 + 목적어**

他 是 一个 热情 的 人。 Tā shì yí ge rèqíng de rén.
주어 술어(동사) 관형어 조사 목적어 그는 친절한 사람입니다.

这 是 一个 不再用 的 东西。 Zhè shì yí ge bú zài yòng de dōngxi.
주어 술어(동사) 관형어 조사 목적어 이것은 더 이상 사용하지 않는 물건입니다.

3 주어는 ~처럼 ~한다 : **주어 + 像 + 명사 + 一样 + 술어(동사) + 목적어**

他 像朋友一样 照顾 我。 Tā xiàng péngyou yíyàng zhàogù wǒ.
주어 부사어 술어(동사) 목적어 그는 마치 친구처럼 나를 돌봐 줍니다.

4 비록 ~하지만, 그러나 ~하다 : **虽然~但~**

汉语 虽然 很难, 但 很有意思。
주어 술어1(형용사) 술어2(형용사)
Hànyǔ suīrán hěn nán, dàn hěn yǒuyìsi. 중국어는 비록 어렵지만 재미있습니다.

5 ~에 상관없이 모두 ~하다 : **不管~都~**

不管 是 小猫 还是 小狗, 我 都 喜欢。
술어(동사) 목적어1 목적어2 주어 술어(동사)
Bùguǎn shì xiǎo māo háishi xiǎo gǒu, wǒ dōu xǐhuan. 고양이이든 강아지이든 상관없이 저는 모두 좋아합니다.

92. Mp3

기출 문제 | 식습관

당신은 생선 먹는 것을 좋아하나요, 아니면 고기 먹는 것을 좋아하나요? 간단히 말해 보세요.

你比较喜欢吃鱼还是吃肉？请简单谈一谈。

Nǐ bǐjiào xǐhuan chī yú háishi chī ròu? Qǐng jiǎndān tán yi tán.

답변

STEP 1 핵심 답변 **저는 둘 다 좋아합니다.**

주어	목적어	부사	술어(동사)	
我	两个 liǎng ge 두 개	都 dōu 모두	喜欢 xǐhuan 좋아하다	。

목적어 도치

STEP 2 이유 **생선과 고기는 영양이 풍부할 뿐만 아니라, 게다가 맛이 좋습니다.**

주어		술어1				술어2		
		주어1	술어1(형용사)			주어2	술어2(형용사)	
鱼和肉 yú hé ròu 생선과 고기	不仅 bùjǐn ~일 뿐만 아니라	营养 yíngyǎng 영양	丰富 fēngfù 풍부하다	，	而且 érqiě 게다가	味道 wèidao 맛	很好 hěn hǎo 좋다	。

STEP 3 마무리 **그래서 저희 집 식탁에는 항상 생선과 고기가 있습니다.**

	관형어	주어	부사어(부사)	술어(동사)	목적어	
所以 suǒyǐ 그래서	我家的 wǒ jiā de 우리 집의	餐桌上 cānzhuō shang 식탁에는	总 zǒng 항상	有 yǒu 있다	鱼和肉	。

핵심 콕콕 목적어의 위치

목적어를 강조하고 싶다면 주어 앞에 목적어를 써주면 된다.

예 鱼我不吃。 Yú wǒ bù chī. 생선을 저는 먹지 않습니다.
汉语我学过。 Hànyǔ wǒ xuéguo. 중국어를 저는 배워 본 적이 있습니다.

我两个都喜欢。鱼和肉不仅营养丰富，而且味道很好。所以我家的餐桌上总有鱼和肉。

기출 문제 | 나에 대한 평가

93. Mp3

당신 주위 친구들은 당신을 어떻게 평가하나요? 간단히 말해 보세요.

你周围的朋友是怎么评价你的？请简单谈谈。

Nǐ zhōuwéi de péngyou shì zěnme píngjià nǐ de? Qǐng jiǎndān tántan.

답변

STEP 1 묘사1(성격) 제 주위의 친구들은 모두 제가 활발하고 잘 웃는 사람이며,

관형어	주어	부사어(부사)	술어(동사)	목적어(주술식): 주어	술어(동사)	관형어	목적어
我周围的 wǒ zhōuwéi de 내 주위의	朋友 péngyou 친구	都 dōu 모두	说 shuō 말하다	我	是 shì ~이다	一个性格开朗，爱笑的 yí ge xìnggé kāilǎng, ài xiào de 활발하고 잘 웃는	人 rén 사람

，

STEP 2 묘사2(성격) 게다가 성실히 일하고, 사람에게 친절하다고 말합니다.

	주어	술어(형용사)		부사어(전치사구)		술어(형용사)	
而且 érqiě 게다가	做事 zuò shì 일하다	认真 rènzhēn 성실하다	，	对 duì ~에 대해	人	热情 rèqíng 친절하다	。

STEP 3 묘사3(외모) 친구들은 또 제가 어머니와 닮았다고 말합니다.

주어	부사어(부사)	술어(동사)	목적어(주술식): 주어	술어(동사)		보어	
他们 tāmen 그들은	还 hái 또	说	我	长 zhǎng 생기다	得 de ~한 상태가	像妈妈 xiàng māma 엄마를 닮다	。

我周围的朋友都说我是一个性格开朗，爱笑的人，而且做事认真，对人热情。
他们还说我长得像妈妈。

94. Mp3

기출 문제 | 중고 거래

당신은 더 이상 사용하지 않는 물건을 팔아 본 적이 있나요? 간단하게 말해 보세요.

你卖过你自己不再使用的东西吗？请简单谈一谈。

Nǐ màiguo nǐ zìjǐ bú zài shǐyòng de dōngxi ma? Qǐng jiǎndān tán yi tán.

답변

STEP 1 핵심 답변 **저는 더는 사용하지 않는 노트북을 팔아 본 적이 있습니다.**

주어	술어(동사)		관형어	목적어	
我	卖 mài 팔다	过 guo ~한 적이 있다	不再用的 bú zài yòng de 더는 사용하지 않는	笔记本电脑 bǐjìběn diànnǎo 노트북	。

STEP 2 과정 소개 **중고 판매 사이트를 통해 팔았습니다.**

강조	부사어(전치사구)		술어(동사)	강조	
是 shì	通过 tōngguò ~을 통해서	二手网站 èrshǒu wǎngzhàn 중고 판매 사이트	卖	的 de	。

STEP 3 마무리 **제 생각에 이렇게 하면 환경보호를 할 수 있을 뿐만 아니라, 돈도 조금 벌 수 있습니다.**

주어	술어(동사)	목적어(주술식)				
		주어		부사어(조동사)	술어(동사)	
我	觉得 juéde ~라고 생각하다	这样 zhèyàng 이렇게 하면	不仅 bùjǐn ~일 뿐만 아니라	可以 kěyǐ ~할 수 있다	环保 huánbǎo 환경을 보호하다	，

목적어					
	부사어(조동사)	술어(동사)	보어	목적어	
还 hái 그리고	可以	赚 zhuàn 벌다	点儿 diǎnr 조금	钱 qián 돈	。

我卖过不再用的笔记本电脑。是通过二手网站卖的。我觉得这样不仅可以环保，还可以赚点儿钱。

기출 문제 | 존경 인물

95. Mp3

당신이 가장 존경하는 사람은 누구인가요? 간단히 말해 보세요.

你最尊敬的人是谁？请简单说说。

Nǐ zuì zūnjìng de rén shì shéi? Qǐng jiǎndān shuōshuo.

답변

STEP 1 사람 언급　**제가 가장 존경하는 사람은 우리 아빠입니다.**

관형어				주어	술어(동사)	목적어	
我	最 zuì 가장	尊敬 zūnjìng 존경하다	的 de ~의	人 rén 사람	是 shì ~이다	我爸爸 wǒ bàba 우리 아빠	。

STEP 2 사람 묘사　**우리 아빠는 세심하고 착한 사람인데다가, 마치 친구처럼 저를 돌봐주고 격려해 줍니다.**

주어	술어(동사)	관형어1	관형어2	목적어	
我爸爸	是	一位 yí wèi 한 명의	细心、善良的 xìxīn、shànliáng de 세심하고 착한	人	，

	부사어	술어(동사)	목적어	
而且 érqiě 게다가	像朋友一样 xiàng péngyou yíyàng 마치 친구처럼	鼓励 gǔlì 격려하다	我	。

STEP 3 마무리　**그래서 저는 아빠를 가장 좋아하고, 가장 존경합니다.**

	주어	부사어(부사)	술어(동사)	부사어(부사)	술어(동사)	목적어	
所以 suǒyǐ 그래서	我	最	喜欢 xǐhuan 좋아하다	最	尊敬	我爸爸	。

我最尊敬的人是我爸爸。我爸爸是一位细心、善良的人，
而且像朋友一样鼓励我。所以我最喜欢最尊敬我爸爸。

96. Mp3

기출 문제 | 반려동물

당신 주변에는 반려동물을 키우는 사람이 많은가요? 간단히 말해 보세요.

你周围养宠物的人多吗？请简单说说看。

Nǐ zhōuwéi yǎng chǒngwù de rén duō ma? Qǐng jiǎndān shuōshuo kàn.

답변

STEP 1 핵심 답변 **제 주위에는 반려동물을 키우는 사람이 많습니다.**

관형어				주어	부사	술어(형용사)	
주어	술어(동사)	목적어					
我周围 wǒ zhōuwéi 내 주위에	养 yǎng 기르다	宠物 chǒngwù 반려동물	的 de ~의	人 rén 사람	很 hěn 매우	多 duō 많다	。

STEP 2 견해 소개1 **반려동물을 키우는 사람들은 반려동물을 키우는 것이 비록 고생스럽지만, 매우 즐겁다고 말합니다.**

관형어			주어	부사	술어(동사)
동사	목적어				
养	宠物	的	人	都 dōu 모두	说 shuō 말하다

목적어(주술식)						
주어		술어(형용사)		부사어(조동사)	술어(형용사)	
养宠物	虽然 suīrán 비록	辛苦 xīnkǔ 고생스럽다	但 dàn 그러나	很	快乐 kuàilè 즐겁다	。

STEP 3 견해 소개2 **그들의 마음속에서 반려동물은 가족이자 친구입니다.**

부사어(전치사구)			주어	술어1(동사)	목적어1	
在 zài ~에서	他们的心中 tāmen de xīn zhōng 그들의 마음속에	，	宠物	是 shì ~이다	家人 jiārén 가족	，

부사어(부사)	술어2(동사)	목적어2	
也 yě 역시	是	朋友 péngyou 친구	。

我周围养宠物的人很多。养宠物的人都说养宠物虽然辛苦但很快乐。
在他们心中，宠物是家人，也是朋友。

기출 문제 | 교통

97. Mp3

당신이 사는 곳은 교통이 편리한가요? 간단하게 말해 보세요.

你现在所住的地方交通方便吗？请简单谈谈。

Nǐ xiànzài suǒ zhù de dìfang jiāotōng fāngbiàn ma? Qǐng jiǎndān tántan.

답변

STEP 1 핵심 답변 저는 지금 대도시에 삽니다.

주어	부사어(시간명사)	술어(동사)	관형어	목적어	
我	现在	住在	一个	大城市里	。
	xiànzài	zhù zài	yí ge	dà chéngshì lǐ	
	현재	~에 살다	하나의	대도시	

STEP 2 상세 설명 어디에 가든 상관없이, 모두 대중교통 수단을 활용하여 갈 수 있습니다. 게다가 출퇴근 역시 편리합니다.

	술어1(동사)	목적어1		부사어(조동사)	술어2(동사)	목적어2	술어3(동사)	
不管	去	哪儿	都	可以	乘坐	公共交通工具	去	，
bùguǎn	qù	nǎr	dōu	kěyǐ	chéngzuò	gōnggòng jiāotōng gōngjù		
~에 상관없이	가다	어디	모두	~할 수 있다	타다	대중교통 수단		

	주어	부사어(부사)	술어(형용사)	
而且	上下班	也	方便	。
érqiě	shàng xiàbān	yě	fāngbiàn	
게다가	출퇴근하다	역시	편리하다	

STEP 3 마무리 저는 제가 사는 곳의 교통이 정말로 편리하다고 생각합니다.

		목적어(주술식)				
주어	술어(동사)	관형어	주어	부사어	술어(형용사)	
我	觉得	我住的地方	交通	真	方便	。
	juéde	wǒ zhù de dìfang	jiāotōng	zhēn		
	~라고 생각하다	내가 사는 곳	교통	정말로		

모범 답안

我现在住在一个大城市里。不管去哪儿都可以乘坐公共交通工具去，
而且上下班也方便。我觉得我住的地方交通真方便。

98. Mp3

기출 문제 | 중국어 공부

당신은 언제부터 중국어를 배우기 시작했나요? 간단히 말해 보세요.

你是从什么时候开始学习汉语的？请简单谈谈。

Nǐ shì cóng shénme shíhou kāishǐ xuéxí Hànyǔ de? Qǐng jiǎndān tántan.

답변

STEP 1 핵심 답변　**저는 올해 1월부터 중국어를 공부하기 시작했습니다.**

주어	강조	부사어	술어(동사)	목적어(동사구)	강조	
我	是 shì ~이다	从今年一月 cóng jīnnián yī yuè 올해 1월부터	开始 kāishǐ 시작하다	学习汉语 xuéxí Hànyǔ 중국어를 공부하다	的 de ~한 것	。

STEP 2 경험 소개　**비록 저는 간단한 중국어를 말할 줄 알지만, 업무 중에 사용하기에는 부족하다고 생각합니다.**

	주어	부사어(조동사)	술어(동사)	관형어	목적어	
虽然 suīrán 비록	我	会 huì ~할 줄 안다	说 shuō 말하다	简单的 jiǎndān de 간단한	汉语 Hànyǔ 중국어	，

	술어(동사)	목적어				
		부사어(전치사구)		부사어(부사)	술어(동사)	
但 dàn 하지만	觉得 juéde ~라고 생각하다	在 zài ~에서	工作中 gōngzuò zhōng 업무 중	不够 búgòu 부족하다	用 yòng 사용하다	。

STEP 3 마무리　**그래서 저는 최근 중국어를 공부하고 있습니다.**

	주어	부사어		술어(동사)	목적어	
		시간명사	부사			
所以 suǒyǐ 그래서	我	最近 zuìjìn 최근	在 zài ~하고 있는 중이다	学习	汉语	。

모범 답안

我是从今年一月开始学习汉语的。虽然我会说简单的汉语，但觉得在工作中不够用。所以我最近在学习汉语。

말하기 연습

다음 한국어에 맞게 답변을 완성해 보세요. 99. Mp3

1 친구 소개

Step1	我的 ① 친구 是一个 ② 세심하고, 성실히 일하는 的人。 Wǒ de shì yí ge de rén. 제 친구는 세심하고, 성실히 일하는 사람입니다.
Step2	她像 ③ 엄마 一样， ④ 돌봐주다 我 ⑤ 격려하다 我。 Tā xiàng yíyàng, wǒ wǒ. 그녀는 마치 엄마처럼 저를 돌봐주고, 저를 격려해 줍니다.
Step3	所以我喜欢 ⑥ 그녀와 이야기하다 。 Suǒyǐ wǒ xǐhuan 그래서 저는 그(그녀)와 이야기하는 것을 좋아합니다.

2 식습관 소개

Step1	我平时喜欢吃 ① 생선 。 Wǒ píngshí xǐhuan chī 저는 평소에 생선 먹는 것을 좋아합니다.
Step2	我觉得鱼 ② 영양 很 ③ 풍부하다 ， ④ 맛 也 ⑤ 매우 좋다 。 Wǒ juéde yú hěn yě 제 생각에 생선은 영양이 풍부하고, 맛도 매우 좋습니다.
Step3	我 ⑥ 일주일에 大概吃 ⑦ 세네 번 鱼。 Wǒ dàgài chī yú. 저는 생선을 대략 일주일에 세네 번 먹습니다.

모범답안 1 ① 朋友 ② 细心、做事认真 ③ 妈妈 ④ 照顾 ⑤ 鼓励 ⑥ 跟她聊天儿
모범답안 2 ① 鱼 ② 营养 ③ 丰富 ④ 味道 ⑤ 很好 ⑥ 一个星期 ⑦ 三四次

3 경험 소개

Step1	我是从 ① 작년 开始学习 ② 영어 的，每天都学习 ③ 한 시간 。 Wǒ shì cóng kāishǐ xuéxí de, měitiān dōu xuéxí 저는 작년부터 영어를 공부하기 시작했는데, 날마다 한 시간씩 공부합니다.
Step2	④ 비록 以前学过很长时间，⑤ 그러나 说得不太好。 yǐqián xuéguo hěn cháng shíjiān, shuō de bú tài hǎo. 비록 예전에 오랜 시간 동안 배운 적이 있지만, 말을 잘 못합니다.
Step3	所以我最近 ⑥ ~을 통해서 ⑦ 웹사이트 在 ⑧ 열심히 学习英语呢。 Suǒyǐ wǒ zuìjìn zài xuéxí Yīngyǔ ne. 그래서 저는 요즘 웹사이트를 통해서 영어 공부를 열심히 하고 있습니다.

4 장소 소개

Step1	我现在 ① ~에 살다 一个大 ② 도시 里。 Wǒ xiànzài yí ge dà lǐ. 저는 지금 대도시에 살고 있습니다.
Step2	这里不仅 ③ 교통이 편리하다 ，④ 주위 환경도 좋다 。 Zhèli bùjǐn 이곳은 교통이 편리할 뿐만 아니라, 주위 환경도 좋습니다.
Step3	我 ⑤ 좋아하다 这个城市。 Wǒ zhège chéngshì. 저는 이 도시를 좋아합니다.

모범답안 3 ① 去年 ② 英语 ③ 一个小时 ④ 虽然 ⑤ 但(是) ⑥ 通过 ⑦ 网站 ⑧ 认真
모범답안 4 ① 住在 ② 城市 ③ 交通方便 ④ 周围环境也不错 ⑤ 喜欢

TSC® 실전 엿보기

Test of Spoken Chinese

이 름
수험번호

第4部分: 简短回答

思考 00 : 15 回答 00 : 25

다음 문제를 듣고 답변해 보세요. 100. Mp3

문제 1 你觉得你性格中最大的优点是什么? 请简单谈谈。

Nǐ juéde nǐ xìnggé zhōng zuì dà de yōudiǎn shì shénme? Qǐng jiǎndān tántan.

당신의 성격에서 가장 큰 장점은 무엇이라고 생각하나요? 간단히 말해 보세요.

답변 힌트 **积极** jījí 형 적극적이다 **开朗** kāilǎng 형 쾌활하다 **打交道** dǎ jiāodào 왕래하다

문제 2 你周围不吃肉只吃素的人多吗? 请简单说一说。

Nǐ zhōuwéi bù chī ròu zhǐ chī sù de rén duō ma? Qǐng jiǎndān shuō yi shuō.

당신 주위에는 고기를 먹지 않는 채식주의자(베지테리안)이 많은가요? 간단히 말해 보세요.

답변 힌트 **素** sù 명 채식 **常见** chángjiàn 동 흔하다 **为了** wèile 전 ~을 위해 **健康** jiànkāng 명 건강

문제 3 你一般跟朋友在什么地方见面? 请简单说一说。

Nǐ yìbān gēn péngyou zài shénme dìfang jiànmiàn? Qǐng jiǎndān shuō yi shuō.

당신은 일반적으로 친구와 어디서 만나나요? 간단히 말해 보세요.

답변 힌트 **咖啡厅** kāfēitīng 명 커피숍 **可以** kěyǐ 조동 ~할 수 있다 **咖啡** kāfēi 명 커피
不需要 bù xūyào 불필요하다 **换** huàn 동 바꾸다

문제 4 在日常生活中，为了保护环境，你做过哪些事情? 请简单说说。

zài rìcháng shēnghuó zhōng, wéile bǎohù huánjìng, nǐ zuòguo nǎxiē shìqing? Qǐng jiǎndān shuōshuo.

일상생활에서 환경보호를 위해 어떤 일들을 했었나요? 간단히 말해 보세요.

답변 힌트 **扔** rēng 동 버리다 **垃圾** lājī 명 쓰레기 **一次性用品** yícìxìng yòngpǐn 일회용품
节约 jiéyuē 동 절약하다 **公共交通工具** gōnggòng jiāotōng gōngjù 대중교통 수단

모범답안 p 281

Unit 12

소개2(방법, 대상)

기본 단어

101. Mp3

1 조동사, 동사, 형용사

会 huì 조동 ~할 것이다
得 děi 조동 ~해야 한다
差 chà 동 부족하다, 모자라다
站 zhàn 동 서다
让 ràng 동 ~에게 ~하게 하다
生病 shēngbìng 동 병이 나다
移民 yímín 동 이민하다
锻炼 duànliàn 동 단련하다
希望 xīwàng 동 희망하다 명 희망
带来 dàilái 동 가져오다, 가져다 주다
实现 shíxiàn 동 실현하다
逃避 táobì 동 도피하다
处理 chǔlǐ 동 처리하다
轻便 qīngbiàn 형 편리하다
智能 zhìnéng 형 지능이 있다, 스마트하다
严重 yánzhòng 형 심각하다
多种 duōzhǒng 형 다양한
反对 fǎnduì 동 반대하다
消除 xiāochú 동 없애다, 제거하다
洗澡 xǐzǎo 동 목욕하다, 샤워하다
发生 fāshēng 동 발생하다
感冒 gǎnmào 동 감기에 걸리다 명 감기
发烧 fāshāo 동 열이 나다
解决 jiějué 동 해결하다
拍照 pāizhào 동 사진을 찍다
感兴趣 gǎn xìngqù ~에 흥미가 있다

2 명사

药 yào 명 약
模式 móshì 명 유형, 모드
理由 lǐyóu 명 이유
事情 shìqing 명 일
角度 jiǎodù 명 각도, 관점
对话 duìhuà 명 대화
身心 shēnxīn 명 몸과 마음
大部分 dà bùfen 명 대부분
照相机 zhàoxiàngjī 명 카메라 (=相机 xiàngjī)
情况 qíngkuàng 명 상황
压力 yālì 명 스트레스
方法 fāngfǎ 명 방법
矛盾 máodùn 명 모순, 갈등
最后 zuìhòu 명 최후, 맨 마지막
联系 liánxì 명 연락 동 연락하다
购买 gòumǎi 명 구매 동 구매하다
现实 xiànshí 명 현실 형 현실적이다
梦想 mèngxiǎng 명 꿈

3 전치사, 접속사

给 gěi 전 ~에게
为(了) wèi(le) 전 ~을 위하여
对 duì 전 ~에 대해
比如 bǐrú 접 예를 들어
如果 rúguǒ 접 만약
首先 shǒuxiān 접 먼저

답변 필수 문형

1 저는 일반적으로 ~으로 ~하다 : **我一般用 + 명사 + 술어(동사)**

我	一般	用	手机	拍照。	Wǒ yìbān yòng shǒujī pāizhào.
주어	부사	동사1	목적어	동사2	저는 일반적으로 휴대폰으로 사진을 찍습니다.

2 주어는 ~에 대해 관심이 있다 : **주어 + 对 + 명사 + 感兴趣**

我	对	足球	感	兴趣。	Wǒ duì zúqiú gǎn xìngqù.
주어	전치사	명사	술어(동사)	목적어	저는 축구에 관심이 있습니다.

3 주어는 ~로 하여금 ~하게 만들다/시키다 :
주어 + 让(술어1) + 목적어1/주어2 + 술어2 + 목적어2

술어가 2개인 문장에서 첫 번째 술어1의 목적어이자, 두 번째 술어2 + 목적어2 문장의 주어가 되는데, 한 문장 안에서 2가지 문장성분을 겸하기 때문에 겸어문이라고 한다.

他	让	我	参加	会议。	Tā ràng wǒ cānjiā huìyì.
주어	술어1(동사)	목적어1/주어2	술어2(동사)	목적어2	그는 나에게 회의를 참석하라고 하였다.

술어1의 목적어이자 술어2 목적어2의 주어! 겸어!(겸하는 성분)

▷ 让의 의미는 '~하게 하다'라는 의미의 사역동사이다. 让대신에 请、叫、使 등을 쓸 수 있다.

4 주어는 ~할 것이다(추측) : **주어 + 会 + 술어(동사) + (的)**

我	会	反对	(的)。	Wǒ huì fǎnduì (de). 저는 반대할 것입니다.
주어	부사어(조동사)	술어(동사)		

생략가능

102. Mp3

기출 문제 | 사진 촬영

사진을 찍을 때 당신은 일반적으로 휴대폰을 사용하나요, 아니면 카메라를 사용하나요? 간단히 말해 보세요.

拍照的时候你一般用手机还是用照相机？请简单说说。

Pāizhào de shíhou nǐ yìbān yòng shǒujī háishi yòng zhàoxiàngjī? Qǐng jiǎndān shuōshuo.

답변

STEP 1 핵심 답변　**저는 일반적으로 휴대폰으로 사진을 찍습니다.**

주어	부사어(부사)	술어(동사1)	목적어1	술어(동사2)	
我	一般 yìbān 일반적으로	用 yòng 사용하다	手机 shǒujī 휴대폰	拍照 pāizhào 사진을 찍다	。

STEP 2 이유1　**왜냐하면 휴대폰 카메라는 '간편하고, 간단하며, 스마트하'기 때문입니다.**

	주어	술어(형용사)	
因为 yīnwèi ~때문에	手机相机 shǒujī xiàngjī 휴대폰 카메라	"轻便、简单、智能" "qīngbiàn, jiǎndān, zhìnéng' 간편하다, 간단하다, 스마트하다	。

STEP 3 이유2　**게다가 대부분의 휴대폰 카메라는 다양한 촬영 모드가 있습니다.**

	주어	술어(동사)	관형어	목적어	
而且 érqiě 게다가	大部分的手机相机 dàbùfen de shǒujī xiàngjī 대부분의 휴대폰 카메라	有 yǒu 있다	多种 duō zhǒng 다양한	拍照模式 pāizhào móshì 촬영 모드	。

我一般用手机拍照。因为手机相机"轻便、简单、智能"。
而且大部分的手机相机有多种拍照模式。

기출 문제 | 스트레스 해소

103. Mp3

당신은 일반적으로 어떤 방법으로 스트레스를 해소하나요? 간단히 말해 보세요.

你一般用什么方法来消除压力？请简单说一说。

Nǐ yìbān yòng shénme fāngfǎ lái xiāochú yālì? Qǐng jiǎndān shuō yi shuō.

답변

STEP 1 핵심 답변 저는 일반적으로 제가 좋아하는 일을 함으로써 스트레스를 해소합니다.

주어	부사어			술어1(동사)	술어2(동사)	목적어	
	부사	전치사	동사+명사				
我	一般 yìbān 일반적으로	通过 tōngguò ~을 통해서	做自己喜欢的事 zuò zìjǐ xǐhuan de shì 자신이 좋아하는 일을 하다	来 lái ~하다	消除 xiāochú 해소하다	压力 yālì 스트레스	。

STEP 2 방법 소개1 예를 들어 영화 보기, 쇼핑, 그림 그리기 등입니다.

술어(동사)	목적어		
比如 bǐrú 예를 들어	看电影、逛街、画画儿 kàn diànyǐng、guàngjiē、huà huàr 영화를 보다, 쇼핑하다, 그림을 그리다	等 děng 등	。

STEP 3 방법 소개2 그리고 헬스장에 가서 운동을 한 후, 샤워합니다.

부사	술어1(동사)	목적어	술어2(동사)	명사	술어3(동사)	
还有 háiyǒu 그리고	去 qù 가다	健身房 jiànshēnfáng 헬스장	运动 yùndòng 운동하다	后 hòu 후	洗澡 xǐzǎo 샤워를 하다	。

我一般通过做自己喜欢的事来消除压力。比如看电影、逛街、画画儿等。
还有去健身房运动后洗澡。

104. Mp3

기출 문제 | 아플 때

아프면 당신은 병원에 가서 진찰을 받나요, 아니면 약국에 가서 약을 사서 먹나요? 간단히 말해 보세요.

生病了的话，你一般是去医院看病还是去药店买药呢？请简单谈谈。

Shēngbìngle dehuà, nǐ yìbān shì qù yīyuàn kànbìng háishi qù yàodiàn mǎi yào ne? Qǐng jiǎndān tántan.

답변

STEP 1 핵심 답변 **저는 이것이 어떤 상황인지 봐야 한다고 생각합니다.**

주어	술어(동사)	목적어(주술식)				
		주어	부사어(조동사)	술어(동사)	관형어	목적어
我	觉得 juéde ~라고 생각하다	这 zhè 이것	要 yào ~해야 한다	看 kàn 보다	什么 shénme 무슨	情况 qíngkuàng 상황

。

STEP 2 상황 소개1 **일반적인 감기, 발열이면 스스로 약을 사서 먹어도 됩니다.**

관형어	주어	부사어		술어1(동사)	목적어	술어2(동사)
		조동사	대명사			
一般的 yìbān de 일반적인	感冒、发烧 gǎnmào、fāshāo 감기, 열이 나다	可以 kěyǐ ~해도 된다	自己 zìjǐ 혼자, 스스로	买 mǎi 사다	药 yào 약	吃 chī 먹다

。

STEP 3 상황 소개2 **그러나 만약에 비교적 심각하면 병원에 가서 진료를 받아야 합니다.**

	부사	술어(형용사)
但如果 dàn rúguǒ 그러나 만약	比较 bǐjiào 비교적	严重 yánzhòng 심각하다

，

부사어		술어1(동사)	목적어1	술어2(동사)	
부사	조동사				
就 jiù 바로	得 děi ~해야 한다	去 qù 가다	医院 yīyuàn 병원	看 kàn 진료하다	了 le 변화

。

我觉得这要看什么情况。一般的感冒、发烧可以自己买药吃。
但如果比较严重，就得去医院看了。

105. Mp3

기출 문제 | 갈등 해결

다른 사람과 갈등이 생겼을 때 당신은 일반적으로 어떻게 해결하나요? 간단히 말해 보세요.

跟别人发生矛盾时，你一般怎么解决？请简单谈谈。

Gēn biéren fāshēng máodùn shí, nǐ yìbān zěnme jiějué? Qǐng jiǎndān tántan.

답변

STEP 1 방법1 저는 먼저 문제가 어디에서 나왔는지 생각해 봅니다.

주어	부사어	술어(동사)	목적어(주술식)			
			주어	술어(동사)	목적어	
我	首先 shǒuxiān 먼저	想想 xiǎngxiang 생각해 보다	问题 wèntí 문제	出在 chū zài ~에서 나오다	哪里 nǎli 어디	。

STEP 2 방법2 또 상대방의 관점에 서서 한번 봐 봅니다.

부사어	술어1(동사)	관형어	목적어	술어2(동사)	
再 zài 또	站在 zhàn zài ~에 서다	对方的 duìfang de 상대방의	角度 jiǎodù 각도, 관점	看看 kànkan 좀 보다	。

STEP 3 방법3 마지막으로 상대방과 잘 이야기해 보며, 대화를 통해 문제를 해결합니다.

부사어				술어(동사)	
부사1	전치사	명사	형용사 중첩		
最后 zuìhòu 마지막으로	跟 gēn ~와(과)	对方	好好儿 hǎohāor 잘	谈谈 tántan 이야기해 보다	，

부사어		술어(동사)	목적어	
전치사	명사			
通过 tōngguò ~을 통해서	对话 duìhuà 대화	解决 jiějué 해결하다	问题	。

모범 답안

我首先想想问题出在哪里。再站在对方的角度看看。最后跟对方好好儿谈谈，通过对话解决问题。

기출 문제 | 관심 있는 운동

106. Mp3

당신은 무슨 운동에 가장 관심이 있나요? 간단히 말해 보세요.

你对什么运动最感兴趣？请简单说一说。

Nǐ duì shénme yùndòng zuì gǎn xìngqù? Qǐng jiǎndān shuō yi shuō.

답변

STEP 1 핵심 답변　**저는 어렸을 때부터 지금까지 줄곧 축구에 관심이 있습니다.**

주어	부사어			술어(동사)	목적어
	전치사구	부사	전치사+명사		
我	从小到大 cóng xiǎo dào dà 어렸을 때부터 지금까지	一直 yìzhí 줄곧	对足球 duì zúqiú 축구에 (대해)	感 gǎn 느끼다	兴趣 xìngqù 흥미, 관심

。

STEP 2 경험 소개　**축구는 제 몸과 마음을 단련시켜 줄 뿐만 아니라, 저로 하여금 스트레스를 해소해 줍니다.**

주어		부사어(조동사)	술어(동사)	관형어	목적어
足球	不仅 bùjǐn ~일 뿐만 아니라	能 néng ~할 수 있다	锻炼 duànliàn 단련하다	我的 wǒ de 나의	身心 shēnxīn 몸과 마음

，

	술어1(동사)	목적어1/주어2	술어2(동사)	목적어2
还 hái 또, 그리고	让 ràng ~하게 하다	我	消除 xiāochú 해소하다	压力 yālì 스트레스

，

STEP 3 마무리　**저에게 즐거움을 가져다줍니다.**

술어(동사)	보어	목적어
带 dài 가지다	给我 gěi wǒ 나에게 ~을 주다	快乐 kuàilè 즐겁다

。

핵심 콕콕　겸어문의 부정형식

주어 + 不/没 + 동사1(请/叫/让) + 목적어1/주어2 + 동사2 + 목적어2

동사1(请/叫/让): 시키다, ~하게 만들다　목적어1/주어2: 겸어

예 妈妈不让我玩游戏。 Māma bú ràng wǒ wán yóuxì. 엄마는 내가 게임을 못 하게 합니다.
他没让我看电影。 Tā méi ràng wǒ kàn diànyǐng. 그는 나에게 영화를 보여 주지 않았습니다.

我从小到大一直对足球感兴趣。足球不仅能锻炼我的身心，还让我消除压力，带给我快乐。

107. Mp3

기출 문제 | 이민

만약 당신의 가족이 다른 나라로 이민을 가길 원한다면, 당신은 어떻게 하겠습니까? 간단히 말해 보세요.

如果你的家人希望移民去别的国家，你会怎么做？请简单谈谈。

Rúguǒ nǐ de jiārén xīwàng yímín qù biéde guójiā, nǐ huì zěnme zuò? Qǐng jiǎndān tántan.

답변

STEP 1 핵심 답변 저는 먼저 가족과 그가 이민을 생각하는 이유를 잘 이야기해 볼 것입니다.

주어	부사어					술어(동사)	관형어	목적어	
	부사	조동사	전치사	명사	부사				
我	首先 shǒuxiān 먼저	会 huì ~할 것이다	跟 gēn ~와(과)	家人 jiārén 가족	好好儿 hǎohāor 잘	谈谈 tántan 이야기해 보다	他想移民的 tā xiǎng yímín de 그가 이민을 생각하는	理由 lǐyóu 이유	。

STEP 2 이유1 만약 그가 자신의 꿈을 실현하기 위한 것이라면, 저는 동의하겠습니다.

	주어	술어(동사)	목적어		
			전치사	동사구	
如果 rúguǒ 만약	他 tā 그	是 shì ~이다	为了 wèile ~위해서	实现自己的梦想 shíxiàn zìjǐ de mèngxiǎng 자신의 꿈을 실현하다	，

주어	부사어(조동사)	술어(동사)	
我	会	同意 tóngyì 동의하다	。

STEP 3 이유2 그러나 만약 그가 단지 현실 도피를 하기 위한 것이라면, 저는 반대하겠습니다.

		주어	부사어(부사)	술어(동사)	목적어		
					전치사	동사구	
但 dàn 그러나	如果	他	只 zhǐ 단지	是	为了	逃避现实 táobì xiànshí 현실을 도피하다	，

주어	부사어(조동사)	술어(동사)	
我	会	反对 fǎnduì 반대하다	。

모범 답안

我首先会跟家人好好儿谈谈他想移民的理由。如果他是为了实现自己的梦想，我会同意。但如果他只是为了逃避现实，我会反对。

말하기 연습

다음 한국어에 맞게 답변을 완성해 보세요. 108. Mp3

1 방법1

Step1	我一般用 ① 휴대폰 ② 많은 일을 해결하다 。 Wǒ yìbān yòng 저는 일반적으로 휴대폰을 사용해 많은 일을 해결합니다.
Step2	因为最近 ③ ~을 통해서 智能手机可以 ④ 이메일을 보내다 ， Yīnwèi zuìjìn zhìnéng shǒujī kěyǐ ⑤ 사진을 찍다 ， ⑥ 물건을 구매하다 。 요즘은 스마트폰을 통해서 이메일을 보내고, 사진을 찍고, 물건을 구매할 수 있기 때문입니다.
Step3	而且 ⑦ 인터넷을 하다 速度一点儿都不比电脑差。 Érqiě sùdù yìdiǎnr dōu bùbǐ diànnǎo chà. 게다가 인터넷을 하는 속도가 컴퓨터에 비해 조금도 부족하지 않습니다.

단어 智能手机 zhìnéng shǒujī 명 스마트 폰 一点儿 yìdiǎnr 명 조금, 약간 都 dōu 부 모두, 다

2 방법2(대상)

Step1	我 ① 스트레스 大时， ② 먼저 洗个热水澡后 ③ 하다 点自己 Wǒ dà shí, xǐ ge rè shuǐ zǎo hòu diǎn zìjǐ ④ 흥미를 느끼다 的事。 de shì 저는 스트레스가 클 때, 먼저 뜨거운 물로 샤워를 한 후, 제가 흥미를 느끼는 일들을 합니다.
Step2	⑤ 예를 들면 ， 听 ⑥ 음악 、看 ⑦ 축구 경기 、用手机 ⑧ 게임하다 等。 tīng kàn yòng shǒujī děng. 예를 들면 음악 듣기, 축구 경기 보기, 휴대폰으로 게임하기 등입니다.
Step3	这些事情给我 ⑨ 즐거움을 가져다주다 。 Zhèxiē shìqing gěi wǒ 이런 일들은 제게 즐거움을 가져다줍니다.

모범답안 1 ① 手机 ② 解决很多事情 ③ 通过 ④ 发邮件 ⑤ 拍照 ⑥ (购)买东西 ⑦ 上网
모범답안 2 ① 压力 ② 首先 ③ 做 ④ 感兴趣 ⑤ 比如 ⑥ 音乐 ⑦ 足球比赛 ⑧ 玩游戏 ⑨ 带来快乐

TSC® 실전 엿보기

Test of Spoken Chinese

이 름
수험번호

第4部分：简短回答

思考 00:15 回答 00:25

다음 문제를 듣고 답변해 보세요. 109. Mp3

문제 1 你一般怎么处理不再用的东西？请简单谈谈看。

Nǐ yìbān zěnme chǔlǐ bú zài yòng de dōngxi? Qǐng jiǎndān tántan kàn.

당신은 더는 사용하지 않는 물건을 어떻게 처리하나요? 간단히 말해 보세요.

답변 힌트 **新** xīn 형 새것의 **二手网站** èrshǒu wǎngzhàn 중고 판매 사이트 **卖** mài 동 팔다
旧 jiù 형 낡다 **扔** rēng 동 버리다

문제 2 如果去短期旅游，你会自己开车去还是乘坐公共交通工具？请简单说一说。

Rúguǒ qù duǎnqī lǚyóu, nǐ huì zìjǐ kāichē qù háishi chéngzuò gōnggòng jiāotōng gōngjù?
Qǐng jiǎndān shuō yi shuō.

만약 단기 여행을 간다면, 당신은 직접 운전해서 가나요, 아니면 대중교통을 타고 가나요? 간단히 말해 보세요.

답변 힌트 **选** xuǎn 동 선택하다 **拿着行李** názhe xíngli 짐을 들다 **挤** jǐ 동 붐비다 **不用** búyòng ~할 필요가 없다
计算 jìsuàn 동 계산하다

문제 3 你跟朋友联系时，打电话还是发短信？请简单谈谈看。

Nǐ gēn péngyou liánxì shí, dǎ diànhuà háishi fā duǎnxìn? Qǐng jiǎndān tántan kàn.

당신은 친구와 연락할 때 전화를 하나요, 아니면 문자를 보내나요? 간단히 말해 보세요.

답변 힌트 **照片** zhàopiàn 명 사진 **聊闲话** liáo xiánhuà 잡담을 하다 **但** dàn 접 그러나 **急事** jí shì 급한 일
重点 zhòngdiǎn 명 중요한 일

문제 4 考试前一天，你怎么复习？请简单谈谈看。

Kǎoshì qián yì tiān, nǐ zěnme fùxí? Qǐng jiǎndān tántan kàn.

시험 전 날, 당신은 어떻게 복습하나요? 간단히 말해 보세요.

답변 힌트 **复习** fùxí 동 복습하다 **不太懂** bútài dǒng 잘 모르는 **地方** dìfang 명 부분, 곳 **确认** quèrèn 동 확인하다

모범답안 p 282

Unit 13

견해와 이유 말하기

기본 단어

110. Mp3

1 동사, 형용사

中 zhòng 동 당첨되다
省 shěng 동 아끼다, 덜다
交 jiāo 동 사귀다
必须 bìxū 동 반드시 ~해야 한다
安排 ānpái 동 안배하다
调整 tiáozhěng 동 조정하다
体验 tǐyàn 동 경험하다
获得 huòdé 동 얻다
懂得 dǒngde 동 알다
记住 jìzhù 동 기억하다
忘记 wàngjì 동 잊어버리다
辞职 cízhí 동 사직하다
自助游 zìzhùyóu 동 자유여행을 하다
贫困 pínkùn 형 빈곤한
开心 kāixīn 형 즐겁다
满意 mǎnyì 형 만족하다
大量 dàliàng 형 대량의
安全 ānquán 형 안전하다
容易 róngyì 형 쉽다
合适 héshì 형 적합하다
苦恼 kǔnǎo 형 괴롭다
亲身 qīnshēn 형 직접, 스스로
齐全 qíquán 형 완전히 갖추다
自由 zìyóu 형 자유롭다 명 자유

2 명사

设施 shèshī 명 시설
方向 fāngxiàng 명 방향
彩票 cǎipiào 명 복권
奖 jiǎng 명 상, 상금
地区 dìqū 명 지역
贡献 gòngxiàn 명 공헌
喜好 xǐhào 명 기호
专业 zhuānyè 명 전공
留学 liúxué 명 유학 동 유학하다
生活 shēnghuó 명 유학 생활
分数 fēnshù 명 점수
行程 xíngchéng 명 여정
路线 lùxiàn 명 노선
需求 xūqiú 명 수요, 필요
一辈子 yíbèizi 명 평생
知识 zhīshi 명 지식
宿舍 sùshè 명 기숙사
好处 hǎochù 명 장점
租房子 zū fángzi 명 셋집
质量 zhìliàng 명 품질

3 전치사, 부사, 접속사

根据 gēnjù 전 ~에 근거하여
重新 chóngxīn 부 새로, 다시
送货上门 sònghuòshàngmén 물건을 집까지 배송해 주다
就算 jiùsuàn 접 설령 ~이라도
即使~也~ jíshǐ~yě~ 설령 ~일지라도 ~하다

답변 필수 문형

1 ~에 대해 만족하다 : **对 + 명사 + 满意**

我	对这份工作			很	满意。	Wǒ duì zhè fèn gōngzuò hěn mǎnyì.
주어	전치사	양사	명사	부사(어)	술어(형용사)	저는 이 일에 만족합니다.
	부사어(전치사구)			부사		

2 ~해야지만 비로소 : **只有~才~**

只有	亲身	体验	才	能	获得	更有用的	知识。
	부사어(부사)	술어1(동사)		부사어(조동사)	술어2(동사)	관형어	목적어

Zhǐyǒu qīnshēn tǐyàn cái néng huòdé gèng yǒuyòng de zhīshi.

직접 경험해야지만 비로소 더 쓸모 있는 지식을 얻을 수 있습니다.

3 견해와 이유 제시

第一(首先)，________。 첫째는(먼저) ~.

Dì yī (shǒuxiān)

第二(然后)，________。 둘째는(그 다음) ~.

Dì èr (ránhòu)

第三(最后)，________。 셋째는(마지막으로) ~.

Dì sān (zuìhòu)

4 결과보어 : **주어 + 부사어 + 술어(동사) + 결과보어 + 목적어**

동사 서술어의 결과 설명

住学校宿舍	容易	交	到	朋友。	Zhù xuéxiào sùshè róngyì jiāodào péngyou.
주어	부사어(형용사)	술어(동사)	결과보어(완료)	목적어	학교기숙사에 살면 친구를 쉽게 사귈 수 있습니다.

111. Mp3

기출 문제 | 복권 구매

당신은 복권 사는 것을 좋아하나요? 간단히 말해 보세요.

你喜欢买彩票吗？请简单说一说。

Nǐ xǐhuan mǎi cǎipiào ma? Qǐng jiǎndān shuō yi shuō.

답변

STEP 1 핵심 답변 **저는 복권 사는 것을 좋아합니다.**

주어	술어(동사)	목적어(동사구)		
		동사	명사	
我	喜欢 xǐhuan 좋아하다	买 mǎi 사다	彩票 cǎipiào 복권	。

STEP 2 이유1 **만약 당첨이 되면 사고 싶은 물건을 모두 살 수 있습니다.**

	술어(동사)			관형어	목적어	부사어		술어(동사)	
						부사	조동사		
如果 rúguǒ 만약	中 zhòng 당첨되다	了 le 변화	，	想买的 xiǎng mǎi de 사려고 하는	东西 dōngxi 물건	都 dōu	可以 kěyǐ 가능하다	买 사다	。

STEP 3 이유2 **게다가 빈곤지역의 사람을 도울 수 있습니다.**

부사어(부사+조동사)	술어(동사)	관형어	목적어	
还可以	帮助 bāngzhù 도와주다	贫困地区的 pínkùndìqū de 빈곤 지역의	人 rén 사람	。

我喜欢买彩票。如果中了，想买的东西都可以买。还可以帮助贫困地区的人。

기출 문제 | 전공

112. Mp3

당신은 당신의 전공에 만족하시나요? 간단히 말해 보세요.

你对你的专业满意吗？请简单说说看。

Nǐ duì nǐ de zhuānyè mǎnyì ma? Qǐng jiǎndān shuōshuo kàn.

답변

STEP 1 핵심 답변 　저는 제 전공에 그다지 만족하지 않습니다.

주어	부사어			형용사	
	전치사	명사	부사		
我	对 duì ~에 대해	我的专业 wǒ de zhuānyè 나의 전공	不太 bú tài 그다지 ~하지 않다	满意 mǎnyì 만족하다	。

STEP 2 이유1 　이것은 대학에 진학할 때 그저 제 점수에 따라 대학을 골랐기 때문입니다.

주어	술어(동사)		부사어				
			전치사	술어(동사)	목적어	명사	
这 zhè 이것	是 shì ~이다	因为 yīnwèi ~때문이다	在 zài ~에	上 shàng 진학하다, 들어가다	大学 dàxué 대학	时 shí ~때, 시간	，

부사어			술어(동사)	목적어	과거 강조	
부사	전치사	관형어+명사				
只是 zhǐshì 단지	根据 gēnjù ~에 근거하여	自己的分数 zìjǐ de fēnshù 자신의 점수	选 xuǎn 고르다	大学 dàxué 대학	的 de	。

STEP 3 이유2 　만약 다시 선택할 수 있다면, 저는 제가 관심을 갖고 있는 전공을 고를 것입니다.

	부사어		술어(동사)		주어	부사어(조동사)	술어(동사)	관형어	목적어	
	조동사	부사								
如果 rúguǒ 만약	可以 kěyǐ ~해도 된다	重新 chóngxīn 새로, 다시	选择 xuǎnzé 선택하다	，	我	会 huì ~할 것이다	选	自己感兴趣的 zìjǐ gǎn xìngqù de 자신이 관심 있는	专业	。

我对我的专业不太满意。这是因为在上大学时，只是根据自己的分数选大学的。
如果可以重新选择，我会选自己感兴趣的专业。

기출 문제 | 영어 공부

113. Mp3

당신은 모든 사람이 영어를 배워야 한다고 생각하나요? 당신의 견해를 말해 보세요.

你认为每个人都应该学习英语吗？请谈谈你的看法。

Nǐ rènwéi měi ge rén dōu yīnggāi xuéxí Yīngyǔ ma? Qǐng tántan nǐ de kànfǎ.

답변

STEP 1 핵심 답변 **제 생각에 영어를 배우는 것은 필수입니다.**

주어	술어(동사)	목적어(주술식)			
		주어	강조	술어(동사)	
我	觉得 juéde ~라고 생각하다	学英语 xué Yīngyǔ 영어를 배우다	是 shì	必须 bìxū 반드시 ~해야 한다	的 de

。

STEP 2 이유1 **지금은 업무든 여행이든 외국 친구를 사귀든, 모두 영어가 필요하기 때문입니다.**

	부사어(시간명사)		술어1(동사)	목적어1		술어2(동사)	목적어2
因为 yīnwèi 왜냐하면	现在 xiànzài 지금	不管 bùguǎn ~에 상관없이	是	工作、旅行 gōngzuò、lǚxíng 업무, 여행	还是 háishi ~아니면	交 jiāo 사귀다	外国朋友 wàiguó péngyou 외국 친구

，

부사어(부사)	술어3(동사)	목적어3
都 dōu 모두	需要 xūyào 필요하다	英语 Yīngyǔ 영어

。

STEP 3 마무리 **그래서 저는 모든 사람이 영어를 배워야 한다고 생각합니다.**

	주어	술어(동사)	목적어(주술식)				
			주어	부사어		술어(동사)	목적어
				부사	조동사		
所以 suǒyǐ 그래서	我	觉得	每个人 měi ge rén 모든 사람	都	应该 yīnggāi 마땅히 ~해야 한다	学习 xuéxí 배우다	英语

。

我觉得学英语是必须的。因为现在不管是工作、旅行还是交外国朋友，都需要英语。
所以我觉得每个人都应该学习英语。

기출 문제 | 부적합한 일

114. Mp3

어떤 일이 당신에게 부적합한가요? 간단히 말해 보세요.

什么样的工作对你来说不合适？请简单谈谈看。

Shénme yàng de gōngzuò duì nǐ láishuō bù héshì? Qǐng jiǎndān tántan kàn.

답변

STEP 1 핵심 답변 **자신이 좋아하지 않는 일일 것입니다.**

부사어(조동사)	술어(동사)	관형어	목적어
应该 yīnggāi ~일 것이다(추측)	是 shì ~이다	自己不喜欢的 zìjǐ bù xǐhuan de 자신이 좋아하지 않는	工作 gōngzuò 일

。

STEP 2 이유1 **왜냐하면 싫어하는 일을 하면 일을 하기 싫을 뿐만 아니라, 매우 괴로워서**

	주어(동사구)				부사어		술어(동사)
	술어(동사)	관형어	목적어		부사	조동사	
因为 yīnwèi 왜냐하면	做 zuò 하다	不喜欢的 bù xǐhuan de 싫어하는	工作	不仅 bùjǐn ~일 뿐만 아니라	不 bù ~이 아니다	想 xiǎng ~하고 싶다	做

，

	부사어(조동사)	부사어(부사)	술어(형용사)
还 hái 또, 그리고	会 huì ~일 것이다	非常 fēicháng 매우	苦恼 kǔnǎo 괴롭다

，

STEP 3 이유2 **결국 사직을 생각하게 될 것입니다.**

	부사어(조동사)	술어(동사)	목적어
结果 jiéguǒ 결국	会	想要 xiǎng yào 원하다	辞职 cízhí 사직하다

。

应该是自己不喜欢的工作。因为做不喜欢的工作不仅不想做，还会非常苦恼，
结果会想要辞职。

기출 문제 | 지식

115. Mp3

당신은 직접 경험으로 얻은 지식을 좋아하나요, 아니면 책으로부터 얻은 지식을 좋아하나요? 간단히 말해 보세요.

你比较喜欢亲身体验来获得知识还是从书本中获得知识?
请简单谈谈。

Nǐ bǐjiào xǐhuan qīnshēn tǐyàn lái huòdé zhīshi háishi cóng shūběn zhōng huòdé zhīshi? Qǐng jiǎndān tántan.

답변

STEP 1 이유1 독서를 통해 대량의 지식을 얻을 수도 있지만,

부사어				술어(동사)	관형어	목적어	
전치사	동사	부사	조동사				
通过 tōngguò ~을 통해서	读书 dúshū 독서하다	也 yě ~도, 역시	可以 kěyǐ ~할 수 있다	获得 huòdé 얻다	大量的 dàliàng de 대량의	知识 zhīshi 지식	，

STEP 2 이유2 그러나 저는 직접 경험해야만 더 쓸모 있는 지식을 얻을 수 있다고 생각합니다.

	주어	술어(동사)	목적어(주술식)							
				부사어(부사)	술어1(동사)		술어2(동사)	관형어	목적어	
但 dàn 그러나	我	觉得 juéde ~라고 생각하다	只有 zhǐyǒu ~해야만	亲身 qīnshēn 직접	体验 tǐyàn 체험하다	才能 cái néng 그제서야 ~할 수 있다	获得	更有用的 gèng yǒu yòng de 더 쓸모 있는	知识	。

STEP 3 이유3 게다가 직접 겪은 것은 평생 기억할 수 있습니다.

	주어	부사어(조동사)	술어(동사)	보어	
而且 érqiě 게다가	亲身体验的 qīnshēn tǐyàn de 직접 겪은 것	可以	记住 jìzhù 기억하다	一辈子 yíbèizi 평생	。

通过读书也可以获得大量的知识，但我觉得只有亲身体验才能获得更有用的知识。
而且亲身体验的可以记住一辈子。

기출 문제 | 여행 방법

116. Mp3

만약 가족과 함께 여행을 간다면, 당신은 패키지여행을 선택할 건가요, 아니면 자유여행을 선택할 건가요? 이유는요?

如果你跟家人一起去旅行的话，
你会选择跟团旅游还是自助游？为什么？

Rúguǒ nǐ gēn jiārén yìqǐ qù lǚxíng dehuà, nǐ huì xuǎnzé gēntuán lǚyóu háishi zìzhùyóu? Wèi shéme?

답변

STEP 1 핵심 답변 **저는 자유여행을 선택하겠습니다.**

주어	부사어(조동사)	술어(동사)	목적어	
我	会 huì ~할 것이다	选择 xuǎnzé 선택하다	自助游 zìzhùyóu 자유여행	。

STEP 2 이유1 **왜냐하면 자유여행은 여정, 시간 분배가 모두 비교적 자유로우며,**

	주어1	주어2	부사어(부사)		술어(형용사)	
因为 yīnwèi 왜냐하면	自助游	行程路线、时间安排 xíngchéng lùxiàn、shíjiān ānpái 여정, 시간 분배	都 dōu 모두	比较 bǐjiào 비교적	自由 zìyóu 자유롭다	，

STEP 3 이유2 **또한 가족들의 요구에 따라 조정할 수 있어서, 편리하기 때문입니다.**

	부사어			술어(동사)	
	조동사	전치사	명사		
还 hái 또	可以 kěyǐ ~할 수 있다	根据 gēnjù ~에 근거하여	家人的需求 jiārén de xūqiú 가족들의 요구	调整 tiáozhěng 조정하다	，

부사어(부사)	술어(형용사)	
很 hěn 매우	方便 fāngbiàn 편리하다	。

我会选择自助游。因为自助游行程路线、时间安排都比较自由，
还可以根据家人的需求调整，很方便。

기출 문제 | 인터넷 쇼핑

최근 많은 사람이 자주 인터넷에서 쇼핑을 하는데, 이유가 무엇이라고 생각하나요?

最近很多人常常在网上购物，你认为这是为什么？

Zuìjìn hěn duō rén chángcháng zài wǎngshàng gòuwù, nǐ rènwéi zhè shì wèi shénme?

답변

STEP 1 핵심 답변 이것은 인터넷 쇼핑의 장점이 많기 때문입니다.

주어	술어(동사)	목적어(주술식)					
			관형어	주어	부사어(부사)	술어(형용사)	
这 zhè 이것	是 shì ~이다	因为 yīnwèi ~때문이다	网上购物的 wǎngshàng gòuwù de 인터넷 쇼핑의	好处 hǎochù 장점	很 hěn 매우	多 duō 많다	。

STEP 2 이유1 첫째, 인터넷의 물건은 품질이 좋습니다.

		관형어	주어	술어(형용사)	
第一 dì yī 첫째	，	网上的 wǎngshàng de 인터넷의	东西 dōngxi 물건	质量好 zhìliàng hǎo 품질이 좋다	。

STEP 3 이유2 둘째, 인터넷에서 물건을 사면 집까지 배송해 줘서, 매우 편리합니다.

		주어	부사어(조동사)	술어(성어)		부사어(부사)	술어(형용사)	
第二 dì èr 둘째	，	在网上买东西 zài wǎngshàng mǎi dōngxi 인터넷에서 물건을 사다	可以 kěyǐ ~할 수 있다	送货上门 sònghuòshàngmén 물건을 집까지 배송해 주다	，	非常 fēicháng 매우	方便 fāngbiàn 편리하다	。

STEP 4 이유3 셋째, 인터넷에서 물건을 사는 것은 시간과 돈을 아껴줍니다.

		주어	술어1(동사)	목적어1	부사어(부사)	술어2(동사)	목적어2	
第三 dì sān 셋째	，	在网上买东西 zài wǎngshàng mǎi dōngxi 인터넷에서 물건을 사다	省 shěng 아끼다	时间 shíjiān 시간	又 yòu 또	省	钱 qián 돈	。

这是因为网上购物的好处很多。第一，网上的东西质量好。
第二，在网上买东西可以送货上门，非常方便。第三，在网上买东西省时间又省钱。

기출 문제 | 유학 시 거주 장소

118. Mp3

외국에서 유학할 때, 당신은 학교에서 사는 것이 좋다고 생각하나요,
아니면 학교 밖에서 집을 빌려 사는 것이 좋다고 생각하나요? 이유는요?

在外国留学时，你觉得住学校好还是在校外租房子好？为什么？

Zài wàiguó liúxué shí, nǐ juéde zhù xuéxiào hǎo háishi zài xiàowài zū fángzi hǎo? Wèi shénme?

답변

STEP 1 핵심 답변 　저는 학교 기숙사에 사는 것이 좋다고 생각합니다.

주어	술어(동사)	목적어(주술식) 주어	목적어(주술식) 술어(형용사)	
我	认为 rènwéi ~라고 생각하다	住学校宿舍 zhù xuéxiào sùshè 학교 기숙사에 살다	好 hǎo 좋다	。

STEP 2 이유1 　첫째, 친구를 쉽게 사귈 수 있습니다.

		부사어(형용사)	술어(동사)	보어	목적어	
第一 dì yī 첫째	，	容易 róngyì 쉽다	交 jiāo 사귀다	到 dào 목적의 달성	朋友 péngyou 친구	。

STEP 3 이유2 　둘째, 학교 기숙사는 안전합니다.

		주어	부사어(부사)	술어(형용사)	
第二 dì èr 둘째	，	学校宿舍	很 hěn 매우	安全 ānquán 안전하다	。

STEP 4 이유3 　마지막으로 학교 안에 학습, 생활 시설이 다 갖춰져 있어, 편리합니다.

		관형어	주어	술어(형용사)		부사어(부사)	술어(형용사)	
最后 zuìhòu 마지막으로	，	学校里 xuéxiào lǐ 학교 안	学习、生活设施 xuéxí、shēnghuó shèshī 학습, 생활 시설	齐全 qíquán 완전히 갖추다	，	很	方便 fāngbiàn 편리하다	。

我认为住学校宿舍好。第一，容易交到朋友。第二，学校宿舍很安全。
最后，学校里学习、生活设施齐全，很方便。

말하기 연습

다음 한국어에 맞게 답변을 완성해 보세요. 119. Mp3

1 견해와 이유1

Step1	我对 ① 현재의 업무 非常满意。 Wǒ duì fēicháng mǎnyì. 저는 현재의 업무에 대해 매우 만족합니다.
Step2	虽然 ② 전공과 상관없다 ， Suīrán 비록 전공과 상관없지만, 但 ③ 나에게 매우 적합하다 。 Dàn 하지만, 저에게 매우 적합합니다.

2 견해와 이유2

Step1	我 ① 열심히 영어를 공부하다 的原因如下。 Wǒ de yuányīn rúxià. 제가 열심히 영어 공부를 하는 이유는 아래와 같습니다.
Step2	第一， ② 어디를 가든 모두 사용합니다 英语。 Dì yī, Yīngyǔ. 첫째, 어디를 가든 모두 영어를 사용합니다.
Step3	第二， ③ 직업을 구할 때 필수다 。 Dì èr, 둘째, 직업을 구할 때 필수입니다.
Step4	第三，想去别的国家 ④ 외국인 친구를 사귀다 。 Dì sān, xiǎng qù biéde guójiā 셋째, 다른 나라에 가서 외국인 친구를 사귀고 싶습니다.

모범답안 1 ① 现在的工作 ② 跟专业没关系 ③ 对我非常合适

모범답안 2 ① 努力学习英语 ② 去哪儿都使用 ③ 找工作时必须的 ④ 交外国朋友

TSC® 실전 엿보기
Test of Spoken Chinese

이 름
수험번호

第4部分 : 简短回答

思考 00 : 15 | 回答 00 : 25

다음 문제를 듣고 답변해 보세요. 120. Mp3

문제 1 你对电子产品感兴趣吗？请简单说一说。
Nǐ duì diànzǐ chǎnpǐn gǎn xìngqù ma? Qǐng jiǎndān shuō yi shuō.
당신은 전자 제품에 관심이 있나요? 간단히 말해 보세요.

답변 힌트 **特别** tèbié 부 특히 **智能手机** zhìnéng shǒujī 스마트폰 **电子邮件** diànzǐ yóujiàn 이메일 **购物** gòuwù 물건을 사다

문제 2 你对现在的工作满意吗？请简单谈谈看。
Nǐ duì xiànzài de gōngzuò mǎnyì ma? Qǐng jiǎndān tántan kàn.
당신은 현재의 직업에 만족하나요? 간단히 말해 보세요.

답변 힌트 **满意** mǎnyì 형 만족하다 **工资** gōngzī 명 월급 **同事** tóngshì 명 동료

문제 3 你觉得怎样学习才能有效？请说说你的看法。
Nǐ juéde zěnyàng xuéxí cái néng yǒuxiào? Qǐng shuōshuo nǐ de kànfǎ.
당신은 어떻게 공부해야 효과가 있다고 생각하나요? 당신의 견해를 말해 보세요.

답변 힌트 **亲身** qīnshēn 형 직접, 스스로 **体验** tǐyàn 동 경험하다 **不容易** bù róngyì 쉽게 ~하지 않다 **忘掉** wàngdiào 잊어버리다

문제 4 你认为二手货受欢迎的理由是什么？请说说你的看法。
Nǐ rènwéi èrshǒu huò shòu huānyíng de lǐyóu shì shénme? Qǐng shuōshuo nǐ de kànfǎ.
당신은 중고 제품이 환영 받는 이유가 무엇이라고 생각하나요? 당신의 견해를 말해 보세요.

답변 힌트 **保护** bǎohù 동 보호하다 **环境** huánjìng 명 환경 **网上买卖** wǎngshàng mǎimài 온라인 거래 **方便** fāngbiàn 형 편리하다

모범답안 p 282~283

Unit 14

이유 말하기

기본 단어

121. Mp3

1 동사, 조동사, 형용사

上班 shàngbān 동 출근하다
需要 xūyào 동 필요하다
属于 shǔyú 동 ~에 속하다, ~에 해당하다
不用 búyòng 동 ~할 필요없다
搬家 bānjiā 동 이사하다
安排 ānpái 동 안배하다
查 chá 동 검색하다, 찾아보다
流行 liúxíng 동 유행하다
补偿 bǔcháng 동 보상하다
打扮 dǎban 동 치장하다, 꾸미다
花钱 huā qián 동 돈을 쓰다
敢 gǎn 조동 감히 ~하다
起床 qǐchuáng 동 기상하다
改掉 gǎidiào 동 고쳐 버리다
追求 zhuīqiú 동 추구하다
算是 suànshì 동 ~인 셈이다
中意 zhòngyì 동 마음에 들다
检查 jiǎnchá 동 검사하다
定期 dìngqī 형 정기적인
仔细 zǐxì 형 자세하다
辛苦 xīnkǔ 형 고생스럽다
坏 huài 형 나쁘다
急急忙忙 jíji mángmáng 형 허둥지둥, 황급히
安静 ānjìng 형 조용하다

2 명사

房子 fángzi 명 집
汽车 qìchē 명 자동차
早晨 zǎochen 명 아침
夜晚 yèwǎn 명 저녁, 밤
食品 shípǐn 명 식품
房租 fángzū 명 집세, 집값, 임대료
当中 dāngzhōng 명 그중, 그 가운데
费用 fèiyòng 명 비용
穿着 chuānzhuó 명 옷차림
效率 xiàolǜ 명 효율
时候 shíhou 명 시, 때
规律 guīlǜ 명 규율, 규칙
说明书 shuōmíngshū 명 설명서
使用 shǐyòng 명동 사용(하다)
方法 fāngfǎ 명 방법
之中 zhīzhōng 명 ~사이 ~중
安全 ānquán 명 안전
外面 wàimiàn 명 밖
衣服 yīfu 명 옷
习惯 xíguàn 명 습관

3 부사, 접속사

先 xiān 부 먼저
不怎么 bù zěnme 부 그다지 ~하지 않다
经常 jīngcháng 부 자주
按时 ànshí 부 제때에, 제시간에
急忙 jímáng 부 급히
最少 zuì shǎo 부 적어도, 최소한
或者 huòzhě 접 혹은, 또는
不管 bùguǎn 접 ~에 상관없이
什么时候 shénme shíhou 언제
早睡早起 zǎoshuì zǎoqǐ 일찍 자고 일찍 일어나다

답변 필수 문형

1 ~에 대한 보상이다 : **주어 + 是 + 对 + 명사 + 的补偿**

这	是	对自己的	补偿。	Zhè shì duì zìjǐ de bǔcháng.
주어	술어(동사)	관형어	목적어	이것은 저 자신에 대한 보상입니다.

2 나날이 ~하다 : **一天比一天 + 술어(형용사)**

房租	一天比一天	贵。	Fángzū yì tiān bǐ yì tiān guì. 집값이 나날이 비싸집니다.
주어	부사어	술어(형용사)	

3 ~하게 ~하다 : **형용사 중첩/일부 부사 + 地 + 술어**

急急忙忙地	上班。	Jíjímángmáng de shàngbān. 급하게 출근합니다.
부사어	술어(동사)	

영어의 '-ly' 기능

4 ~하고 싶으면, 바로 ~하다 : **想 + 술어(동사) + 대명사, 就 + 술어(동사) + 대명사**

你	想	去	哪儿，	就	去	哪儿。	Nǐ xiǎng qù nǎr, jiù qù nǎr.
주어	동사	술어(동사)	목적어	부사어	술어(동사)	목적어	네가 가고 싶은데 가자.

확정적이지 않은 사람이나 사물
동일한 대명사를 사용!

기출 문제 | 설명서

당신은 일반적으로 물건을 산 후 설명서를 자세히 보나요? 간단히 말해 보세요.

你一般买东西后仔细看说明书吗？请简单说说。

Nǐ yìbān mǎi dōngxi hòu zǐxì kàn shuōmíngshū ma? Qǐng jiǎndān shuōshuo.

답변

STEP 1 핵심 답변 저는 물건을 산 후 설명서를 그다지 보지 않습니다.

주어	부사어		술어(동사)	목적어	
	시간	부사어2			
我	买东西后 mǎi dōngxi hòu 물건을 산 후	不怎么 bù zěnme 그다지 ~하지 않다	看 kàn 보다	说明书 shuōmíngshū 설명서	。

STEP 2 이유1 왜냐하면 현재 많은 상품의 사용 방법을 모두 인터넷에서 검색할 수 있어,

	관형어	주어	부사어			술어(동사)	보어	
			부사	조동사	전치사구			
因为 yīnwèi ~때문이다	现在很多产品的 xiànzài hěn duō chǎnpǐn de 현재 많은 상품의	使用方法 shǐyòng fāngfǎ 사용 방법	都 dōu 모두	能 néng ~할 수 있다	在网上 zài wǎngshàng 인터넷에서	查 chá 검색하다	到 dào ~해내다(목적의 달성)	，

STEP 3 이유2 필요할 때 인터넷으로 바로 검색을 하면 되기 때문입니다.

부사어(시간)	술어1(동사)	술어2(동사)	부사어(부사)	술어3(조동사)	
需要的时候 xūyào de shíhou 필요할 때	上网 shàngwǎng 인터넷을 하다	查查 chácha 검색을 좀 하다	就 jiù 바로	可以 kěyǐ ~할 수 있다	。

모범 답안

我买东西后不怎么看说明书。因为现在很多产品的使用方法都能在网上查到，需要的时候上网查查就可以。

123. Mp3

기출 문제 | 옷차림

당신은 옷차림에 돈을 많이 쓰나요? 간단히 말해 보세요.

你在穿着打扮上花很多钱吗? 请简单谈谈。

Nǐ zài chuānzhuó dǎban shang huā hěn duō qián ma? Qǐng jiǎndān tántan.

답변

STEP 1 이유1+핵심 답변 　**저는 유행을 따라가는 것을 좋아하고, 매달 옷을 구매하는 비용이 적지 않습니다.**

주어	술어(동사)	목적어(동사구) 동사	목적어(동사구) 명사
我	喜欢 xǐhuan 좋아하다	追求 zhuīqiú 추구하다	流行 liúxíng 유행

，

관형어	주어	부사어(부사)	술어(형용사)
每个月买衣服的 měi ge yuè mǎi yīfu de 매달 옷을 구매하는	费用 fèiyòng 비용	不 bù ~하지 않다	少 shǎo 적다

。

STEP 2 이유2 　**이것은 제가 힘들게 일한 것에 대한 보상입니다.**

주어	술어(동사)	관형어	목적어
这 zhè 이것	算是 suànshì ~인 셈이다	对自己辛苦工作的 duì zìjǐ xīnkǔ gōngzuò de 자신이 힘들게 일한 것에 대한	补偿 bǔcháng 보상

。

STEP 3 마무리 　**그래서 저는 마음에 드는 것을 보면 바로 삽니다.**

	주어	술어1(동사)	보어	목적어	부사어(부사)	술어2(동사)
所以 suǒyǐ 그래서	我	看 kàn 보다	到 dào ~해내다(목적의 달성)	中意的 zhòngyì de 마음에 드는 것	就 jiù 바로	买 mǎi 사다

。

我喜欢追求流行，每个月买衣服的费用不少。这算是对自己辛苦工作的补偿。
所以我看到中意的就买。

124. Mp3

기출 문제 | 집과 자동차

집과 자동차 중, 당신은 무엇을 먼저 살 것인가요? 간단히 말해 보세요.

在房子和汽车之中，你会先买什么？请简单谈谈。

Zài fángzi hé qìchē zhī zhōng, nǐ huì xiān mǎi shénme? Qǐng jiǎndān tántan.

답변

STEP 1 핵심 답변 **저는 집을 먼저 살 것입니다.**

주어	부사어(조동사+부사)	술어(동사)	목적어	
我	会先 huì xiān 먼저 ~할 것이다	买 mǎi 사다	房子 fángzi 집	。

STEP 2 이유 **왜냐하면 집이 없으면 자주 이사를 해야 돼서 매우 불편하기 때문입니다.
게다가 집세 역시 하루가 다르게 비쌉니다.**

	주어	부사어		술어(동사)		부사어(부사+부사)	술어(형용사)	
		조동사	부사					
因为 yīnwèi 왜냐하면	没有房子 méiyǒu fángzi 집이 없다	要 yào ~해야 한다	经常 jīngcháng 자주	搬家 bānjiā 이사하다	，	非常不 fēicháng bù 매우 ~하지 않다	方便 fāngbiàn 편리하다	。

	주어	부사어(부사+전치사구)	술어(형용사)	
而且 érqiě 게다가	房租 fángzū 집세	也一天比一天 yě yì tiān bǐ yì tiān 역시 하루가 다르게	贵 guì 비싸다	。

STEP 3 마무리 **그래서 저는 집을 먼저 살 것입니다.**

	주어	부사어(조동사+부사)	술어(동사)	목적어	
所以 suǒyǐ 그래서	我	会先	买	房子	。

我会先买房子。因为没有房子要经常搬家，非常不方便。
而且房租也一天比一天贵。所以我会先买房子。

기출 문제 | 생활 패턴

당신은 아침형 인간인가요? 아니면 저녁형 인간인가요? 간단히 말해 보세요.

你是早晨型的人还是夜晚型的人？请简单说说。

Nǐ shì zǎochénxíng de rén háishi yèwǎnxíng de rén? Qǐng jiǎndān shuōshuo.

답변

STEP 1 핵심 답변　저는 아침형 인간에 속합니다.

주어	술어(동사)	목적어	
我	属于 shǔyú ~에 속하다	早晨型的人 zǎochénxíng de rén 아침형 인간	。

STEP 2 이유1　왜냐하면 일찍 일어나면 하루의 시간을 잘 분배할 수 있고,

주어	부사어(조동사)	술어(동사)	보어	관형어	목적어	
早起床 zǎo qǐchuáng 일찍 일어나다	可以 kěyǐ ~할 수 있다	安排 ānpái 분배하다	好 hǎo (동작이 잘 마무리 되다)	一天的 yìtiān de 하루의	时间 shíjiān 시간	，

STEP 3 이유2　급하게 출근하지 않아도 됩니다.

부사어(부사+형용사+地)	술어(동사)	
不用急急忙忙地 búyòng jíjí mángmáng de 급하게 ~할 필요가 없다	上班 shàngbān 출근하다	。

STEP 4 마무리　그래서 저는 매일 일찍 자고 일찍 일어납니다.

	주어	부사어(시간명사)	술어	
所以 suǒyǐ 그래서	我	每天 měitiān 매일	早睡早起 zǎo shuì zǎo qǐ 일찍 자고 일찍 일어나다	。

我属于早晨型的人。早起床可以安排好一天的时间，不用急急忙忙地上班。
所以我每天早睡早起。

126. Mp3

기출 문제 | 외식

당신은 밖에서 밥 먹는 것을 좋아하나요? 간단히 말해 보세요.

你喜欢在外边吃饭吗？请简单谈谈。

Nǐ xǐhuan zài wàibian chīfàn ma? Qǐng jiǎndān tántan.

답변

STEP 1 핵심 답변　**저는 일반적으로 모두 집에서 밥을 먹습니다.**

주어	부사어		술어(동사)	목적어	
	부사	전치사구			
我	一般都 yìbān dōu 일반적으로 모두	在家 zài jiā 집에서	吃 chī 먹다	饭 fàn 밥	。

STEP 2 이유　**현재 식품 안전 문제가 무척 많아서, 저는 밖에서 밥을 먹을 엄두가 안 납니다.**

부사어(시간명사)	주어	부사어(대명사)	술어(형용사)	
现在 xiànzài 현재	食品安全问题 shípǐn ānquán wèntí 식품 안전 문제	那么 nàme 그렇게	多 duō 많다	，

주어	부사어			술어(동사)	목적어	
	부사	조동사	전치사구			
我	不 bù ~하지 않다	敢 gǎn 감히 ~하다	在外面 zài wàimiàn 밖에서	吃	饭	。

STEP 3 마무리　**그래서 저는 먹고 싶은 것이 있으면, 집에서 해 먹습니다.**

	주어	부사어(조동사)	술어(동사)	목적어	
所以 suǒyǐ 그래서	我	想 xiǎng ~하고 싶다	吃	什么 shénme 무엇	，

부사어		술어(동사)	목적어	
부사	전치사구			
就 jiù 바로	在家	做 zuò 만들다	什么	。

我一般都在家吃饭。现在食品安全问题那么多，我不敢在外面吃饭。
所以我想吃什么，就在家做什么。

127. Mp3

기출 문제 | 생활 습관

당신의 생활습관은 어떠한 가요? 간단히 말해 보세요.

你的生活习惯怎么样？请简单谈谈。

Nǐ de shēnghuó xíguàn zěnmeyàng? Qǐng jiǎndān tántan.

답변

STEP 1 핵심 답변 저의 생활 습관은 규칙적입니다.

관형어	주어	부사어(부사)	술어(동사)	목적어	
我的 wǒ de 나의	生活习惯 shēnghuó xíguàn 생활 습관	很 hěn 매우	有 yǒu 있다	规律 guīlǜ 규율, 규칙	。

STEP 2 이유1 매일 제때 일어나고, 제때 밥을 먹으며,

부사어		술어(동사)		부사어(부사)	술어(동사)	목적어	
명사	부사						
每天 měitiān 매일	按时 ànshí 제때	起床 qǐchuáng 일어나다	，	按时 ànshí 제때	吃 chī 먹다	饭 fàn 밥	，

STEP 3 이유2 게다가 매일 적어도 한 시간씩 운동을 합니다.

	부사어		술어(동사)	관형어	목적어	
	명사	부사				
而且 érqiě 게다가	每天	最少 zuìshǎo 적어도	做 zuò 하다	一个小时的 yí ge xiǎoshí de 한 시간의	运动 yùndòng 운동	。

STEP 4 이유3 또한 매년 정기적으로 건강검진을 한 번씩 받습니다.

	부사어		술어(동사)	보어	목적어	
	명사	형용사				
还有 hái yǒu 또한	每年 měi nián 매년	定期 dìngqī 정기적으로	做	一次 yí cì 한 번	身体检查 shēntǐ jiǎnchá 건강검진	。

我的生活习惯很有规律。每天按时起床，按时吃饭，而且每天最少做一个小时的运动。还有每年定期做一次身体检查。

128. Mp3

기출 문제 | 효율적인 시간대

하루중 언제 공부 혹은 업무 효율이 가장 높나요? 간단히 말해 보세요.

一天当中，什么时候你的学习或者工作效率最高？请简单说一说。

Yì tiān dāngzhōng, shénme shíhou nǐ de xuéxí huòzhě gōngzuò xiàolǜ zuì gāo? Qǐng jiǎndān shuō yi shuō.

답변

STEP 1 핵심 답변　**하루 중 저녁 시간이 저의 공부 혹은 업무 효율이 가장 높습니다.**

부사어1		부사어2	관형어	주어	부사어(부사)	술어(형용사)	
一天当中 yì tiān dāngzhōng 하루 중	，	晚上的时间 wǎnshang de shíjiān 저녁 시간	我的学习或者工作 wǒ de xuéxí huòzhě gōngzuò 나의 공부 혹은 업무	效率 xiàolǜ 효율	最 zuì 가장	高 gāo 높다	。

STEP 2 이유　**왜냐하면 이때 밖이 조용해서, 무엇을 하든 효율이 높기 때문입니다.**

	부사어(시간)	주어	부사어(부사)	술어(형용사)	
因为 yīnwèi 왜냐하면	这个时候 zhège shíhou 이때	外面 wàimiàn 밖	很 hěn 매우	安静 ānjìng 조용하다	，

	술어1(동사)	목적어	주어		부사어(부사)	술어2(형용사)	
不管 bùguǎn ~에 상관없이	做 zuò ~을 하다	什么 shénme 무엇	效率 xiàolǜ 효율	都 dōu 모두	很	高	。

STEP 3 마무리　**그래서 저는 저녁 때 책을 보고, 공부하는 것을 좋아합니다.**

	주어	술어(동사)	목적어		
			부사어	술어	
所以 suǒyǐ 그래서	我	喜欢 xǐhuan 좋아하다	晚上的时候 wǎnshang de shíhou 저녁 때	看书、学习 kàn shū、xuéxí 책을 보고, 공부하다	。

一天当中，晚上的时间我的学习或者工作效率最高。因为这个时候外面很安静，不管做什么效率都很高。所以我喜欢晚上的时候看书、学习。

말하기 연습

다음 한국어에 맞게 답변을 완성해 보세요. 129. Mp3

1 이유 말하기1

Step1	我的生活习惯 ① 매우 규칙적이다 。 Wǒ de shēnghuó xíguàn 제 생활 습관은 매우 규칙적입니다.
Step2	因为我每天 ② 한 시간씩 운동을 하다 。 Yīnwèi wǒ měitiān 왜냐하면 저는 매일 한 시간씩 운동을 하기 때문입니다.
Step3	所以 ③ 나는 매우 건강하다 。 Suǒyǐ 그래서 저는 매우 건강합니다.

2 이유 말하기2

Step1	我的生活习惯 ① 그다지 규칙적이지 않다 。 Wǒ de shēnghuó xíguàn 제 생활 습관은 그다지 규칙적이지 않습니다.
Step2	因为我每天 ② 제때 식사를 하지 않는다 。 Yīnwèi wǒ měitiān 왜냐하면 저는 제때 식사를 하지 않기 때문입니다.
Step3	所以我 ③ 나의 나쁜 습관을 고치고 싶다 。 Suǒyǐ wǒ 그래서 저는 저의 나쁜 습관을 고치고 싶습니다.

모범답안 1 ① 很有规律 ② 做一个小时的运动 ③ 我很健康
모범답안 2 ① 不太规律 ② 不按时吃饭 ③ 想改掉我的坏习惯

3 이유 말하기3

Step1	我一般 ① 주말에는 집에서 잘 쉰다 。 Wǒ yìbān 저는 일반적으로 주말에는 집에서 잘 쉽니다.
Step2	因为 ② 평소에 업무가 고생스럽다 。 Yīnwèi 왜냐하면 평소에 업무가 고생스럽기 때문입니다.
Step3	这算是对自己辛苦 ③ 일한 것에 대한 보상 。 Zhè suànshì duì zìjǐ xīnkǔ 이것은 자신이 힘들게 일한 것에 대한 보상인 셈입니다.

4 이유 말하기4

Step1	我一般 ① 옷차림에 花很多钱。 Wǒ yìbān huā hěn duō qián. 저는 일반적으로 옷차림에 돈을 많이 씁니다.
Step2	因为 ② 유행을 추구하는 것을 좋아하다 。 Yīnwèi 왜냐하면 유행을 추구하는 것을 좋아하기 때문이다.
Step3	这算是对 ③ 내 자신 的补偿。 Zhè suànshì duì de bǔcháng. 이것은 내 자신에 대한 보상인 셈이다.

모범답안 3 ① 周末在家好好儿休息 ② 平时工作很辛苦 ③ 工作的补偿
모범답안 4 ① 在穿着打扮上 ② 喜欢追求流行 ③ 我自己

TSC® 실전 엿보기

Test of Spoken Chinese

이 름
수험번호

第4部分：简短回答

思考 00 : 15
回答 00 : 25

다음 문제를 듣고 답변해 보세요. 130. Mp3

문제 1 你准备朋友的礼物时，一般会考虑什么？请简单谈谈。

Nǐ zhǔnbèi péngyou de lǐwù shí, yìbān huì kǎolǜ shénme? Qǐng jiǎndān tántan.

당신은 친구의 선물을 준비할 때, 일반적으로 무엇을 고려하나요? 간단히 말해 보세요.

답변 힌트 **考虑** kǎolǜ 동 고려하다 **兴趣** xìngqù 명 흥미 **爱好** àihào 명 취미, 기호

문제 2 你买东西时，会冲动购买还是再三考虑？请简单说说。

Nǐ mǎi dōngxi shí, huì chōngdòng gòumǎi háishi zàisān kǎolǜ? Qǐng jiǎndān shuōshuo.

당신은 물건을 살 때 충동구매를 하나요, 아니면 여러 번 생각을 하나요? 간단히 말해 보세요.

답변 힌트 **不会** búhuì ~할 수 없다 **考虑** kǎolǜ 동 고려하다 **长时间** cháng shíjiān 긴 시간

문제 3 你一个星期喝几次酒？请简单说说。

Nǐ yí ge xīngqī hē jǐ cì jiǔ? Qǐng jiǎndān shuōshuo.

당신은 일주일에 몇 번 술을 마시나요? 간단히 말해 보세요.

답변 힌트 **大概** dàgài 형 대략적인 **常常** chángcháng 부 자주 **会餐** huìcān 동 회식하다

문제 4 工作的时候，你经常写报告吗？请简单说说。

Gōngzuò de shíhou, nǐ jīngcháng xiě bàogào ma? Qǐng jiǎndān shuōshuo.

일할 때 당신은 자주 보고서를 쓰나요? 간단히 말해 보세요.

답변 힌트 **开会** kāihuì 동 회의하다 **上司** shàngsi 명 상사 **发** fā 동 보내다

모범답안 p 283~284

무료 학습자료 제공
www.ybmbooks.com

第五部分 拓展回答

제5부분

논리적으로 답하기

Unit 15 장단점 논리적으로 말하기

등산 | 계획 세우기 | 혼자 살기와 친구와의 동거
해외 유학 | 대중교통과 자가운전
농촌 생활과 도시 생활 | 과학기술의 발전

Unit 16 상황 설명 논리적으로 말하기

휴일 | 가족과의 대화 시간 | 생활 속 환경문제
명절 풍습 | 수면 시간 | 직업 | 교육

Unit 17 동의와 반대 논리적으로 말하기

전자제품과 기억력 | 성형수술 | 전자책과 종이책
스몰웨딩 | 경쟁과 개인의 발전 | 독신주의

제5부분 | 논리적으로 답하기

구성

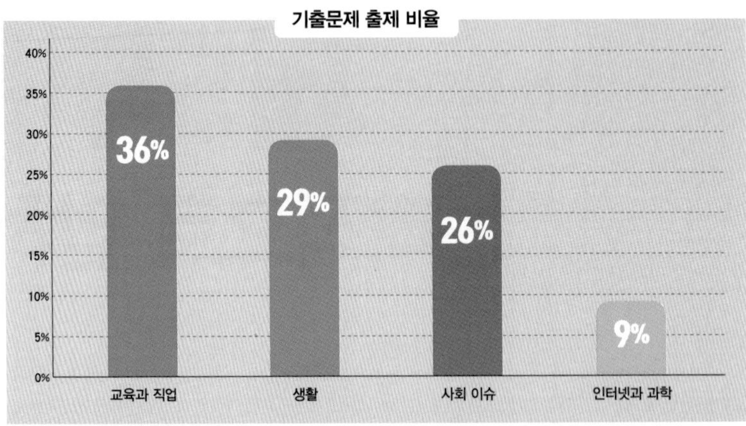

유형	자신의 견해와 관점을 대답하는 문제이다. 최대한 완전한 문장으로 대답해야 하며 질문이 화면에 제시된다.
문항 수	4문항
답변 준비 시간	30초
답변 시간	문제당 50초

전략 포인트

① 답변 안에 기승전결이 있어야 한다.

5부분은 문제에 대한 자신의 주장을 피력하는 문제가 대다수이다. 따라서 답변 안에는 자신의 주장 → 그 주장을 뒷받침해 줄 수 있는 의견 혹은 부연 설명 → 마무리가 있는 답변이어야 한다. 또한 자신의 주장과 부연 설명의 흐름이 반드시 일치해야 한다는 것에 주의하자.

② 어순이 중요하고, 단문보다는 복문이 좋다.

문장은 어순에 맞춰서 답변해야 하며, 주장을 뒷받침하는 의견은 단문보다는 접속사를 사용한 복문이 좋다. 따라서 평소에 문장을 단문으로 하나씩 끊어서 이야기하는 습관이 있다면 접속사를 사용해서 문장을 조금 더 길게 말할 수 있는 연습을 하자.

③ 문제의 핵심을 정확하게 파악한다.

장단점을 모두 요구하는 문제일 경우 답변 역시 장점과 단점을 모두 이야기해야 하며, 실제 예를 들어서 설명하라고 할 경우에도 예시가 반드시 있어야 한다. 질문에서 요구하는 내용을 둘 중 하나만 이야기하거나 문제의 핵심을 정확하게 파악하지 못한다면 감점의 요인이 되므로 주의하도록 하자.

시험 맛보기

자신의 주장을 서론 → 본론 → 결론의 확실한 흐름과 논리적인 전개로 대답하는 것에 우선적으로 초점을 맞추고, 관용어나 성어를 사용한 고급 표현의 구사도 좋지만, 자신의 입장에서 말하기 쉬운 방식으로 알고 있는 표현 위주로 실수 없이 답변하는 것이 더 중요합니다.

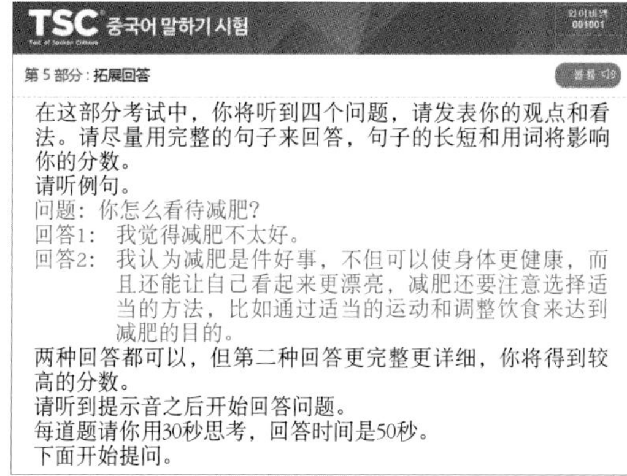

첫 화면에 5부분 유형의 지시문과 음성이 같이 나온다.

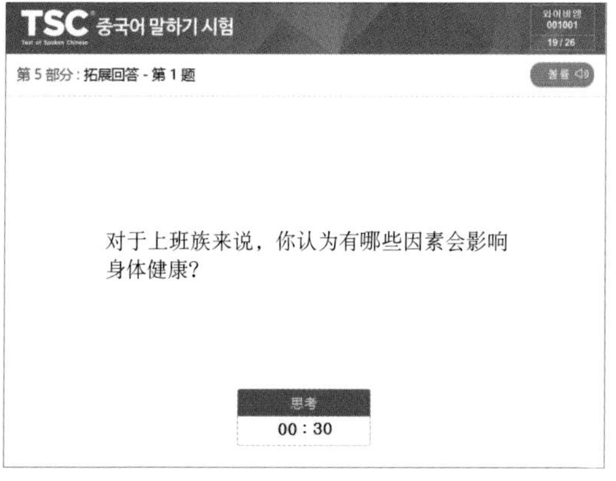

두 번째 화면에 문제와 음성이 나오고 하단에 [思考]라는 표시와 함께 30초의 준비 시간이 주어진다. 준비 시간이 끝나면 '삐' 소리가 나온다.

思考 〉 #Beep

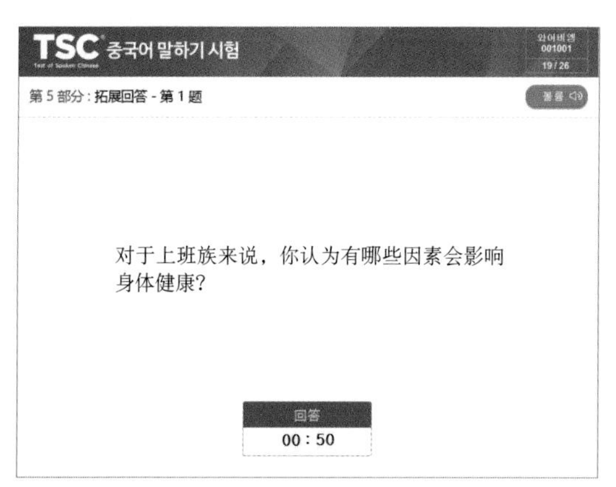

화면 하단에 [回答]라고 표시되며 답변 시간 50초가 카운트된다. 답변 시간이 모두 끝나면 "现在结束。" 멘트가 나온다.

回答 〉 "现在结束。"

Unit 15

장단점 논리적으로 말하기

기본 단어

131. Mp3

1 동사와 형용사

提前 tíqián 동 앞당기다
减少 jiǎnshǎo 동 감소하다, 줄이다
成功 chénggōng 동 성공하다
增长 zēngzhǎng 동 증가하다
出现 chūxiàn 동 출현하다
就业 jiùyè 동 취업하다
出国 chūguó 동 출국하다
相比 xiāngbǐ 동 비교하다
带来 dàilái 동 가져오다
锻炼 duànliàn 동 단련하다
减肥 jiǎnféi 동 다이어트하다
留 liú 동 남기다
帮助 bāngzhù 동 도와주다
开车 kāichē 동 운전하다
失误 shīwù 동 실수를 하다
舒服 shūfu 형 편안하다
陌生 mòshēng 형 낯설다
齐全 qíquán 형 다 갖춰져 있다
便利 biànlì 형 편리하다
良好 liánghǎo 형 좋다, 양호하다
美丽 měilì 형 아름답다
好看 hǎokàn 형 보기 좋다, 예쁘다
自由 zìyóu 형 자유롭다
孤单 gūdān 형 외롭다

2 명사

利 lì 명 이익, 이로움
弊 bì 명 폐해, 해
机会 jīhuì 명 기회
失误 shīwù 명 실수
见识 jiànshi 명 식견
计划 jìhuà 명 계획 동 계획하다
习惯 xíguàn 명 습관
身心 shēnxīn 명 심신, 몸과 마음
环境 huánjìng 명 환경
好处 hǎochù 명 장점
坏处 huàichù 명 단점
农村 nóngcūn 명 농촌
城市 chéngshì 명 도시
交通 jiāotōng 명 교통
机会 jīhuì 명 기회
矛盾 máodùn 명 갈등, 대립
设施 shèshī 명 시설
教育 jiàoyù 명 교육
人类 rénlèi 명 인류
风景 fēngjǐng 명 풍경
费用 fèiyòng 명 비용
科学 kēxué 명 과학
技术 jìshù 명 기술
犯罪 fànzuì 명 범죄
外语 wàiyǔ 명 외국어
心理 xīnlǐ 명 심리
网络 wǎngluò 명 네트워크
能力 nénglì 명 능력

3 부사

过于 guòyú 부 과도하게
互相 hùxiāng 부 서로
不利于 bú lìyú ~에 이롭지 않다
一边~一边~ yìbiān~yìbiān~ ~하면서 ~하다

답변 필수 문형

1 ~하면서 ~하다 : **一边 + 술어(동사) + 목적어 + 一边 + 술어(동사) + 목적어**

一边 看书 一边 听音乐。 Yìbiān kàn shū yìbiān tīng yīnyuè.
(看书: 술어+목적어 / 听音乐: 술어+목적어)
책을 보면서 음악을 듣습니다.

2 주어는 ~에 이롭지 않다 : **주어 + 不利于 + 목적어**

这 不利于 身心健康。 Zhè bú lìyú shēnxīn jiànkāng.
(这: 주어 / 不利于: 술어 / 身心健康: 목적어)
이것은 심신 건강에 좋지 않습니다.

3 ~와/과 비교했을 때 : **和(跟) + 명사/동사구 + 相比**

和(跟) 城市生活 相比 hé(gēn) chéngshì shēnghuó xiāngbǐ
(和(跟) 城市生活: 부사어(전치사구) / 相比: 술어)
도시 생활과 비교했을 때

4 ~하면서 동시에 ~하다 : **又~又~**

这个东西 又 便宜 又 好看。 Zhège dōngxi yòu piányi yòu hǎokàn.
(这个东西: 주어 / 便宜: 술어(형용사) / 好看: 술어(형용사))
이 물건은 싸고 예쁩니다.

5 ~에게 ~을 가져오다(가져다 주다) : **给 + 명사 + 带来 + 목적어**

给 生活 带来 方便。 Gěi shēnghuó dàilái fāngbiàn.
(给: 전치사 / 生活: 명사 — 给 生活: 부사어(전치사구) / 带来: 술어(동사) / 方便: 목적어)
생활에 편리함을 가져다줍니다.

기출 문제 | 등산

132. Mp3

당신은 자주 등산하는 것에 어떤 장점이 있다고 생각하나요? 당신의 견해를 말해 보세요.

你觉得经常爬山有哪些好处？请谈谈你的想法。

Nǐ juéde jīngcháng páshān yǒu nǎxiē hǎochù? Qǐng tántan nǐ de xiǎngfǎ.

답변

STEP 1 핵심 답변 **저는 자주 등산하는 것은 많은 장점이 있다고 생각합니다.**

주어	술어(동사)	목적어(주술식)			
		주어	술어(동사)	목적어	
我	觉得 juéde ~라고 생각하다	经常爬山 jīngcháng páshān 자주 등산하다	有 yǒu 있다	很多好处 hěn duō hǎochù 많은 장점	。

STEP 2 이유1 **등산하면서 아름다운 풍경을 보거나,**

	술어1(동사)		술어2(동사)	관형어	목적어	
一边 yìbiān ~하면서	爬山	一边 yìbiān ~하다	看 kàn 보다	美丽的 měilì de 아름다운	风景 fēngjǐng 풍경	。

一边~一边~ ~하면서 ~하다

STEP 3 이유2 **또 신체 단련, 다이어트 등을 할 수 있습니다.**

	부사어(조동사)	술어1(동사)	목적어		술어2(동사)		
还 hái 또	可以 kěyǐ ~할 수 있다	锻炼 duànliàn 단련하다	身体 shēntǐ 신체	，	减肥 jiǎnféi 다이어트를 하다	什么的 shénme de 등등	。

我觉得经常爬山有很多好处。一边爬山一边看美丽的风景。还可以锻炼身体，减肥什么的。

기출 문제 | 계획 세우기

133. Mp3

당신은 일하기 전에 미리 계획을 잘 세워 놓는 것이 어떤 장점이 있다고 생각하나요? 당신의 견해를 말해 보세요.

你觉得做事提前做好计划有什么好处?
请谈谈你的想法。

Nǐ juéde zuò shì tíqián zuòhǎo jìhuà yǒu shénme hǎochù? Qǐng tántan nǐ de xiǎngfǎ.

답변

STEP 1 핵심 답변 **사람들은 자주 '기회는 준비된 자에게만 주어진다'고 말합니다.**

주어	부사어(부사)	술어(동사)
人们 rénmen 사람들	常 cháng 자주	说 shuō 말하다

목적어(주술식)					
주어	부사어(부사)	술어(동사)	보어	관형어	목적어
"机会 jīhuì 기회	只 zhǐ 단지	留 liú 남기다	给 gěi ~에게	准备好的 zhǔnbèi hǎo de 준비를 다 한	人" rén 사람

。

STEP 2 장점1 **일을 하기 전에 미리 계획을 잘 세워 놓으면 실수를 줄일 수 있고,**

주어(동사구)					부사어(조동사)	술어(동사)	목적어
주어	술어1(동사)	술어2(동사)	보어	목적어2			
做事 zuòshì 일하다	提前 tíqián 앞당기다	做 zuò 하다	好 hǎo 동작을 잘 마무리하다	计划 jìhuà 계획	可以 kěyǐ ~할 수 있다	减少 jiǎnshǎo 줄이다	失误 shīwù 실수

,

STEP 3 장점2 **게다가 더욱 쉽게 성공할 수 있습니다.**

	부사어		술어(동사)
	부사	형용사	
而且 érqiě 게다가	更 gèng 더욱	容易 róngyì 쉽다	成功 chénggōng 성공하다

。

人们常说"机会只留给准备好的人"。做事提前做好计划可以减少失误，而且更容易成功。

기출 문제 | 혼자 살기와 친구와의 동거

혼자 사는 것과 비교했을 때, 친구와 함께 사는 것은 어떤 장단점이 있나요? 당신의 견해를 말해 보세요.

和一个人生活相比，你觉得跟朋友同住有哪些好处和坏处？请谈谈你的想法。

Hé yí ge rén shēnghuó xiāngbǐ, nǐ juéde gēn péngyou tóngzhù yǒu nǎxiē hǎochù hé huàichù? Qǐng tántan nǐ de xiǎngfǎ.

답변

STEP 1 장점 소개　　친구와 함께 사는 것의 장점은

관형어				주어	술어(동사)	
전치사구		부사어	동사			
跟 gēn ~와(과)	朋友 péngyou 친구	一起 yìqǐ 함께	住 zhù 살다	好处 hǎochù 장점	是 shì ~이다	：

쌍점: 부연 설명

STEP 2 장점　　외롭지 않으며, 일이 있으면 서로 도울 수 있습니다.

목적어(주술식)					목적어(주술식)					
부사어		술어(동사)	목적어		술어1(동사)	목적어	부사어		술어2(동사)	
부사	조동사						조동사	부사		
不 bú ~아니다	会 huì ~일 것이다	觉得 juéde ~라고 생각하다	孤单 gūdān 외롭다	，	有 yǒu 있다	事情 shìqing 일	可以 kěyǐ ~할 수 있다	互相 hùxiāng 서로	帮助 bāngzhù 돕다	。

STEP 3 단점1　　단점은 그다지 자유롭지 않으며,

주어	술어(동사)		목적어		
			부사	형용사	
坏处 huàichù 단점	是	：	不太 bú tài 그다지 ~하지 않다	自由 zìyóu 자유롭다	，

STEP 4 단점2　　생활 습관이 비슷하지 않다면 갈등이 있을 수 있다는 것입니다.

주어	부사어(부사)	술어(형용사)			부사어(조동사)	술어(동사)	목적어	
生活习惯 shēnghuó xíguàn 생활 습관	不	一样 yíyàng 같다	的话 dehuà ~이라면	，	会	有	矛盾 máodùn 갈등	。

跟朋友一起住好处是：不会觉得孤单，有事情可以互相帮助。
坏处是：不太自由，生活习惯不一样的话，会有矛盾。

기출 문제 | 해외 유학

135. Mp3

당신은 아이가 아직 어릴 때 해외로 유학을 보내는 것에 어떤 장단점이 있다고 생각하나요? 당신의 견해를 말해 보세요.

你觉得在孩子还很小的时候就送他们出国留学有什么好处还和坏处？请说说你的看法。

Nǐ juéde zài háizi hái hěn xiǎo de shíhou jiù sòng tāmen chūguó liúxué yǒu shénme hǎochù hé huàichù? Qǐng shuōshuo nǐ de kànfǎ.

답변

STEP 1 장점 소개 아이가 어릴 때 해외로 유학을 가는 것의 장점은

부사어(시간)	관형어	주어	술어
孩子小的时候 háizi xiǎo de shíhou 아이가 어릴 때	出国留学的 chūguó liúxué de 해외로 유학을 가는 것	好处 hǎochù 장점	是 shì ~이다

STEP 2 장점: 이유 외국어를 배울 수 있을 뿐만 아니라, 외국인 친구도 사귈 수 있습니다.

	목적어(동사구)			
	부사어(조동사)	술어(동사)	목적어	
不仅 bùjǐn ~일 뿐만 아니라	可以 kěyǐ ~할 수 있다	学习 xuéxí 배우다	外语 wàiyǔ 외국어	，

	목적어(동사구)				
	부사어(조동사)	술어(동사)	보어	목적어	
还 hái 또	可以	交 jiāo 사귀다	到 dào ~해내다(목적의 달성)	外国朋友 wàiguó péngyou 외국인 친구	。

STEP 3 단점 이유 단점은 낯선 환경은 아이의 심리 건강에 이롭지 않습니다.

주어	술어(동사)	목적어(주술식)			
		주어	술어	목적어	
坏处 huàichù 단점	是	陌生的环境 mòshēng de huánjìng 낯선 환경	不利于 bú lìyú ~에 이롭지 않다	孩子心理健康 háizi xīnlǐ jiànkāng 아이의 심리 건강	。

모범 답안

孩子小的时候出国留学的好处是不仅可以学习外语，还可以交到外国朋友。
坏处是陌生的环境不利于孩子心理健康。

136. Mp3

기출 문제 | 대중교통과 자가운전

버스 탑승과 비교했을 때, 자가운전이 어떤 장단점이 있다고 생각하나요? 당신의 견해를 말해 보세요.

跟乘坐公共汽车相比，你认为自己开车有哪些好处和坏处？请说说你的看法。

Gēn chéngzuò gōnggòng qìchē xiāngbǐ, nǐ rènwéi zìjǐ kāichē yǒu nǎxiē hǎochù hé huàichù? Qǐng shuōshuo nǐ de kànfǎ.

답변

STEP 1 장점 소개 **자가운전의 장점은:**

관형어	주어	술어(동사)	
自己开车的 zìjǐ kāichē de 자가운전의	好处 hǎochù 장점	是 shì ~이다	：

STEP 2 장점 이유1 **가고 싶은 곳에 갈 수 있으며,**

목적어(동사구)							
부사(조동사)	술어1(동사)	목적어1	부사어(부사+조동사)		술어2(동사)	목적어2	
想 xiǎng ~하고 싶다	去 qù 가다	哪儿 nǎr 어디	就 jiù 바로	可以 kěyǐ ~할 수 있다	去	哪儿	，

想～就～ ~하고 싶으면 바로 ~하다

STEP 3 장점 이유2 **편리하면서도 편안합니다.**

목적어(형용사구)				
	술어3(형용사)		술어4(형용사)	
又 yòu ~하면서	方便 fāngbiàn 편리하다	又 yòu ~하다	舒服 shūfu 편안하다	。

STEP 4 단점 소개 및 이유 **단점은 비용이 높고, 환경보호에 좋지 않습니다.**

주어	술어(동사)		목적어(형용사구, 동사구)					
			주어	술어(형용사)		술어	목적어	
坏处 huàichù 단점	是	：	费用 fèiyòng 비용	高 gāo 높다	，	不利于 bú lìyú ~에 이롭지 않다	环境保护 huánjìng bǎohù 환경보호	。

自己开车的好处是：想去哪儿就可以去哪儿，又方便又舒服。
坏处是：费用高，不利于环境保护。

137. Mp3

기출 문제 | 농촌 생활과 도시 생활

농촌 생활과 비교했을 때, 당신은 도시 생활의 장점이 많다고 생각하나요, 아니면 단점이 많다고 생각하나요?
당신의 견해를 말해 보세요.

**和农村生活相比，你认为城市生活的好处多
还是坏处多？请谈谈你的看法。**

Hé nóngcūn shēnghuó xiāngbǐ, nǐ rènwéi chéngshì shēnghuó de hǎochù duō háishi huàichù duō?
Qǐng tántan nǐ de kànfǎ.

답변

STEP 1 핵심 답변 **저는 도시 생활의 장점이 많다고 생각합니다.**

주어	술어(동사)	목적어(주술식)			
		관형어	주어	술어(형용사)	
我	认为 rènwéi ~라고 생각하다	城市生活 chéngshì shēnghuó 도시 생활	好处 hǎochù 장점	多 duō 많다	。

STEP 2 이유1 **첫째, 대도시는 생활 시설이 다 갖춰져 있고, 교통이 편리합니다.**

		관형어	주어	술어(형용사)		주어	술어(형용사)	
第一 dì yī 첫째	，	大城市的 dà chéngshì de 대도시의	生活设施 shēnghuó shèshī 생활 시설	齐全 qíquán 완전히 갖추다	，	交通 jiāotōng 교통	便利 biànlì 편리하다	。

STEP 3 이유2 **둘째, 취업 기회가 더 많습니다.**

		주어	부사어(부사)	형용사	
第二 dì èr 둘째	，	就业机会 jiùyè jīhuì 취업 기회	更 gèng 더욱	多	。

STEP 4 이유3 **마지막으로, 좋은 교육 환경이 있습니다.**

		술어(동사)	관형어	목적어	
最后 zuìhòu 마지막으로	，	有 yǒu 있다	良好的 liánghǎo 좋은	教育环境 jiàoyù huánjìng 교육 환경	。

我认为城市生活好处多。第一，大城市的生活设施齐全，交通便利。
第二，就业机会更多。最后，有良好的教育环境。

138. Mp3

기출 문제 | 과학기술의 발전

과학기술의 발전이 인류에게 어떤 장단점을 가져왔나요? 당신의 견해를 말해 보세요.

科学技术的发展给人类带来哪些好处和坏处? 请说说你的想法。

Kēxué jìshù de fāzhǎn gěi rénlèi dàilái nǎxiē hǎochù hé huàichù? Qǐng shuōshuo nǐ de xiǎngfǎ.

답변

STEP 1 장점 소개　**과학기술의 발전이 인류에게 가져온 장점은**

관형어	주어	술어(동사)	
科学技术的发展给人类带来的 kēxué jìshù de fāzhǎn gěi rén lèi dàilái de 과학기술의 발전이 인류에게 가져온	好处 hǎochù 장점	是 shì ~이다	:

STEP 2 장점 이유　**생활에 큰 편리함을 가져다주었습니다.**

목적어(동사구)						
부사어(전치사구)		술어(동사)	동작의 완료	관형어	목적어	
给 gěi ~에게	生活 shēnghuó 생활	带来 dàilái 가져오다	了 le	很大的 hěn dà de 매우 큰	方便 fāngbiàn 편리하다	。

STEP 3 단점 이유　**단점은 각종 인터넷 범죄가 생겨났습니다.**

주어	술어(동사)		목적어(동사구)				
			술어(동사)	완료	관형어	목적어	
坏处 huàichù 단점	是	:	出现 chūxiàn 출현하다	了	各种 gèzhǒng 각종	网络犯罪 wǎngluò fànzuì 인터넷 범죄	。

科学技术的发展给人类带来的好处是：给生活带来了很大的方便。
坏处是：出现了各种网络犯罪。

말하기 연습

다음 한국어에 맞게 답변을 완성해 보세요. 139. Mp3

1 一边 + 동사1 + 一边 + 동사2

一边 ① 밥을 먹다 一边 ② 신문을 보다 。
Yìbiān yìbiān
밥을 먹으면서 신문을 봅니다.

一边 ③ 차를 마시다 一边 ④ 이야기를 하다 。
Yìbiān yìbiān
차를 마시면서 이야기를 합니다.

2 给 + 명사 + 带来 + 명사

给 ① 인류 带来很大的 ② 환경 문제 。
Gěi dàilái hěn dà de
인류에 큰 환경 문제를 가져다 줍니다.

给 ③ 생활 带来很大的 ④ 편리하다 。
Gěi dàilái hěn dà de
생활에 큰 편리함을 가져다 줍니다.

3 주어 + 不利于 + 목적어

① 자주 술을 마시다 不利于 ② 신체 건강 。
bú lìyú
자주 술을 마시는 것은 신체 건강에 이롭지 않습니다.

③ 과학기술의 발전 不利于 ④ 환경보호 。
bú lìyú
과학기술의 발전은 환경을 보호 하는 데 이롭지 않습니다.

모범답안 1 ① 吃饭 ② 看报 ③ 喝茶 ④ 聊天儿
모범답안 2 ① 人类 ② 环境问题 ③ 生活 ④ 方便
모범답안 3 ① 经常喝酒 ② 身体健康 ③ 科学技术的发展 ④ 环境保护

4 장점 말하기

Step1	我觉得 ① 혼자 살다 有很多好处。 Wǒ juéde yǒu hěn duō hǎochù. 제 생각에 혼자 사는 것은 많은 장점이 있습니다.
Step2	第一， ② 매우 자유롭다 。 Dì yī, 첫째, 매우 자유롭습니다.
Step3	第二， ③ 마음이 편하다 。 Dì èr, 둘째, 마음이 편합니다.

5 단점 말하기

Step1	我觉得 ① 자가운전하다 有很多坏处。 Wǒ juéde yǒu hěn duō huàichù. 제 생각에 자가운전을 하면 많은 단점이 있습니다.
Step2	第一， ② 환경보호에 이롭지 않다 。 Dì yī, 첫째, 환경보호에 좋지 않습니다.
Step3	第二， ③ 운전하는 것은 비교적 피곤하다 。 Dì èr, 둘째, 운전하는 것은 비교적 피곤합니다.

모범답안 4 ① 一个人住 ② 很自由 ③ 心里舒服
모범답안 5 ① 自己开车 ② 不利于环境保护 ③ 开车比较累

TSC® 실전 엿보기
Test of Spoken Chinese

이 름
수험번호

第5部分：拓展回答

思考 00:30 | 回答 00:50

다음 문제를 듣고 답변해 보세요. 140. Mp3

문제 1 你认为在网上办理银行业务有哪些好处和坏处？请说说你的看法。

Nǐ rènwéi zài wǎngshàng bànlǐ yínháng yèwù yǒu nǎxiē hǎochù hé huàichù? Qǐng shuōshuo nǐ de kànfǎ.

당신은 인터넷으로 은행 업무를 처리하는 것이 어떤 장단점이 있다고 생각하나요? 당신의 생각을 이야기해 보세요.

장점 **节省** jiéshěng 동 절약하다 **查询** cháxún 동 찾아보다 **账户** zhànghù 명 계좌

단점 **窃取** qièqǔ 동 훔치다 **损失** sǔnshī 명 손실

문제 2 你觉得住公寓有哪些好处和坏处？请谈谈你的看法。

Nǐ juéde zhù gōngyù yǒu nǎxiē hǎochù hé huàichù? Qǐng tántan nǐ de kànfǎ.

당신은 아파트에 사는 것이 어떤 장단점이 있다고 생각하나요? 당신의 견해를 이야기해 보세요.

장점 **设施齐全** shèshī qíquán 설비가 갖춰져 있다 **方便** fāngbiàn 형 편리하다

단점 **费用** fèiyòng 명 비용 **比较高** bǐjiào gāo 비교적 높다

문제 3 你认为移民去国外生活好处多还是坏处多？请谈谈你的看法。

Nǐ rènwéi yímín qù guówài shēnghuó hǎochù duō háishi huàichù duō? Qǐng tántan nǐ de kànfǎ.

당신은 이민을 가서 생활하는 것이 장점이 많다고 생각하나요 단점이 많다고 생각하나요? 당신의 견해를 이야기해 보세요.

장점 **体验** tǐyàn 동 체험하다 **生活方式** shēnghuó fāngshì 생활방식 **文化** wénhuà 명 문화

단점 **孤单** gūdān 형 외롭다 **从头** cóngtóu 부 처음부터 **开始** kāishǐ 동 시작하다

문제 4 你认为自由职业有哪些好处和坏处？请说说你的看法。

Nǐ rènwéi zìyóu zhíyè yǒu nǎxiē hǎochù hé huàichù? Qǐng shuōshuo nǐ de kànfǎ.

당신은 프리랜서에 어떤 장단점이 있다고 생각하나요? 당신의 견해를 이야기해 보세요.

장점 **自由** zìyóu 형 자유롭다 **人际关系** rénjì guānxi 인간관계 **简单** jiǎndān 형] 간단하다

단점 **收入** shōurù 명 수입 **不稳定** bù wěndìng 안정적이지 않다

모범답안 p 284~285

Unit 16

상황 설명 논리적으로 말하기

기본 단어

141. Mp3

1 동사, 형용사

懂 dǒng 동 알다, 이해하다
过节 guòjié 동 명절을 지내다, 명절을 보내다
交流 jiāoliú 동 교류하다
聊天 liáotiān 동 이야기하다, 담소를 나누다
扔 rēng 동 버리다
增加 zēngjiā 동 증가하다
招聘 zhāopìn 동 채용하다
有关 yǒuguān 동 관계가 있다
愿意 yuànyì 동 ~하기를 바라다
促进 cùjìn 동 촉진시키다
仍 réng 동 버리다
提供 tígōng 동 제공하다
够 gòu 형 충분하다
淡 dàn 형 연하다
忙碌 mánglù 형 바쁘다
不同 bùtóng 형 다르다
乱 luàn 형 함부로
重要 zhòngyào 형 중요하다

2 명사

责 zé 명 책임
以前 yǐqián 명 이전
过去 guòqù 명 과거
睡眠 shuìmián 명 수면
习俗 xísú 명 풍습
期间 qījiān 명 기간
味道 wèidao 명 느낌
假日 jiārì 명 휴일
经济 jīngjì 명 경제
机会 jīhuì 명 기회
年龄 niánlíng 명 나이
企业 qǐyè 명 기업
影响 yǐngxiǎng 명 영향 동 영향을 주다
地方 dìfāng 명 지방
态度 tàidu 명 태도
性别 xìngbié 명 성별
方面 fāngmiàn 명 방면
支出 zhīchū 명 지출
垃圾 lājī 명 쓰레기
传统 chuántǒng 명 전통
国外 guówài 명 해외
家长 jiāzhǎng 명 학부형
成功 chénggōng 명 성공 동 성공하다
应聘者 yìngpìnzhě 명 구직자
补习班 bǔxíbān 명 학원
百分之 bǎifēnzhī 명 퍼센트
私人教育 sīrén jiàoyù 사교육
一次性用品 yícìxìng yòngpǐn 일회용품

3 부사, 전치사, 접속사

乱 luàn 부 함부로, 마음대로
连 lián 전 심지어 ~조차도
因此 yīncǐ 접 그러므로, 그래서
有助于 yǒu zhùyú ~에 도움이 되다
不少 bùshǎo 부 적지 않은, 많은

답변 필수 문형

1 주어는 ~에 도움이 된다 : **주어 + 有助于 + 목적어**

这 有助于 交流。 Zhè yǒu zhùyú jiāoliú. 이것은 교류에 도움이 됩니다.
주어 술어 목적어

2 ~도, ~역시 : **의문대명사 + 也**

我 什么也不 懂。 Wǒ shénme yě bù dǒng. 저는 아무것도 모릅니다.
주어 부사어 술어(동사)

3 주어는 ~한 상태이다(지속을 나타냄) : **주어 + 술어(동사) + 着 + 목적어**

这 影响着 我们的 健康。 Zhè yǐngxiǎngzhe wǒmen de jiànkāng.
주어 술어(동사) 관형어 명사 이것은 우리의 건강에 영향을 주고 있습니다.(지속)
목적어

4 주어는 ~와 관계가 있다 : **주어 + 跟 + 명사 + 有关**

这 跟环境问题 有 关。 Zhè gēn huánjìng wèntí yǒuguān.
주어 부사어(전치사구) 술어(동사) 목적어 이것은 환경문제와 관계가 있습니다.

5 ~에 대한 ~의 영향이 크지 않다 : **명사 + 对 + 명사 + 的影响 + 不大**

年龄 对就业的 影响 不 大。 Niánlíng duì jiùyè de yǐngxiǎng bú dà.
관형어 주어 부사어(부사) 술어(형용사) 취업에 대한 나이의 영향은 크지 않습니다.

142. Mp3

기출 문제 | 휴일

당신은 당신 나라에 현재 있는 휴일을 더 늘려야 한다고 생각하나요, 아니면 줄여야 한다고 생각하니요? 당신의 견해를 말해 보세요.

你觉得你们国家现有的假日应该增加还是减少? 请谈谈你的看法。

Nǐ juéde nǐmen guójiā xiàn yǒu de jiārì yīnggāi zēngjiā háishi jiǎnshǎo? Qǐng tántan nǐ de kànfǎ.

답변

STEP 1 핵심 견해　저는 우리나라가 휴일을 마땅히 늘려야 한다고 생각합니다.

주어	술어(동사)	목적어(주술식)				
		주어1	부사어	술어(동사)	목적어	
我	觉得 juéde ~라고 생각하다	我们国家 wǒmen guójiā 우리나라	应该 yīnggāi 마땅히 ~해야 한다	增加 zēngjiā 늘리다	节假日 jiéjiàrì (공)휴일	。

STEP 2 견해1　이렇게 하면 사람들의 소비를 촉진시켜 경제 발전에도 도움이 되기 때문이고,

	주어	부사어	술어	관형어	목적어	술어	목적어	
因为 yīnwèi ~때문에	这样 zhèyàng 이렇게 하면	可以 kěyǐ ~할 수 있다	促进 cùjìn 촉진하다	人们的 rénmen de 사람들의	消费 xiāofèi 소비	有助于 yǒu zhùyú ~에 도움이 되다	经济发展 jīngjì fāzhǎn 경제 발전	,

STEP 3 견해2　또한 지방 경제를 발전시킬 수 있습니다.

부사어(부사+조동사)	술어(동사)	목적어	
还可以 hái kěyǐ 또 ~할 수 있다	发展 fāzhǎn 발전하다	地方经济 dìfāngjīngjì 지방경제	。

我觉得我们国家应该增加节假日。因为这样可以促进人们的消费有助于经济发展，还可以发展地方经济。

기출 문제 | 가족과의 대화 시간

143. Mp3

당신은 최근 사람들이 가족과 이야기하는 시간이 예전보다 줄어든 편이라고 생각하나요? 당신의 견해를 말해 보세요.

你觉得最近人们跟家人聊天的时间比以前较少了吗?
请谈谈你的看法。

Nǐ juéde zuìjìn rénmen gēn jiārén liáotiān de shíjiān bǐ yǐqián jiào shǎo le ma? Qǐng tántan nǐ de kànfǎ.

답변

STEP 1 핵심 견해 저는 최근 사람들이 가족들과 이야기하는 시간이 예전보다 줄었다고 생각합니다.

주어	술어(동사)	목적어(주술구)						
		시간부사	관형어	주어	부사어(전치사구)	술어(동사)	변화	
我	觉得 juéde ~라고 생각하다	最近 zuìjìn 최근	人们跟家人聊天的 rénmen gēn jiārén liáotiān de 사람들이 가족과 이야기하는	时间 shíjiān 시간	比以前 bǐ yǐqián 예전보다	减少 jiǎnshǎo 감소하다	了 le	。

STEP 2 견해1 모두 집에 오면 아무것도 하고 싶어 하지 않고,

주어	부사어1(시간)	부사어2	술어(동사)	
大家 dàjiā 모두	回家后 huíjiā hòu 집에 오면	什么也不想 shénme yě bùxiǎng 아무것도 ~할 생각이 없다	做 zuò ~하다	,

STEP 3 견해2 피곤해서 서로 교류하길 원하지 않습니다.

술어(형용사)	정도를 나타냄	보어	
累 lèi 피곤하다	得 de ~한 상태가	不愿意互相交流 bú yuànyì hùxiāng jiāoliú 서로 교류하기를 원하지 않다	。

STEP 4 마무리 그래서 서로 이야기하는 시간이 줄었습니다.

	관형어	주어	술어(동사)	변화	
所以 suǒyǐ 그래서	互相聊天的 hùxiāng liáotiān de 서로 이야기하는	时间	减少	了	。

我觉得最近人们跟家人聊天的时间比以前减少了。大家回家后什么也不想做，
累得不愿意互相交流。所以互相聊天的时间减少了。

144. Mp3

기출 문제 | 생활 속 환경문제

당신의 나라에서 생활 속 흔한 환경문제는 어떠한 것들이 있나요? 당신의 견해를 말해 보세요.

在你们国家，生活中常见的环境问题有哪些？请谈谈你的看法。

Zài nǐmen guójiā, shēnghuó zhōng chángjiàn de huánjìng wèntí yǒu nǎxiē? Qǐng tántan nǐ de kànfǎ.

답변

STEP 1 핵심 견해 가장 흔히 볼 수 있는 환경문제는 함부로 쓰레기를 버리고, 일회용품을 사용하는 것입니다.

관형어	주어	술어(동사)	목적어(동사구)	
最常见的 zuì chángjiàn de 가장 흔히 볼 수 있는	环境问题 huánjìng wèntí 환경문제	是 shì ~이다	乱扔垃圾、使用一次性用品 luàn rēng lājī, shǐyòng yí cì xìng yòngpǐn 함부로 쓰레기를 버리고, 일회용품을 사용하다	。

STEP 2 견해 이러한 환경문제는 우리의 건강에 영향을 줍니다.

관형어	주어	술어(동사)	지속	관형어	목적어	
这些 zhèxiē 이러한	环境问题	影响 yǐngxiǎng 영향을 주다	着 zhe ~한 상태이다	我们的 wǒmen de 우리의	健康 jiànkāng 건강	。

STEP 3 마무리 그래서 환경을 보호하는 것은 모두에게 책임이 있습니다.

	술어(동사)	목적어		주어	술어(동사)	목적어	
所以 suǒyǐ 그래서	保护 bǎohù 보호하다	环境	，	人人 rénrén 모든 사람	有 yǒu 있다	责 zé 책임	。

모범 답안

最常见的环境问题是乱扔垃圾、使用一次性用品。这些环境问题影响着我们的健康。所以保护环境，人人有责。

145. Mp3

기출 문제 | 명절 풍습

당신은 당신 나라의 과거 명절 풍습과 현재가 어떤 다른 점이 있다고 생각하나요? 당신의 견해를 말해 보세요.

你认为你们国家过去的过节习俗和现在有什么不同？请说说你的看法。

Nǐ rènwéi nǐmen guójiā guòqù de guòjié xísú hé xiànzài yǒu shénme bùtóng? Qǐng shuōshuo nǐ de kànfǎ.

답변

STEP 1 과거 소개 **과거 명절을 보낼 때 모두 고향에 가서 가족들과 함께 모여 식사를 하고 같이 놀았습니다.**

부사어(시간)	주어	부사어	술어(동사)	목적어	
过去过节 guòqù guòjié 과거 명절에는	大家 dàjiā 모두	都 dōu 모두, 다	回 huí 돌아가다	老家 lǎojiā 고향	,

부사어(전치사구)	술어1(동사)		부사어(부사)	술어2	
跟家人一起 gēn jiārén yìqǐ 가족들과 함께	吃饭 chīfàn 식사하다	,	一起 yìqǐ 함께	玩 wán 놀다	。

STEP 2 현재 소개 **그러나 지금은 많은 사람이 해외로 여행을 가고, 나가서 식사를 합니다.**

	부사어(시간)	주어	술어1(동사)	목적어1	술어2(동사)		술어3(동사)	술어4(동사)	
但 dàn 그러나	现在 xiànzài 지금	不少人 bù shǎo rén 많은 사람	去 qù 가다	国外 guówài 해외	旅游 lǚyóu 여행하다	,	出去 chūqù 나가다	吃饭	。

STEP 3 마무리 **전통 명절의 느낌이 예전보다 약해졌습니다.**

관형어	주어	부사어	술어(형용사)	변화	
传统节日的 chuántǒng jiérì de 전통 명절의	味道 wèidao 느낌	比以前 bǐ yǐqián 예전보다	淡 dàn 연하다	了 le ~해졌다	。

过去过节大家都回老家，跟家人一起吃饭，一起玩。
但现在不少人去国外旅游，出去吃饭。传统节日的味道比以前淡了。

146. Mp3

기출 문제 | 수면 시간

당신은 당신 국가 사람들의 수면 시간이 충분하다고 생각하나요? 당신의 견해를 말해 보세요.

你觉得你们国家的人睡眠时间够不够？
请谈谈你的看法。

Nǐ juéde nǐmen guójiā de rén shuìmián shíjiān gòu bu gòu? Qǐng tántan nǐ de kànfǎ.

답변

STEP 1 핵심 답변　듣자니 우리나라 사람의 40%가 수면 시간이 부족하다고 합니다.

술어(동사)	목적어(주술식)	
	주어1	술어(주어2+술어2)
听说 tīngshuō 듣자니	我国有百分之四十的人 wǒ guó yǒu bǎifēnzhī sìshí de rén 우리나라 사람의 40%	睡眠时间不够 shuìmián shíjiān bú gòu 수면 시간이 부족하다

。

STEP 2 이유　저는 이것이 생활, 업무 환경과 관계가 있다고 생각합니다.

주어	술어(동사)	목적어(주술식)		
		주어	부사어(전치사구)	술어(동사)
我	觉得 juéde ~라고 생각하다	这 zhè 이것	跟生活、工作环境 gēn shēnghuó、gōngzuò huánjìng 생활, 업무 환경과	有关 yǒuguān 관계가 있다

。

STEP 3 견해의 예시　우리나라 대부분의 사람들은 업무, 생활이 비교적 바쁘고, 스트레스가 많습니다.

주어1	술어(주어2+술어2)		주어	부사어(부사)	술어(형용사)	
我国大部分人 wǒ guó dà bùfen rén 우리나라 대부분 사람들	工作、生活都比较忙 gōngzuò、shēnghuó dōu bǐjiào máng 업무, 생활이 비교적 바쁘다	，	压力 yālì 스트레스	很 hěn 매우	大 dà 크다	。

STEP 4 마무리　그래서 수면 시간이 부족합니다.

所以 suǒyǐ 그래서	주어	부사어(부사)	술어(형용사)
	睡眠时间 shuìmián shíjiān 수면 시간	不 bú ~하지 않다	够 gòu 충분하다

。

听说我国有百分之四十的人睡眠时间不够。我觉得这跟生活、工作环境有关。
我国大部分人工作、生活都比较忙，压力很大。所以睡眠时间不够。

기출 문제 | 직업

147. Mp3

당신이 생각하기에 당신 나라에서는 나이가 취업에 영향을 준다고 생각하나요? 당신의 견해를 말해 보세요.

你认为在你们国家，年龄对就业有影响吗？说说你的看法。

Nǐ rènwéi zài nǐmen guójiā, niánlíng duì jiùyè yǒu yǐngxiǎng ma? Shuōshuo nǐ de kànfǎ.

답변

STEP 1 핵심 견해 **저는 우리나라에서는 취업에 대한 나이의 영향이 크지 않다고 생각합니다.**

				목적어(주술식)				
주어	술어(동사)	부사어		관형어	주어	부사어	술어(형용사)	
我	认为 rènwéi ~라고 생각하다	在我们国家 zài wǒmen guójiā 우리나라에서	，	年龄对就业的 niánlíng duì jiùyè de 취업에 대한 나이의	影响 yǐngxiǎng 영향	不 bú ~아니다	大 dà 크다	。

STEP 2 견해1 **기업에서 채용 시 중요하게 보는 것은 구직자의 업무 능력, 일하는 사람의 태도이지**

주어	부사어(시간)	술어(동사)	관형어	목적어1		목적어2		
企业 qǐyè 기업	招聘时 zhāopìn shí 채용시	看重 kànzhòng 중요하게 보다	应聘者的 yìngpìnzhě de 구직자의	工作能力 gōngzuò nénglì 업무 능력	，	做事的态度 zuòshì de tàidu 일하는 사람의 태도	等 děng 등	。

STEP 3 견해2 **성별과 나이는 거의 보지 않습니다.**

부사어	술어(동사)	목적어	
很少 hěn shǎo 매우 적게	看 kàn 보다	性别和年龄 xìngbié hé niánlíng 성별과 나이	。

STEP 4 마무리 **그래서 취업 시 나이는 중요하지 않다고 말할 수 있습니다.**

			목적어(주술식)				
	부사어(조동사)	술어	부사어	주어	부사어	술어(형용사)	
所以 suǒyǐ 그래서	可以 kěyǐ ~할 수 있다	说 shuō 말하다	就业时 jiùyè shí 취업 시	年龄 niánlíng 나이	不太 bú tài 그다지 ~하지 않다	重要 zhòngyào 중요하다	。

我认为在我们国家，年龄对就业的影响不大。企业招聘时看重应聘者的工作能力，做事的态度等。很少看性别和年龄。所以可以说就业时年龄不太重要。

기출 문제 | 교육

148. Mp3

당신은 당신의 나라에서 사람들이 사교육 방면에 지출이 많은 것 같나요? 당신의 견해를 말해 보세요.

在你们国家，你认为人们在私人教育方面的支出多吗？请谈谈你的看法。

Zài nǐmen guójiā, nǐ rènwéi rénmen zài sīrén jiàoyù fāngmiàn de zhīchū duō ma? Qǐng tántan nǐ de kànfǎ.

답변

STEP 1 핵심 견해 **저는 우리나라에서 사교육 방면의 지출이 비교적 많다고 생각합니다.**

주어	술어(동사)	목적어(주술식)				
		부사어	관형어	주어	부사어	술어(형용사)
我	觉得 juéde ~라고 생각하다	在我们国家 zài wǒmen guójiā 우리나라에서	私人教育方面的 sīrén jiàoyù fāngmiàn de 사교육 방면의	支出 zhīchū 지출	比较 bǐjiào 비교적	多 duō 많다

。

STEP 2 견해1 **왜냐하면 학부모는 모두 자식이 성공하길 바라서, 아이를 학원에 보내 공부하게 합니다.**

	주어	부사어	술어(동사)	목적어(주술식)			술어1(동사)	목적어1/주어2	술어2(동사)	목적어	술어3(동사)	
因为 yīnwèi 왜냐하면	家长 jiāzhǎng 학부모	都 dōu 모두, 다	希望 xīwàng 희망하다	孩子成功 háizi chénggōng 아이의 성공	，	所以 suǒyǐ 그래서	让 ràng ~하게 하다	孩子 háizi 아이	去 qù 가다	补习班 bǔxíbān 학원	学习 xuéxí 공부하다	。

STEP 3 마무리 **그래서 학부모들의 사교육 방면에서의 지출은 매우 많습니다.**

	관형어	주어	부사어	술어(형용사)	
因此 yīncǐ 그러므로	家长们在私人教育方面的 jiāzhǎngmen zài sīrén jiàoyù fāngmiàn de 학부모들의 사교육 방면에서의	支出	非常 fēicháng 매우	多	。

我觉得在我们国家私人教育方面的支出比较多。因为家长都希望孩子成功，所以让孩子去补习班学习。因此家长们在私人教育方面的支出非常多。

말하기 연습

다음 한국어에 맞게 답변을 완성해 보세요. 149. Mp3

1 상황 설명하기1

Step1

我觉得最近 ① 가족들과 이야기 하다 的时间 ② 예전보다 감소하다 了。
Wǒ juéde zuìjìn de shíjiān le.
저는 최근 가족들과 이야기 하는 시간이 예전보다 많이 감소했다고 생각합니다.

Step2

因为忙得不愿意 ③ 서로 교류하다 。
Yīnwèi máng de bú yuànyì
왜냐하면 바쁜 나머지 서로 교류하길 원하지 않습니다.

Step3

所以，找不到 ④ 공통의 화제 。
Suǒyǐ, zhǎo bu dào
그래서 공통의 화제를 찾을 수 없습니다.

2 상황 설명하기2

Step1

在我们国家 ① 가장 흔히 볼 수 있는 환경문제 就是 ② 쓰레기를 함부로 버리다 。
Zài wǒmen guójiā jiùshì
우리 나라에서 가장 흔히 볼 수 있는 환경문제는 바로 쓰레기를 함부로 버리는 것입니다.

Step2

这种环境问题 ③ 영향 着 ④ 우리의 건강 。
Zhè zhǒng huánjìng wèntí zhe
이런 환경문제는 우리의 건강에 영향을 주고 있습니다.

Step3

我们应该 ⑤ 고치다 影响环境的 ⑥ 나쁜 습관 。
Wǒmen yīnggāi yǐngxiǎng huánjìng de
우리는 마땅히 환경에 영향을 주는 나쁜 습관을 고쳐야 합니다.

모범답안 1 ① 跟家人聊天 ② 比以前减少 ③ 互相交流 ④ 共同话题
모범답안 2 ① 最常见的环境问题 ② 乱扔垃圾 ③ 影响 ④ 我们的健康 ⑤ 改掉 ⑥ 坏习惯

3 상황 설명하기3

Step1	在 ① 우리나라 大部分人都 ② 수면 시간이 부족하다 。 Zài dà bùfen rén dōu 우리나라 대부분 사람들은 모두 수면 시간이 부족합니다.
Step2	这跟 ③ 생활, 업무환경 有关。 Zhè gēn yǒuguān. 이것은 생활, 업무환경과 관계가 있습니다.
Step3	工作生活都比较忙， ④ 매우 스트레스가 많다 。 Gōngzuò shēnghuó dōu bǐjiào máng, 업무, 생활이 비교적 바쁘고, 매우 스트레스가 많습니다.

4 상황 설명하기4

Step1	我认为现在的 ① 명절 풍습 跟 ② 과거와 다르다 。 Wǒ rènwéi xiànzài de gēn 제 생각에 현재의 명절 풍습은 과거와 다릅니다.
Step2	因为不仅 ③ 모두 함께 있다 的时间 ④ 줄어들다 ， Yīnwèi bùjǐn de shíjiān 왜냐하면 모두 같이 있는 시간이 줄어들었을 뿐만 아니라
Step3	而且最近人们更喜欢过节时 ⑤ 해외로 여행을 가다 。 Érqiě zuìjìn rénmen gèng xǐhuan guòjiē shí 게다가 최근 사람들은 명절을 보낼 때 해외로 여행을 가는 것을 더 좋아하기 때문입니다.

모범답안 3 ① 我们国家(我国) ② 睡眠时间不够 ③ 生活、工作环境 ④ 压力很大
모범답안 4 ① 过节风俗 ② 过去不同 ③ 大家在一起 ④ 减少了 ⑤ 去国外旅游

TSC® 실전 엿보기
Test of Spoken Chinese

이 름
수험번호

第5部分 : 拓展回答

思考 00 : 30 | 回答 00 : 50

다음 문제를 듣고 답변해 보세요. 150. Mp3

문제 1 你觉得你们国家的公共交通便利吗？请谈谈你的看法。

Nǐ juéde nǐmen guójiā de gōnggòng jiāotōng biànlì ma? Qǐng tántan nǐ de kànfǎ.

당신이 생각하기에 당신 나라의 대중교통은 편리하다고 생각하나요? 당신의 견해를 말해 보세요.

답변 힌트 **不管～都～** bùguǎn~ dōu~ ~에 상관없이 모두 ~하다 **快捷** kuàijié 형 재빠르다 **到达** dàodá 동 도착하다

문제 2 你觉得网络让人们之间的距离变近了还是变远了？请谈谈你的看法。

Nǐ juéde wǎngluò ràng rénmen zhījiān de jùlí biàn jìnle háishi biàn yuǎn le?
Qǐng tántan nǐ de kànfǎ.

당신이 생각하기에 인터넷은 사람들 사이의 거리를 가깝게 만들었다고 생각하나요, 아니면 멀어지게 만들었다고 생각하나요? 당신의 견해를 말해 보세요.

답변 힌트 **随时联系** suíshí liánxì 언제든지 연락하다 **见面次数** jiànmiàn cìshù 만나는 횟수
不关心 bù guānxīn 동 관심을 갖지 않다 **对方** duìfāng 명 상대방

문제 3 在你们国家，一个人的学历和收入有关系吗？请谈谈你的看法。

Zài nǐmen guójiā, yí ge rén de xuélì hé shōurù yǒu guānxi ma? Qǐng tántan nǐ de kànfǎ.

당신 나라에서는 한 사람의 학력과 수입이 관계가 있나요? 당신의 견해를 말해 보세요.

답변 힌트 **良好** liánghǎo 형 양호하다 **教育** jiàoyù 명 교육 **越～越～** yuè~yuè~ ~할수록 ~하다
学历高 xuélì gāo 학력이 높다 **收入高** shōurù gāo 수입이 높다

문제 4 跟过去相比，你觉得你们国家人们的环保意识提高了吗？请说说你的看法。

Gēn guòqù xiāngbǐ, nǐ juéde nǐmen guójiā rénmen de huánbǎo yìshi tígāo le ma?
Qǐng shuōshuo nǐ de kànfǎ.

과거와 비교했을 때 당신은 당신 나라 사람들의 환경보호 의식이 향상되었다고 생각하나요? 당신의 견해를 말해 보세요.

답변 힌트 **节约** jiéyuē 동 절약하다 **一次性用品** yícìxìng yòngpǐn 일회용품 **垃圾** lājī 명 쓰레기 **分类** fēnlèi 동 분류하다

모범답안 p 285~286

Unit 17

동의와 반대 논리적으로 말하기

기본 단어

151. Mp3

1 동사, 형용사

靠 kào 동 의지하다, 기대다
同意 tóngyì 동 동의하다, 찬성하다
记忆 jìyì 동 기억하다
依赖 yīlài 동 의존하다, 의지하다
使 shǐ 동 ~하게 만들다
支持 zhīchí 동 지지하다
反对 fǎnduì 동 반대하다
尊重 zūnzhòng 동 존중하다
沟通 gōutōng 동 소통하다
提倡 tíchàng 동 권고하다, 제창하다
赞成 zànchéng 동 찬성하다
举行 jǔxíng 동 거행하다, 열다
取代 qǔdài 동 대체하다
阅读 yuèdú 동 읽다
起来 qǐlái 동 ~하기 시작하다(동사 뒤에서 보어로 쓰임)
伤害 shānghài 동 손상시키다, 해치다
提高 tígāo 동 향상시키다
完成 wánchéng 동 완성하다
实现 shíxiàn 동 실현하다
幸福 xìngfú 형 행복하다 명 행복
激烈 jīliè 형 치열하다
各种 gèzhǒng 형 각종
真正 zhēnzhèng 형 진정한
聪明 cōngming 형 똑똑하다

2 명사

说法 shuōfǎ 명 견해
理由 lǐyóu 명 이유
外貌 wàimào 명 외모
当今 dāngjīn 명 현재, 지금
之间 zhījiān 명 사이
品行 pǐnxíng 명 품행
记忆力 jìyìlì 명 기억력
独身主义者 dúshēn zhǔyìzhě 독신주의자
整容手术 zhěngróng shǒushù 성형 수술
简化婚礼 jiǎnhuà hūnlǐ 스몰웨딩
意见 yìjiàn 명 의견
过程 guòchéng 명 과정
感觉 gǎnjué 명 느낌
笔记 bǐjì 명 필기
眼睛 yǎnjing 명 눈
竞争 jìngzhēng 명 경쟁
理想 lǐxiǎng 명 이상, 꿈
任务 rènwu 명 임무
人类 rénlèi 명 인류
电子书 diànzǐshū 명 전자책
纸质书 zhǐzhìshū 명 종이책

3 전치사, 접속사, 부사

随着 suízhe 전 ~에 따라서
连 lián 접 ~조차도, ~까지도
越来越 yuèláiyuè 부 갈수록 ~하다

답변 필수 문형

1 갈수록 ~해지다 : **越来越 + 술어(형용사)**

电子产品 越来越 "聪明"。 Diànzǐ chǎnpǐn yuèláiyuè "cōngming".

주어 / 부사어(부사) / 술어(형용사)

전자 제품은 갈수록 '스마트'해집니다.

2 ~이 아니라 ~입니다 : **不是~而是~**

重要的 不是 举行婚礼的 过程，而是 以后的 生活。

주어 / 술어1 / 관형어 / 목적어1 / 술어2 / 관형어 / 목적어2

Zhòngyào de búshì jǔxíng hūnlǐ de guòchéng, érshì yǐhòu de shēnghuó.

중요한 것은 결혼식을 하는 과정이 아니라 앞으로의 생활입니다.

3 ~에 (대해) 좋은 점이 있습니다 : **주어 + 对 + 명사 + 有好处**

竞争 对个人的发展 有 好处。

주어 / 부사어(전치사구) / 술어 / 목적어

Jìngzhēng duì gèrén de fāzhǎn yǒu hǎochù. 경쟁은 개인의 발전에 좋은 점이 있습니다.

4 (형용사/부사)하게 ~합니다 : **형용사/부사 + 地 + 술어 + 목적어**

更好地 完成 任务。 Gèng hǎo de wánchéng rènwu. 더 좋게 임무를 완성합니다.

부사어 / 술어(동사) / 목적어

高高兴兴地 玩。 Gāogāoxìngxìng de wán. 신나게 놉니다.

부사어(형용사+地) / 술어(동사)

▷ 2음절 형용사는 뒤에 일반적으로 地를 사용.
중첩된 경우나 정도부사의 수식을 받는 경우에는 반드시 地를 사용.

기출 문제 | 전자제품과 기억력

152. Mp3

어떤 사람들은 전자 제품이 갈수록 '스마트'해짐에 따라, 인류의 기억력이 갈수록 나빠진다고 말합니다.
당신은 이 견해에 동의하나요?

有人说随着电子产品越来越"聪明"，人类的记忆力却越来越不好了。你同意这种说法吗?

Yǒu rén shuō suízhe diànzǐ chǎnpǐn yuèláiyuè "cōngming", rénlèi de jìyìlì què yuèláiyuè bù hǎo le. Nǐ tóngyì zhè zhǒng shuōfǎ ma?

답변

STEP 1 핵심 답변 저는 이 견해에 동의합니다.

주어	술어(동사)	관형어	목적어	
我	同意 tóngyì 동의하다	这种 zhè zhǒng 이러한	说法 shuōfǎ 견해	。

STEP 2 근거 현재 많은 사람들이 가장 간단한 일 조차도 기억을 못합니다.

부사어(시간)	주어	관형어	목적어	부사어(부사)	술어(동사)		보어	
现在 xiànzài 현재	很多人 hěn duō rén 많은 사람	连最简单的 lián zuì jiǎndān de 가장 간단한 것 조차도	事情 shìqing 일	都 dōu 모두	记 jì 기억하다	不	住 zhù 고정이나 정지를 나타냄	。

STEP 3 마무리 이러한 전자 제품에 과도하게 의존하는 나쁜 습관은 우리의 기억력을 갈수록 나빠지게 만들었습니다.

관형어	주어	술어1(동사)	목적어1/주어2	부사어(부사)	술어2(형용사)	변화	
这种过于依赖电子产品的 zhè zhǒng guòyú yīlài diànzǐ chǎnpǐn de 이러한 전자 제품에 과도하게 의존하는	坏习惯 huài xíguàn 나쁜 습관	使 shǐ ~하게 만들다	我们记忆力 wǒmen jìyìlì 우리의 기억력	越来越	差 chà 나쁘다	了 le ~해졌다	。

我同意这种说法。现在很多人连最简单的事情都记不住。
这种过于依赖电子产品的坏习惯使我们记忆力越来越差了。

기출 문제 | 성형수술

153. Mp3

만약 당신의 가족이 성형 수술을 하려고 한다면, 당신은 지지할 것인가요? 아니면 반대할 것인가요?

如果你家人要做整容手术，你会支持还是反对？

Rúguǒ nǐ jiārén yào zuò zhěngróng shǒushù, nǐ huì zhīchí háishi fǎnduì?

답변

STEP 1 근거1 **사람과 사람 사이의 교류와 소통은 외모가 아닌 사람의 품행에 달려 있습니다.**

관형어	주어1	
人与人之间的 rén yǔ rén zhījiān de 사람과 사람 사이의	交流和沟通 jiāoliú hé gōutōng 교류와 소통	，

주어2	술어						
	술어1	목적어1		술어2	관형어	목적어2	
靠的 kào de 의지하는 것은	不是 búshì ~이 아니다	外貌 wàimào 외모	，	而是 érshì ~이다	人的 rén de 사람의	品行 pǐnxíng 품행	。

STEP 2 근거2 **업무상에서 진정으로 중요한 것은 능력입니다.**

부사어	주어	술어(동사)	목적어	
工作上 gōngzuò shang 업무상에서	真正重要的 zhēnzhèng zhòngyào de 진정으로 중요한 것	是	能力 nénglì 능력	。

STEP 3 마무리 **따라서 만약 저의 가족이 성형 수술을 하려고 한다면, 저는 반대할 것입니다.**

		주어	부사어(조동사)	술어(동사)	목적어	
因此 yīncǐ 따라서	如果 rúguǒ 만약	我家人 wǒ jiārén 내 가족	要 yào ~하려고 하다	做 zuò 하다	整容手术 zhěngróng shǒushù 성형 수술	，

주어	부사어(조동사)	술어(동사)	강조	
我	会 huì ~할 것이다	反对 fǎnduì 반대하다	的 de	。

人与人之间的交流和沟通，靠的不是外貌，而是人的品行。工作上真正重要的是能力。因此如果我家人要做整容手术，我会反对的。

154. Mp3

기출 문제 | 전자책과 종이책

어떤 사람들은 전자책이 종이책을 대체할 수 있다고 말합니다. 당신은 이 견해에 동의하나요?

有人说电子书能取代纸质书，你同意这种说法吗?

Yǒu rén shuō diànzǐshū néng qǔdài zhǐzhìshū, nǐ tóngyì zhè zhǒng shuōfǎ ma?

답변

STEP 1 근거1 전자책은 비록 읽는 게 편리하지만,

주어		술어
电子书 diànzǐshū 전자책	虽然 suīrán 비록	阅读起来方便 yuèdú qǐlái fāngbiàn 읽는 게 편리하다

，

STEP 2 근거2 종이책처럼 필기를 할 수 없으며,

	부사어					술어(동사)	목적어
	부사	조동사	부사	명사	형용사		
但 dàn 그러나	不 bù ~하지 않다	能 néng ~할 수 있다	像 xiàng 마치 ~과 같다	纸质书 zhǐzhìshū 종이책	那样 nàyàng 그러하다	做 zuò 하다	笔记 bǐjì 필기

，

STEP 3 근거3 게다가 쉽게 눈을 손상시킵니다.

	부사어(형용사)	술어(동사)	목적어
而且 érqiě 게다가	容易 róngyì 쉽다	伤害 shānghài 손상시키다	眼睛 yǎnjing 눈

。

STEP 4 마무리 그래서 저는 전자책이 종이책을 대신할 수 없다고 생각합니다.

	주어	술어(동사)	목적어(주술식)			
			주어	부사어(부사+조동사)	술어(동사)	목적어
所以 suǒyǐ 그래서	我	觉得 juéde ~라고 생각하다	电子书	不能	取代 qǔdài 대체하다	纸质书

。

모범 답안

电子书虽然阅读起来方便，但不能像纸质书那样做笔记，而且容易伤害眼睛。
所以我觉得电子书不能取代纸质书。

155. Mp3

기출 문제 | 스몰웨딩

최근 일부 사람들은 스몰웨딩을 권장합니다. 당신은 이런 견해에 동의하나요?

最近有些人提倡简化婚礼，你同意这种看法吗?

Zuìjìn yǒuxiē rén tíchàng jiǎnhuà hūnlǐ, nǐ tóngyì zhè zhǒng kànfǎ ma?

답변

STEP 1 핵심 답변　**저는 스몰웨딩을 찬성합니다.**

주어	술어(동사)	목적어	
我	赞成 zànchéng 찬성하다	简化婚礼 jiǎnhuà hūnlǐ 스몰웨딩	。

STEP 2 근거　**결혼할 때 중요한 것은 결혼 이후의 생활이지, 결혼식을 하는 과정이 아니기 때문입니다.**

	부사어(시간)	주어	술어1(동사)	관형어	목적어1	
因为 yīnwèi ~때문이다	结婚时 jiéhūn shí 결혼할 때	重要的 zhòngyào de 중요한	是 shì ~이다	结婚以后的 jiéhūn yǐhòu de 결혼 이후의	生活 shēnghuó 생활	，

전환 관계	술어2(동사)	관형어	목적어2	
而 ér	不是 búshì ~이 아니다	举行婚礼的 jǔxíng hūnlǐ de 결혼식을 하는	过程 guòchéng 과정	。

STEP 3 마무리　**그래서 저는 스몰웨딩을 지지합니다.**

	주어	술어(동사)	목적어	
所以 suǒyǐ 그래서	我	支持 zhīchí 지지하다	简化婚礼	。

我赞成简化婚礼。因为结婚时重要的是结婚以后的生活，而不是举行婚礼的过程。
所以我支持简化婚礼。

기출 문제 | 경쟁과 개인의 발전

156. Mp3

어떤 사람들은 치열한 경쟁이 개인의 발전에 많은 도움이 된다고 이야기합니다. 당신은 이러한 견해에 동의하나요?

有人说激烈的竞争对个人的发展有很多好处，
你同意这种说法吗？

Yǒu rén shuō jīliè de jìngzhēng duì gèrén de fāzhǎn yǒu hěn duō hǎochù, nǐ tóngyì zhè zhǒng shuōfǎ ma?

답변

STEP 1 핵심 답변 **저는 치열한 경쟁이 개인의 능력을 향상시켜줄 수 있다고 생각합니다.**

주어	술어	목적어(주술식)					
		관형어	주어	부사어(조동사)	술어(동사)	목적어	
我	认为 rènwéi ~라고 생각하다	激烈的 jīliè de 치열한	竞争 jìngzhēng 경쟁	可以 kěyǐ ~할 수 있다	提高 tígāo 향상시키다	个人能力 gèrén nénglì 개인 능력	。

STEP 2 근거1 **왜냐하면 이것은 우리로 하여금 더 좋게 각종 임무를 완성하게 해주며,**

	주어	술어1(동사)	목적어1/주어2	부사어	술어2(동사)	관형어	목적어2	
因为 yīnwèi ~때문이다	它 tā 이것	让 ràng ~하게 하다	我们 wǒmen 우리	更好地 gèng hǎo de 더 좋게	完成 wánchéng 완성하다	各种 gè zhǒng 각종	任务 rènwu 임무	，

STEP 3 근거2 **더 노력해서 자신의 꿈을 실현하도록 해주기 때문입니다.**

부사어	술어(동사)	관형어	목적어	
更加努力地 gèngjiā nǔlì de 더 노력해서	实现 shíxiàn 실현하다	自己的 zìjǐ de 자신의	理想 lǐxiǎng 꿈, 이상	。

STEP 4 마무리 **능력이 향상되면 당연히 개인의 발전에 도움이 됩니다.**

주어	술어	변화		부사어	술어	관형어	목적어	
能力 nénglì 능력	提高	了 le	，	当然 dāngrán 당연히	有助于 yǒu zhùyú ~에 도움이 되다	个人的 gèrén de 개인의	发展 fāzhǎn 발전	。

我认为激烈的竞争可以提高个人能力。因为它让我们更好地完成各种任务，
更加努力地实现自己的理想，能力提高了，当然有助于个人的发展。

기출 문제 | 독신주의

157. Mp3

만약 당신 가족이 결혼하지 않고 독신주의자로 살겠다고 한다면, 당신은 지지할 것인가요, 아니면 반대할 것인가요? 이유는 무엇인가요?

如果你的家人不结婚，要做一个独身主义者的话，
你会支持还是反对？理由是什么？

Rúguǒ nǐ de jiārén bù jiéhūn, yào zuò yí ge dúshēn zhǔyìzhě dehuà, nǐ huì zhīchí háishi fǎnduì? Lǐyóu shì shénme?

답변

STEP 1 핵심 답변 만약 제 가족이 결혼하지 않고, 독신주의로 살겠다고 한다면 저는 반대하지 않겠습니다.

	관형어	주어	부사어(부사)	술어(동사)		부사어(조동사)	술어(동사)	관형어	목적어	
如果	我的	家人	不	结婚	，	要	做	一个	独身主义者	，
rúguǒ	wǒ de	jiārén	bù	jiéhūn		yào	zuò	yí ge	dúshēn zhǔyìzhě	
만약	나의	가족	~하지 않다	결혼하다		~하려 하다	하다	하나	독신주의자	

주어	부사어(부사+조동사)	술어(동사)	강조	
我	不会	反对	的	。
	búhuì	fǎnduì	de	
	~일리 없다	반대하다		

STEP 2 근거 저는 자신에게 행복을 줄 수 있는 삶이 바로 가장 좋은 삶이라고 생각합니다.

주어	술어(동사)	목적어(주술식)						
		관형어	주어	부사어	술어(동사)	관형어	목적어	
我	认为	能给自己幸福的	生活	就	是	最好的	生活	。
	rènwéi	néng gěi zìjǐ kuàilè hé xìngfú de	shēnghuó	jiù	shì	zuì hǎo de	shēnghuó	
	~라고 생각하다	자신에게 행복을 줄 수 있는	생활	바로	~이다	가장 좋은	삶	

STEP 3 마무리 그래서 저는 그/그녀의 선택을 존중해 주고 싶습니다.

	주어	조동사	술어(동사)	관형어	목적어	
所以	我	想	尊重	他(她)的	选择	。
Suǒyǐ		xiǎng	zūnzhòng	tā(tā)de	xuǎnzé	
그래서		~하고 싶다	존중하다	그(그녀)의	선택하다	

如果我的家人不结婚，要做一个独身主义者，我不会反对的。
我认为能给自己幸福的生活就是最好的生活。所以我想尊重他(她)的选择。

말하기 연습

다음 한국어에 맞게 답변을 완성해 보세요. 158. Mp3

1 논리적으로 말하기1

Step1	我同意 ① 독신주의자로 살다 。 Wǒ tóngyì 저는 독신주의자로 사는 것에 동의합니다.
Step2	因为 ② 모든 사람 都有 ③ 자신만의 생활 방식 。 Yīnwèi dōu yǒu 왜냐하면 모든 사람은 자신만의 생활 방식이 있기 때문입니다.
Step3	所以如果我家人要做个独身主义者 ④ 나는 지지할 것이다 。 Suǒyǐ rúguǒ wǒ jiārén yào zuò ge dúshēn zhǔyìzhě 그래서 만약 제 가족이 독신으로 살겠다고 한다면 저는 지지할 것입니다.

단 어 方式 fāngshì 명 방식

2 논리적으로 말하기2

Step1	我认为 ① 치열한 경쟁 ② 개인의 발전에 이롭지 않다 。 Wǒ rènwéi 저는 치열한 경쟁이 개인의 발전에 이롭지 않다고 생각합니다.
Step2	因为它只能 ③ 사람에게 스트레스를 가져다 준다 。 Yīnwèi tā zhǐnéng 왜냐하면 이것은 그저 사람에게 스트레스만 가져다 주기 때문입니다.
Step3	所以激烈的竞争对 ④ 개인의 발전 ⑤ 별다른 장점이 없다 。 Suǒyǐ jīliè de jìngzhēng duì 그러므로 치열한 경쟁은 개인의 발전에 별다른 장점이 없습니다.

모범답안 1 ① 做一个独身主义者 ② 每个人 ③ 自己的生活方式 ④ 我会支持
모범답안 2 ① 激烈的竞争 ② 不利于个人的发展 ③ 给人带来压力 ④ 个人的发展 ⑤ 没有什么好处

第5部分：拓展回答

思考 00:30 回答 00:50

다음 문제를 듣고 답변해 보세요. 159. Mp3

문제 1 人们说孩子长大以后，经济上应该要独立，你同意这种说法吗?

Rénmen shuō háizi zhǎng dà yǐhòu, jīngjì shang yīnggāi yào dúlì, nǐ tóngyì zhè zhǒng shuōfǎ ma?

사람들은 아이가 어른이 된 후에 경제적으로 마땅히 독립해야 한다고 합니다. 당신은 이 견해에 동의하나요?

답변 힌트 **父母** fùmǔ 명 부모 **照顾** zhàogù 동 돌보다 **一辈子** yíbèizi 명 한평생

문제 2 很多人都说有很多钱就会很幸福，你同意这种说法吗?

Hěn duō rén dōu shuō yǒu hěn duō qián jiù huì hěn xìngfú, nǐ tóngyì zhè zhǒng shuōfǎ ma?

많은 사람이 돈이 많아야 행복하다고 말합니다. 당신은 이 견해에 동의하나요?

답변 힌트 **不用** búyòng 동 ~할 필요가 없다 **辛苦** xīnkǔ 형 고생스럽다 **担心** dānxīn 동 걱정하다

문제 3 有人说毕业于名牌大学才能成功。你同意这种说法吗? 请说说你的想法。

Yǒu rén shuō bìyè yú míngpái dàxué cái néng chénggōng. Nǐ tóngyì zhè zhǒng shuōfǎ ma? Qǐng shuōshuo nǐ de xiǎngfǎ.

어떤 사람은 명문 대학교를 졸업해야만 성공 할 수 있다고 합니다. 당신은 이 견해에 동의하나요? 당신의 견해를 말해 보세요.

답변 힌트 **没有关系** méiyǒu guānxi 관계가 없다 **成功** chénggōng 동 성공하다 **原因** yuányīn 명 원인
自信心 zìxìnxīn 명 자신감 **经验** jīngyàn 명 경험

문제 4 有人说考试对学生的学习有帮助，你同意这种说法吗?

Yǒu rén shuō kǎoshì duì xuésheng de xuéxí yǒu bāngzhù, nǐ tóngyì zhè zhǒng shuōfǎ ma?

어떤 사람은 시험을 보는 것이 학생의 공부에 도움이 된다고 말합니다. 당신은 이 견해에 동의하나요?

답변 힌트 **通过** tōngguò 전 ~을 통해서 **知道** zhīdao 동 알다 **懂** dǒng 동 알다, 이해하다
不足 bùzú 형 부족하다 **认真** rènzhēn 형 성실하다

모범답안 p 286~287

무료 학습자료 제공
www.ybmbooks.com

第六部分 情景应对

제6부분

상황에 맞게 답하기

Unit 18 상황에 맞게 답하기1

교환 또는 반품 | 재요청 | 분실 및 도움 요청 | 파견 근무 제안
장소 제안 | 관람 제안 | 권고 및 충고

Unit 19 상황에 맞게 답하기2

약속 정하기 | 약속 변경하기 | 동아리 가입 문의 | 케이크 문의 |
시간 변경 | 양해 구하기 | 여행지 추천 | 위로

제6부분 | 상황에 맞게 답하기

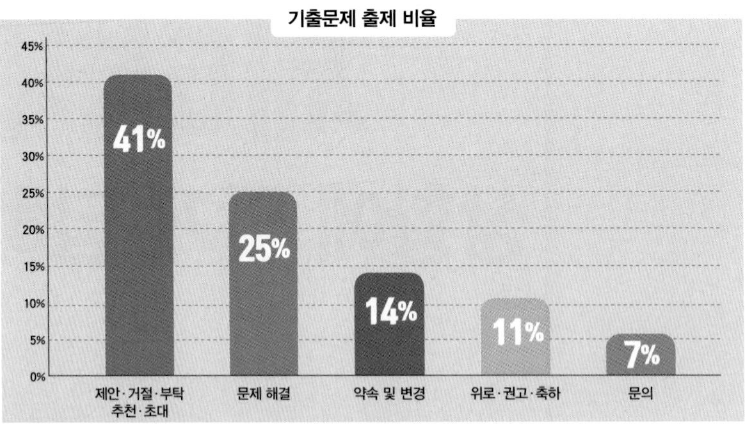

유형	6부분은 그림을 보고 상황에 맞게 대답하는 유형으로 제안, 권고, 추천, 위로, 약속 정하고 변경하기, 발생한 문제에 대한 상황 설명 및 해결하기, 다양한 상황 문의 등등 일상생활에서 자주 발생할 수 있는 일들이 문제로 제시된다.
문항 수	3문항
답변 준비 시간	30초
답변 시간	문제당 40초

전략 포인트

① 실제 그 상황에 있다는 가정하에 답변해야 한다!

6부분은 주로 제시하는 상황에 맞춰 제안, 문제 해결, 항의, 권고, 약속 변경 등 다양한 상황을 수행해야 하는 문제들이 주어진다. 따라서 주어진 상황을 제대로 이해하고 상대방에게 실제로 대답하듯이 자연스러운 어투로 답변해야 한다.

② 반드시 마무리가 있어야 한다!

6부분도 앞의 4, 5부분처럼 답변을 틀에 맞춰야 한다. 이야기를 하다 보면 상황만 설명하고 마무리를 짓지 않는 경우가 발생하는데, 반드시 해결책을 제시하고 답변을 마무리해야 한다는 것을 기억하자.

③ 단어 정리는 필수다!

6부분은 상황 배경이 다양하게 나온다. 따라서 컴퓨터 수리라면 컴퓨터, 수리, 수리 시기, 가격, 배송 비용, 수리 비용 등에 해당하는 단어들을 기본적으로 알고 있어야 단어를 몰라서 답변을 못하는 상황을 피할 수 있다. 외국어 공부의 핵심은 단어이며, 중국어 문장도 단어 배열이 관건이다.

시험 맛보기

6부분은 그림과 함께 상황에 대한 서술 문제가 나오는데, 본인이 이 상황에 처해있다는 가정하에 어떻게 대처할 것인지 완전한 문장으로 답변하도록 합니다. 문장의 길이와 쓰이는 단어에 따라 점수에 영향을 미칩니다.

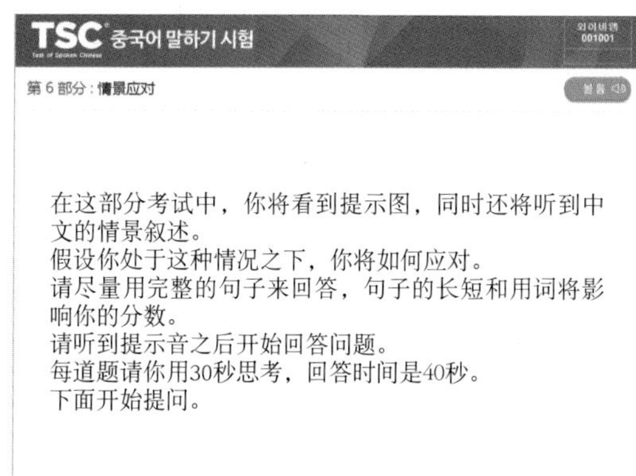

첫 화면에 6부분 유형의 지시문과 음성이 같이 나온다.

두 번째 화면에 그림과 함께 문제가 음성으로 나오고 하단에 [思考]라는 표시와 함께 30초의 준비 시간이 주어진다. 준비 시간이 끝나면 '삐' 소리가 나온다.

思考 〉 #Beep

화면 하단에 [回答]라고 표시되며 답변 시간 40초가 카운트된다. 답변 시간이 모두 끝나면 "现在结束。" 멘트가 나온다.

回答 〉 "现在结束。"

Unit 18

상황에 맞게 답하기1

기본 단어

160. Mp3

1 동사, 형용사

取 qǔ 동 가지다
订 dìng 동 예약하다
偷 tōu 동 훔치다
派 pài 동 파견하다
改 gǎi 동 고치다
要求 yāoqiú 동 요구하다
解决 jiějué 동 해결하다
退货 tuìhuò 동 반품하다
处理 chǔlǐ 동 처리하다
确认 quèrèn 동 확인하다
说明 shuōmíng 동 설명하다
报警 bàojǐng 동 경찰에 신고하다
提出 tíchū 동 제시하다
感谢 gǎnxiè 동 감사하다
迟到 chídào 동 지각하다
拜托 bàituō 동 부탁하다
拒绝 jùjué 동 거절하다
放心 fàngxīn 동 마음을 놓다
建议 jiànyì 동 제안하다, 건의하다
邀请 yāoqǐng 동 초청하다, 초대하다
完成 wánchéng 동 완성하다, 끝내다
清楚 qīngchu 형 분명하다
错 cuò 형 틀리다
委婉 wěiwǎn 형 완곡하다
恰当 qiàdàng 형 적당하다, 알맞다
睡懒觉 shuì lǎnjiào 늦잠을 자다

2 명사

礼物 lǐwù 명 선물
鞋 xié 명 신발
污点 wūdiǎn 명 얼룩
感情 gǎnqíng 명 감정
情况 qíngkuàng 명 상황
发票 fāpiào 명 영수증
公寓 gōngyù 명 아파트
门口 ménkǒu 명 입구
监控 jiānkòng 명 감시카메라
方案 fāng'àn 명 방안
领导 lǐngdǎo 명 팀장
父亲 fùqīn 명 부친
科长 kēzhǎng 명 과장
人气 rénqì 명 인기
足球 zúqiú 명 축구
比赛 bǐsài 명 경기, 시합
门票 ménpiào 명 입장권
忠告 zhōnggào 명 충고
管理处 guǎnlǐchù 명 관리사무소
小吃街 xiǎochījiē 먹거리 골목

3 부사, 전치사, 접속사

尽快 jǐnkuài 부 최대한 빨리
重新 chóngxīn 부 새로, 다시
把 bǎ 전 ~을(를)
并 bìng 접 그리고, 또
明明 míngmíng 부 분명히
实在 shízài 부 정말
总是 zǒngshì 부 항상
恐怕 kǒngpà 부 아마도
却 què 부 오히려

답변 필수 문형

1 ~하는 것을 좀 도와주세요 : **你 + 帮 + 我 + 술어(동사) + 목적어**

你	帮	我	找	一下	新的。	Nǐ bāng wǒ zhǎo yíxià xīnde.
주어	술어1(동사)	목적어	술어2(동사)	보어	목적어	새것 찾는 것을 좀 도와주세요.

동사+不到: ~하지 못했다

2 한참을 ~했지만 ~하지 못했다 : **술어(동사) + 了 + 半天 + 也 + 술어(동사) + 不到**

找	了	半天	也	找	不	到。	Zhǎole bàntiān yě zhǎo bu dào.
술어(동사)	~했다	보어	부사어(부사)	술어(동사)	부사	보어(~해내다)	한참을 찾았지만, 찾지 못했습니다.

3
~에게 ~을 주다 **给**
~에게 ~을 가르치다 **教**
~에게 ~을 보내다 **送**
~에게 ~을 빌리다 **借**
~에게 ~을 물어보다 **问**
~에게 ~을 알려주다 **告诉**

+ 사람(간접목적어) + 명사(직접목적어):

수여동사

给	我	去国外工作的	好机会。	Gěi wǒ qù guówài gōngzuò de hǎo jīhuì.
술어(동사)	간접목적어	관형어	직접목적어	저에게 외국에 가서 일할 좋은 기회를 줍니다.

我送他一份礼物。 Wǒ sòng tā yí fèn lǐwù. 저는 그에게 선물 하나를 줍니다.

你能教我打篮球吗? Nǐ néng jiāo wǒ dǎ lánqiú ma? 당신이 나에게 농구 가르쳐 줄 수 있어요?

我借了他不少钱。 Wǒ jiè le tā bù shǎo qián. 저는 그에게 많은 돈을 빌렸습니다.

我问了老师不少问题。 Wǒ wèn le lǎoshī bù shǎo wèntí. 저는 선생님에게 적지 않은 문제를 물어보았습니다.

我告诉他一件事。 Wǒ gàosu tā yí jiàn shì. 저는 그에게 소식을 하나 알려줍니다.

기출 문제 | 교환 또는 반품

당신이 상점에서 신발을 하나 샀는데, 집에 돌아와서야 신발에 얼룩이 있다는 것을 발견했습니다. 상점에 가서 상황을 설명하고 문제를 해결해 달라고 요구하세요.

你在商店买了双鞋，但回家后才发现鞋子上有污点。请你去商店说明情况，并要求解决问题。

Nǐ zài shāngdiàn mǎile shuāng xié, dàn huíjiā hòu cái fāxiàn xiézi shang yǒu wūdiǎn. Qǐng nǐ qù shāngdiàn shuōmíng qíngkuàng, bìng yāoqiú jiějué wèntí.

답변

STEP 1 상황 설명　안녕하세요, 제가 신발을 한 켤레 샀는데, 집에 와서 신발에 얼룩이 있는 것을 발견했어요.

		주어	술어(동사)	완료	관형어	목적어	
你好 nǐ hǎo 안녕하세요	,	我	买 mǎi 사다	了 le ~했다	双 shuāng 켤레, 쌍	鞋 xié 신발	,

	부사어	술어(동사)	목적어(주술식)			
			주어	술어	목적어	
但 dàn 그러나	回家后 huíjiā hòu 집에 온 후에	发现 fāxiàn 발견하다	鞋子上 xiézi shang 신발에	有 yǒu 있다	污点 wūdiǎn 얼룩	。

STEP 2 도움 요청1　먼저 새것이 있는지 찾아봐 주세요.

주어	부사어	술어1(동사)	목적어1	술어2	보어	술어3	목적어3	
您 nín 당신	先 xiān 먼저	帮 bāng 돕다	我	找 zhǎo 찾다	一下 yíxià ~하다	有没有 yǒu mei yǒu 있는지 없는지	新的 xīnde 새것	。

STEP 3 도움 요청2　만약 새것이 없다면, 반품하고 싶습니다. 여기 영수증이에요.

	술어(동사)	목적어		주어	부사어(조동사)	술어(동사)		주어	술어(동사)	목적어	
如果 rúguǒ 만약	没有	新的	,	我	想 xiǎng ~하고 싶다	退货 tuìhuò 반품하다	,	这 zhè 이것	是 shì ~이다	发票 fāpiào 영수증	。

모범 답안

你好，我买了双鞋，但回家后发现鞋子上有污点。
您先帮我找一下有没有新的。如果没有新的，我想退货，这是发票。

기출 문제 | 재요청

162. Mp3

당신이 케이크 가게에 가서 할머니를 위해 예약한 생일 케이크를 찾았을 때, 케이크에 있는 이름이 잘못되었다는 것을 발견했습니다. 점원에서 상황을 설명하고 해결을 요구하세요.

你去面包店取为奶奶订的生日蛋糕，却发现蛋糕上的名字有误。请你向店员说明情况，并要求解决。

Nǐ qù miànbāodiàn qǔ wèi nǎinai dìng de shēngrì dàngāo, què fāxiàn dàngāo shang de míngzi yǒu wù. Qǐng nǐ xiàng diànyuán shuōmíng qíngkuàng, bìng yāoqiú jiějué.

답변

STEP 1 상황 설명1 　안녕하세요, 케이크 위 이름이 잘못되었다는 것을 발견했습니다.

		주어	술어(동사)	목적어(주술식)			
				관형어	주어	술어	
你好 nǐ hǎo 안녕하세요	，	我	发现 fāxiàn 발견하다	蛋糕上的 dàngāo shang de 케이크 위의	名字 míngzi 이름	不对 búduì 잘못되다, 틀리다	。

STEP 2 상황 설명2 　우리 할머니 성함은 류쑤칭이신데, 청초하다(칭추)의 '칭'이지 감정(간칭)의 '칭'이 아니에요.

주어	술어(동사)	목적어		술어(동사)	관형어	목적어		술어(동사)	관형어	목적어	
我奶奶 wǒ nǎinai 우리 할머니	叫 jiào ~라고 부르다	刘素清 Liú Sùqīng 류쑤칭	，	是 shì ~이다	清楚的 qīngchu de 청초하다(칭추)의	"清" "qīng" '칭'	，	不是 búshì ~이 아니다	感情的 gǎnqíng de 감정(간칭)의	"情" "qíng" '칭'	。

STEP 3 요청 사항 　새로 다시 케이크를 만들어 주세요. 이번에는 성함을 잘못 쓰지 마세요.

부사어		술어(동사)	관형어	목적어		
부사	전치사구					
重新 chóngxīn 새로, 다시	给我 gěi wǒ 나에게	做 zuò 만들다	一个 yí ge 한 개	蛋糕	吧 ba ~하자(제안)	。

부사어		술어(동사)	보어	목적어	
대명사+양사	부사				
这次 zhècì 이번	不要 búyào ~하지 마라	写 xiě 쓰다	错 cuò 틀리다	名字	。

你好，我发现蛋糕上的名字不对。我奶奶叫刘素清，是清楚的"清"，不是感情的"情"。重新给我做一个蛋糕吧。这次不要写错名字。

163. Mp3

기출 문제 | 분실 및 도움 요청

당신은 자전거를 아파트 입구에 두었습니다. 그러나 나중에 도무지 찾을 수가 없었습니다.
관리사무소에 가서 상황을 설명하고 도움을 요청하세요.

你把自行车放在公寓门口，但后来怎么找也找不到。请你去管理处说明情况，并请求帮助。

Nǐ bǎ zìxíngchē fàng zài gōngyù ménkǒu, dàn hòulái zěnme zhǎo yě zhǎo bu dào.
Qǐng nǐ qù guǎnlǐchù shuōmíng qíngkuàng, bìng qǐngqiú bāngzhù.

답변

STEP 1 상황 설명　안녕하세요, 제가 어제 퇴근할 때 자전거를 아파트 입구에 두었는데요.
오늘 아침에 한참을 찾았는데도 못 찾겠어요.

	주어	부사어		술어(동사)	목적어	
		시간	전치사구(목적어1)			
您好 nín hǎo 안녕하세요 ,	我	昨天下班时 zuótiān xiàbān shí 어제 퇴근할 때	把自行车 bǎ zìxíngchē 자전거를	放在 fàng zài ~에 두다	公寓门口 gōngyù ménkǒu 아파트 입구	,

	부사어(시간)	술어(동사)	완료	보어	부사어(부사)	술어(동사)		보어	
但 dàn 그런데	今天早上 jīntiān zǎoshang 오늘 아침	找 zhǎo 찾다	了 le	半天 bàntiān 한참	也 yě ~도, 역시	找 zhǎo 찾다	不	到 dào ~해내다	。

STEP 2 도움 요청1　그래서 CCTV를 좀 확인하고 싶습니다.

	주어	부사어(조동사)	술어(동사)	보어	목적어	
所以 suǒyǐ 그래서	我	想 xiǎng ~하고 싶다	确认 quèrèn 확인하다	一下 yíxià 좀 ~하다	监控 biānkòng CCTV	。

STEP 2 도움 요청2　누가 자전거를 훔쳐간 것이라면 경찰에 신고하려고요.

	주어	술어	보어	변화	관형어	목적어		주어	부사어(조동사)	술어(동사)	
如果 rúguǒ 만약	有人 yǒu rén 어떤 사람	偷 tōu 훔치다	走 zǒu 가다	了	我的 wǒ de 나의	自行车	,	我	要 yào ~하려고 하다	报警 bàojǐng 신고하다	。

您好，我昨天下班时把自行车放在公寓门口，但今天早上找了半天也找不到。
所以我想确认一下监控。如果有人偷走了我的自行车，我要报警。

기출 문제 | 파견 근무 제안

164. Mp3

상사가 당신을 중국으로 1년 파견 근무를 보내기로 계획하였지만 개인 사정으로 당신은 갈 수가 없습니다. 상사에게 당신의 상황을 설명하고 방안을 제시해 보세요.

上司打算派你去中国工作一年，但因个人原因你不能去。请你向上司说明你的情况，并提出别的方案。

Shàngsi dǎsuan pài nǐ qù Zhōngguó gōngzuò yì nián, dàn yīn gèrén yuányīn nǐ bùnéng qù. Qǐng nǐ xiàng shàngsi shuōmíng nǐ de qíngkuàng, bìng tíchū biéde fāng'àn.

답변

STEP 1 상황 설명1 **저에게 외국에 가서 일할 좋은 기회를 주셔서 감사합니다.**

술어(동사)	주어	술어(동사)	목적어1(간접)	목적어2 관형어	목적어2(직접)	
感谢 gǎnxiè 감사하다	您 nín 당신	给 gěi 주다	我	去国外工作的 qù guówài gōngzuò de 외국에 가서 일하는	好机会 hǎo jīhuì 좋은 기회	。

STEP 2 상황 설명2 **그런데 요즘 저희 아버지가 몸이 별로 좋지 않으셔서, 중국으로 일하러 갈 수가 없습니다. 정말 죄송합니다.**

	부사어(시간)	주어1	술어1 주어2	술어1 부사어(부사)	술어2(형용사)	
不过 búguò 그런데	最近 zuìjìn 최근	我父亲 wǒ fùqin 나의 아버지	身体 shēntǐ 몸, 신체	不太 bú tài 별로 ~하지 않다	好 hǎo 좋다	，

	부사어(부사+조동사)	술어1(동사)	목적어	술어2		부사어(부사)	술어	
所以 suǒyǐ 그래서	不能 bùnéng ~할 수 없다	去 qù 가다	中国 Zhōngguó 중국	工作 gōngzuò 일하다	，	实在 shízài 정말	对不起 duìbuqǐ 죄송합니다	。

STEP 3 방안 제시 **김 과장님을 보내시는 걸 한번 고려해 보세요. 과장님이 중국에 가고 싶어 하십니다.**

주어	부사어(조동사)	술어(동사)	보어	목적어 술어1(동사)	목적어 목적어1/주어1	목적어 술어2(동사)		주어	부사어 부사	부사어 조동사	술어(동사)	목적어	
您	可以 kěyǐ ~할 수 있다	考虑 kǎolǜ 고려하다	一下 yí xià 좀 ~하다	派 pài 파견하다	金科长 Jīn kēzhǎng 김 과장	去	，	他	很	想 xiǎng ~하고 싶다	去	中国	。

모범 답안

感谢您给我去国外工作的好机会。不过最近我父亲身体不太好，所以不能去中国工作，实在对不起。您可以考虑一下派金科长去，他很想去中国。

165. Mp3

기출 문제 | 장소 제안

당신은 TV에서 최근 국내에서 매우 인기 있는 지역을 보았습니다.
친구에게 그곳을 소개하고 함께 놀러가자고 제안하세요.

你在电视上看到一个最近国内很有人气的地方。请你向朋友介绍那里，并建议一起去游玩。

Nǐ zài diànshì shang kàndào yí ge zuìjìn guónèi hěn yǒu rénqì de dìfang.
Qǐng nǐ xiàng péngyou jièshào nàli, bìng jiànyì yìqǐ qù yóuwán.

답변

STEP 1 소개1 샤오진, 내가 방금 TV에서 매우 인기 있는 지역을 봤어.

	주어	부사어		술어(동사)	보어	관형어	목적어	
		부사	전치사구					
小金 Xiǎo Jīn 샤오진 ，	我	刚 gāng 방금	在电视上 zài diànshì shang TV에서	看 kàn 보다	到 dào (목적의 달성)	一个很有人气的 yí ge hěn yǒu rénqì de 매우 인기 있는	地方 dìfang 지역	。

STEP 2 소개2 그곳은 경치가 아름다울 뿐만 아니라, 게다가 우리가 있는 여기에서도 별로 멀지 않아.

주어1		주어2	술어1(형용사)		부사어		술어2(형용사)	
					전치사구	부사		
那个地方 nàge dìfang 그곳	不但 búdàn ~일 뿐만 아니라	风景 fēngjǐng 풍경	美 měi 아름답다 ，	而且 érqiě 게다가	离我们这儿 lí wǒmen zhèr 우리 여기로부터	不太 bú tài 그다지 ~하지 않다	远 yuǎn 멀다	。

STEP 3 제안1 우리 이번 주말에 거기 가서 노는 건 어때? 나는 분명 네가 좋아할 거라고 생각해.

주어	부사어(시간)	술어1(동사)	목적어	술어2(동사)		
我们 wǒmen 우리	这个周末 zhège zhōumò 이번 주말	去 qù 가다	那儿 nàr 그곳	玩 wán 놀다	怎么样 zěnmeyàng 어떠하다	？

주어	술어(동사)	목적어(주술식)			
		주어	부사어(부사+조동사)	술어(동사)	
我	想 xiǎng ~라고 생각하다	你 nǐ 너, 당신	一定会 yídìng huì 분명 ~일 것이다	喜欢 xǐhuan 좋아하다	。

小金，我刚在电视上看到一个很有人气的地方。那个地方不但风景美，
而且离我们这儿不太远。我们这个周末去那儿玩怎么样？我想你一定会喜欢。

기출 문제 | 관람 제안

166. Mp3

당신은 국제 축구 경기 입장권 두 장이 있습니다.
운동을 좋아하는 친구에게 상황을 설명하고 그에게 함께 가자고 해 보세요.

**你有两张国际足球比赛门票。
请你对喜欢运动的朋友说明情况，
并邀请他一起去。**

Nǐ yǒu liǎng zhāng guójì zúqiú bǐsài ménpiào. Qǐng nǐ duì xǐhuan yùndòng de péngyou shuōmíng qíngkuàng, bìng yāoqǐng tā yìqǐ qù.

답변

STEP 1 상황 설명1 **이번 주말에 나랑 축구 경기 보러 갈 시간 있어?**

부사어(시간)	주어	술어1(동사)	목적어2	부사어(전치사구)	술어2(동사)	술어3(동사)	목적어3		
这个周末 zhège zhōumò 이번 주말	你 nǐ 너, 당신	有 yǒu 있다	时间 shíjiān 시간	跟我 gēn wǒ 나와	去 qù 가다	看 kàn 보다	足球比赛 zúqiú bǐsài 축구 경기	吗 ma ~입니까	?

STEP 2 상황 설명2 **내 친구가 나한테 축구 경기 입장권 두 장을 줬어.**

관형어	주어	술어(동사)	완료	목적어(간접)	관형어	목적어(직접)	
我的 wǒ de 나의	朋友 péngyou 친구	给 gěi 주다	了 le	我	两张足球比赛的 liǎng zhāng zúqiú bǐsài de 두 장의 축구 경기의	门票 ménpiào 입장권	。

STEP 3 요청 **시간은 이번 주 일요일 오후 두 시야, 너 나랑 함께 가지 않을래?**

주어	술어(동사)	목적어		주어	부사어 조동사+부사+조동사	부사어 전치사구	부사어 부사	술어(동사)	
时间 shíjiān 시간	是	这个星期天下午两点 zhège xīngqītiān xiàwǔ liǎng diǎn 이번 주 일요일 오후 두 시	，	你	要不要 yào bu yào ~할래 안 할래	跟我 gēn wǒ 나와	一起 yìqǐ 함께	去	?

모범 답안

这个周末你有时间跟我去看足球比赛吗？我的朋友给了我两张足球比赛的门票。
时间是这个星期天下午两点，你要不要跟我一起去？

167. Mp3

기출 문제 | 권고 및 충고

당신의 친구가 수업에 항상 지각하는데, 당신은 이렇게 하는 것이 매우 나쁘다고 생각합니다. 그에게 적당한 충고를 해 주세요.

你的朋友上课常常迟到，你觉得这样做非常不好。请你给他恰当的忠告。

Nǐ de péngyou shàngkè chángcháng chídào, nǐ juéde zhèyàng zuò fēicháng bù hǎo. Qǐng nǐ gěi tā qiàdàng de zhōnggào.

답변

STEP 1 권고1 **샤오왕, 나는 네가 수업에 항상 지각하는 것은 매우 좋지 않다고 생각해.**

		주어	술어(동사)	목적어(주술식)			
				주어	부사어(부사)	술어(형용사)	
小王 Xiǎo Wáng 샤오왕	，	我	觉得 juéde ~라고 생각하다	你上课总是迟到 nǐ shàngkè zǒngshì chídào 수업에 항상 지각하다	很不 hěn bù 매우 ~하지 않다	好 hǎo 좋다	。

STEP 2 권고2 **이렇게 하면 네 학업에 영향을 줄 뿐만 아니라, 다른 사람도 네가 열심히 하지 않는다고 생각할 거야.**

주어		부사어(조동사)	술어(동사)	보어	관형어	목적어	
这样 zhèyàng 이렇다	不仅 bùjǐn ~일 뿐만 아니라	会 huì ~할 것이다	影响 yǐngxiǎng 영향을 주다	到 dào ~까지	你的 nǐ de 너의	学习 xuéxí 학업	，

	주어	부사어		술어(동사)	목적어(주술식)			
		부사	조동사		주어	부사어(부사)	술어(형용사)	
而且 érqiě 게다가	别人 biéren 다른 사람	也 yě ~도, 역시	会	觉得	你	很不	努力 nǔlì 노력하다	。

STEP 3 권고3 **내 생각에는 네가 이 나쁜 습관을 고치는 것이 좋을 것 같아.**

주어	술어(동사)	목적어(주술식)						제안	
		주어	부사어(부사)	술어	보어	관형어	목적어		
我	觉得	你	最好还是 zuì hǎo háishi 가장 좋은 것은 그래도	改 gǎi 고치다	掉 diào ~해 버리다	这个 zhège 이것	坏习惯 huài xíguàn 나쁜 습관	吧 ba	。

小王，我觉得你上课总是迟到很不好。这样不仅会影响到你的学习，
而且别人也会觉得你很不努力。我觉得你最好还是改掉这个坏习惯吧。

말하기 연습

다음 한국어에 맞게 답변을 완성해 보세요. 168. Mp3

1 문제 해결

Step1	你帮我 ① 찾다 一下 ② 다른 것이 있는지 없는지 。 Nǐ bāng wǒ yíxià 다른 것이 있는지 좀 찾아봐 주세요.
Step2	如果没有别的， ③ 나는 반품하고 싶다 。 Rúguǒ méiyǒu biéde, 만약에 다른 것이 없다면, 저는 반품하고 싶습니다.
Step3	这是发票你尽快 ④ 나를 도와 처리하다 。 Zhè shì fāpiào, nǐ jǐnkuài 여기 영수증이에요. 되도록 빨리 처리해주세요.

2 요청과 제안1

Step1	① 이번 주말 有时间的话跟我 ② 축구 경기를 보러 가다 吧。 yǒu shíjiān dehuà gēn wǒ ba. 이번 주말에 시간이 있으면 나와 축구 경기를 보러 가자.
Step2	时间是 ③ 일요일 오후 한시 반 。 Shíjiān shì 시간은 일요일 오후 한시 반이야.
Step3	我想你一定会 ④ 매우 좋아하다 。 Wǒ xiǎng nǐ yídìng huì 내가 생각하기엔 네가 반드시 매우 좋아할 거야.

모범답안 1 ① 找 ② 有没有别的 ③ 我想退货 ④ 帮我处理一下

모범답안 2 ① 这个周末 ② 去看足球比赛 ③ 星期天下午一点半 ④ 很喜欢

3 요청과 제안2

Step1	我刚在电视上看到一个很 ① 유명한 레스토랑 。 Wǒ gāng zài diànshì shang kàndào yí ge hěn 내가 방금 TV에서 한 유명한 레스토랑을 봤어.
Step2	那家饭店所有的菜 ② ~할 뿐만 아니라 材料新鲜，而且 ③ 맛이 매우 좋다 。 Nà jiā fàndiàn suǒyǒu de cài cáiliào xīnxiān, érqiě 그 레스토랑의 모든 음식은 재료가 신선할 뿐만 아니라, 맛이 매우 좋아.
Step3	我们这个周末去那儿 ④ 밥 먹는 거 어때 ？我想你一定会喜欢。 Women zhège zhōumò qù nàr Wǒ xiǎng nǐ yídìng huì xǐhuan. 우리 이번주 주말에 거기에 가서밥 먹는 거 어때? 분명히 너가 좋아할 거라고 생각해.

4 권고

Step1	我觉得你 ① 날마다 출근 시간에 지각하다 这样很不好。 Wǒ juéde nǐ zhèyàng hěn bù hǎo. 나는 네가 날마다 출근시간에 지각하는 것은 아주 좋지 않다고 생각해.
Step2	这样不仅 ② 너의 업무에 영향을 주다 Zhèyàng bùjǐn 而且，别人也会觉得 ③ 네가 열심히 하지 않는다 。 érqiě, biéren yě huì juéde 이렇게 하면 너의 업무에 영향을 줄뿐만 아니라, 게다가 다른 사람들도 네가 열심히 하지 않는다고 생각할 거야.
Step3	我觉得你最好还是 ④ 이 나쁜 습관을 고치다 。 Wǒ juéde nǐ zuì hǎo háishi 나는 네가 이 나쁜 습관을 고쳤으면 해.

모범답안 3 ① 有名的饭店 ② 不但 ③ 味道很好 ④ 吃饭怎么样

모범답안 4 ① 上班天天迟到 ② 影响你的工作 ③ 你不认真 ④ 改掉这个坏习惯

TSC® 실전 엿보기
Test of Spoken Chinese

이 름
수험번호

第6部分 : 情景应对

思考 00 : 30 | 回答 00 : 40

다음 문제를 듣고 답변해 보세요. 169. Mp3

문제 1

你新买的一双鞋穿了还不到一周，鞋上的装饰就掉了。请你给商店打电话说明情况，并要求解决问题。

Nǐ xīn mǎi de yì shuāng xié chuānle hái búdào yì zhōu, xié shang de zhuāngshì jiù diào le. Qǐng nǐ gěi shāngdiàn dǎ diànhuà shuōmíng qíngkuàng, bìng yāoqiú jiějué wèntí.

당신이 새로 산 신발의 장식이 신은 지 일주일도 되지 않았는데 떨어졌습니다.
상점에 전화해서 상황을 설명하고 문제를 해결하도록 요구하세요.

답변 힌트 **不到一周** búdào yì zhōu 일주일도 안 돼서 **把** bǎ 전 ~을 **装饰** zhuāngshì 명 장식
掉 diào 동 떨어지다 **寄** jì 동 보내다 **修** xiū 동 수리하다

문제 2

你要给外国朋友寄信，正好你的同屋要去邮局。请你向同屋说明情况，并拜托她帮你。

Nǐ yào gěi wàiguó péngyou jì xìn, zhènghǎo nǐ de tóngwū yào qù yóujú.
Qǐng nǐ xiàng tóngwū shuōmíng qíngkuàng, bìng bàituō tā bāng nǐ.

당신이 외국인 친구에게 편지를 보내려고 하는데, 마침 당신의 룸메이트가 우체국을 가려고 합니다. 룸메이트에게 상황을 설명하고 그녀에게 당신을 도와 달라고 하세요.

답변 힌트 **没有时间** méiyǒu shíjiān 시간이 없다 **顺便** shùnbiàn 부 ~하는 김에
帮我 bāng wǒ 나를 도와 **封** fēng 양 통 **请你** qǐng nǐ 너에게 한턱 내다 **咖啡** kāfēi 명 커피

문제 3

你的爱人每天吃方便食品，请你劝他少吃方便食品。

Nǐ de àiren měitiān chī fāngbiàn shípǐn, qǐng nǐ quàn tā shǎo chī fāngbiàn shípǐn.

당신의 남편이 매일 인스턴트 식품만 먹습니다. 그에게 인스턴트 식품을 적게 먹으라고 권고하세요.

답변 힌트 **又～又** yòu~yòu ~하면서 ~하다 **胖** pàng 형 뚱뚱하다 **应该** yīnggāi 조동 당연히 ~해야 한다
新鲜 xīnxiān 형 신선하다 **蔬菜** shūcài 명 채소

모범답안 p 287~288

Unit 19

상황에 맞게 답하기2

기본 단어

170. Mp3

1 동사, 형용사

忘 wàng 동 잊다
怕 pà 동 걱정되다, 두려워하다
请求 qǐngqiú 동 부탁하다
谅解 liàngjiě 동 양해하다
询问 xúnwèn 동 물어보다
相关 xiāngguān 동 관련되다
练习 liànxí 동 연습하다
祝愿 zhùyuàn 동 바라다
改变 gǎibiàn 동 바꾸다
开学 kāixué 동 개학하다
加入 jiārù 동 가입하다, 참가하다
需要 xūyào 동 요구되다, 필요로 하다
开馆 kāiguǎn 동 개관하다
推荐 tuījiàn 동 추천하다
拍照 pāizhào 동 사진을 찍다
升职 shēngzhí 동 승진하다
安慰 ānwèi 동 위로하다
成功 chénggōng 동 성공하다
庆祝 qìngzhù 동 축하하다
退休 tuìxiū 동 퇴직하다
约定 yuēdìng 동 약속하다 명 약속
出发 chūfā 동 출발하다 명 출발
伤心 shāngxīn 형 속상하다
难 nán 형 어렵다
동사 + 不了 buliǎo ~할 수 없다

2 명사

空 kòng 명 틈, 짬, 겨를
同屋 tóngwū 명 룸메이트
条件 tiáojiàn 명 조건
事宜 shìyí 명 사항
基础 jīchǔ 명 기초
风景 fēngjǐng 명 풍경
咱们 zánmen 대 우리(들)
景点 jǐngdiǎn 명 명소
蛋糕 dàngāo 명 케이크
养老院 yǎnglǎoyuàn 명 양로원
家教 jiājiào 명 과외, 가정교사
运气 yùnqi 명 운
能力 nénglì 명 능력
堵车 dǔchē 명 교통 체증
地点 dìdiǎn 명 장소, 위치
个人 gèrén 명 개인
活动 huódòng 명 활동, 행사
社团 shètuán 명 동아리
祝福语 zhùfúyǔ 축하의 말
博物馆 bówùguǎn 명 박물관
喂 wéi 여보세요
志愿服务活动 zhìyuàn fúwù huódòng 자원봉사

3 부사, 접속사

马上 mǎshàng 부 바로, 곧
最好 zuìhǎo 부 가장 좋은
主要 zhǔyào 부 주로
一定 yídìng 부 반드시
是否 shìfǒu 부 ~인지 아닌지
要是 yàoshi 접 만일 ~이라면

답변 필수 문형

1 ~할 수 있습니다/없습니다 : **동사 + 得了/不了**

종착이나 행위의 실현 가능 여부를 나타내는 가능보어로, 了가 완료일 때는 le로 발음하지만, 가능보어로 사용될 때는 liǎo라고 발음해야 합니다.

我	上	不了	周一的	课。	Wǒ shàng buliǎo zhōuyī de kè.
주어	술어(동사)	보어	관형어	목적어	저는 월요일 수업을 들을 수 없습니다.
我	吃	得了	羊肉串儿。		wǒ chī deliǎo yángròuchuànr.
주어	술어(동사)	보어	목적어		저는 양꼬치를 먹을 수 있습니다.

2 ~하는 데 무슨 조건이 필요한가요? : **주어 + 需要什么条件吗?**

加入你们社团	需要	什么	条件	吗?
주어	술어(동사)	관형어	목적어	

Jiārù nǐmen shètuán xūyào shénme tiáojiàn ma? 너희 동아리를 가입하는 데 무슨 조건이 필요해?

3 ~을 위해 ~합니다 : **为 + 명사 + 술어 + 목적어**

为爸爸	订	一个	蛋糕。	Wèi bàba dìng yí ge dàngāo.
부사어(전치사구)	술어(동사)	관형어	목적어	아빠를 위해 케이크 하나를 주문합니다.

4 저는 처음으로 ~을 하는 것입니다 : **我是 + 第一次 + 술어 + 목적어 + 的**

我	是	第一次	去	上海	的。	Wǒ shì dìyī cì qù Shànghǎi de.
주어		부사어	술어(동사)	목적어		저는 처음으로 상하이에 가는 것입니다.

是~的 강조 용법

기출 문제 | 약속 정하기

주말에 당신은 친구와 함께 양로원에 가서 자원봉사를 하기로 약속했습니다.
친구와 만날 시간과 장소를 정해 보세요.

周末你跟朋友约好一起去养老院做志愿服务活动。请你跟他约定见面的时间和地点。

Zhōumò nǐ gēn péngyou yuē hǎo yìqǐ qù yǎnglǎoyuàn zuò zhìyuàn fúwù huódòng.
Qǐng nǐ gēn tā yuēdìng jiànmiàn de shíjiān hé dìdiǎn.

답변

STEP 1 약속 정하기1 **샤오리, 우리 이번 주말에 함께 양로원에 가서 자원봉사 하려고 한 거 잊지 않았지?**

		부사어							
	주어	시간	조동사	부사	술어1(동사)	목적어1	술어2(동사)	목적어2	
小李 Xiǎo Lǐ 샤오리	咱们 zánmen 우리	这个周末 zhège zhōumò 이번 주말	要 yào ~하려고 하다	一起 yìqǐ 함께	去 qù 가다	养老院 yǎnglǎoyuàn 양로원	做 zuò 하다	志愿服务活动 zhìyuàn fúwù huódòng 자원봉사	，

주어	부사어(부사)	술어(동사)	추측	
你 nǐ 너, 당신	没 méi ~하지 않다	忘 wàng 잊다	吧 ba	？

STEP 2 약속 정하기2 **우리 내일 오전 10시에 학교 입구에서 만나는 건 어때?**

	부사어				
주어	시간	전치사구	술어(동사)		
我们 wǒmen 우리	明天上午十点 míngtiān shàngwǔ shí diǎn 내일 오전 10시	在学校门口 zài xuéxiào ménkǒu 학교 입구	见 jiàn 만나다	怎么样 zěnmeyàng 어때	？

STEP 3 마무리 **내일 늦게 오지 마, 내일 봐!**

부사어								
시간	부사	술어(동사)	보어	완료		부사어(시간)	술어(동사)	
明天 míngtiān 내일	不要 búyào ~하지 마라	来 lái 오다	晚 wǎn 늦다	了 le	，	明天 míngtiān 내일	见 jiàn 만나다	！

모범 답안

小李，咱们这个周末要一起去养老院做志愿服务活动，你没忘吧？
我们明天上午十点在学校门口见怎么样？明天不要来晚了，明天见！

172. Mp3

기출 문제 | 약속 변경하기

당신은 다음 주에 친구와 박물관에 가기로 하였지만, 그날 문을 열지 않는다는 것을 알게 되었습니다. 친구에게 상황을 설명하고 시간을 바꾸세요.

你跟朋友约好下周去博物馆，但后来发现那天不开馆。请你向朋友说明情况并改约时间。

Nǐ gēn péngyou yuēhǎo xià zhōu qù bówùguǎn, dàn hòulái fāxiàn nàtiān bù kāi guǎn. Qǐng nǐ xiàng péngyou shuōmíng qíngkuàng bìng gǎi yuē shíjiān.

답변

STEP 1 상황 설명1 샤오리, 내가 방금 인터넷으로 좀 봤는데, 그날 박물관이 쉬어서 문을 열지 않아.

		주어	부사어(부사)	술어1(동사)	술어2(동사)	완료	보어	
小李 Xiǎo Lǐ 샤오리	，	我	刚才 gāngcái 방금	上网 shàngwǎng 인터넷을 하다	看 kàn 보다	了 le	一下 yíxià 좀 ~하다	，

부사어(시간)	주어	술어(동사)		부사어(부사)	술어(동사)	
那天 nàtiān 그날	博物馆 bówùguǎn 박물관	休息 xiūxi 쉬다	，	不 bù ~하지 않다	开馆 kāiguǎn 문을 열다, 개관하다	。

STEP 2 상황 설명2 보아하니 다음 주에 갈 수 없을 것 같아.

술어1(동사)	부사어(시간)	술어2(동사)		보어		
看来 kànlái 보아하니	下周 xià zhōu 다음 주	去 qù 가다	不	了 liǎo (실현 가능 여부)	了 le	。

STEP 3 시간 변경 만약에 너 이번 주에 시간이 있으면 우리 이번 주에 가는 건 어때?

	주어	부사어(시간)	술어	목적어		주어	부사어(시간)	술어(동사)		
如果 rúguǒ 만약	你 nǐ 너, 당신	这周 zhè zhōu 이번 주	有 yǒu 있다	时间 shíjiān 시간	，	咱们 zánmen 우리	这周	去	怎么样 zěnmeyàng 어때	？

모범 답안

小李，我刚才上网看了一下，那天博物馆休息，不开馆。看来下周去不了了。如果你这周有时间，咱们这周去怎么样？

173. Mp3

기출 문제 | 동아리 가입 문의

당신의 룸메이트가 댄스 동아리에 가입을 했는데, 당신도 참가하고 싶습니다.
친구에게 당신의 생각을 설명하고 활동 시간, 가입 조건 등 관련 사항을 물어보세요.

你同屋参加了跳舞社团，你也想加入。请你向朋友说明你的想法，并询问活动时间、加入条件等相关事宜。

Nǐ tóngwū cānjiāle tiàowǔ shètuán, nǐ yě xiǎng jiārù. Qǐng nǐ xiàng péngyou shuōmíng nǐ de xiǎngfǎ, bìng xúnwèn huódòng shíjiān、jiārù tiáojiàn děng xiāngguān shìyí.

답변

STEP 1 상황 설명 **너 댄스 동아리에 가입했다고 들었어, 나도 가입하고 싶어.**

주어	술어(동사)	목적어(주술식)				,	주어	부사어1		술어	。
		주어	술어(동사)	완료	목적어			부사	조동사		
我	听说 tīngshuō 듣자하니	你 nǐ 너, 당신	参加 cānjiā 참가하다	了 le	跳舞社团 tiàowǔ shètuán 댄스 동아리	,	我	也 yě ~도	想 xiǎng ~하고 싶다	加入 jiārù 가입하다	。

STEP 2 문의하기1 **너희 동아리에 가입하는 데 어떤 조건이 필요해? 나 예전에 춤을 배운 적이 있어.**

주어	술어(동사)	관형어	목적어	
加入你们社团 jiārù nǐmen shètuán 너희 동아리를 가입하다	需要 xūyào 필요하다	什么 shénme 무슨, 어떤	条件 tiáojiàn 조건	?

주어	부사어(시간)	술어(동사)	경험	목적어	
我	以前 yǐqián 예전	学 xué 배우다	过 guo ~한 적이 있다	跳舞	。

STEP 2 문의하기2 **그리고 언제 연습해?**

	주어	부사어(시간)	술어(동사)		
还有 háiyǒu 그리고	你们	什么时候 shénme shíhou 언제	练习 liànxí 연습하다	呢 ne ~는	?

모범 답안

我听说你参加了跳舞社团，我也想加入。加入你们社团需要什么条件？
我以前学过跳舞。还有你们什么时候练习呢？

174. Mp3

기출 문제 | 케이크 문의

당신은 케이크를 하나 사서 아버지의 퇴직을 축하해 드릴 계획입니다. 케이크 가게에 가서 상황을 설명하고, 시간, 축하의 말, 케이크 크기 등 관련 사항을 정해 보세요.

你打算买一个蛋糕庆祝爸爸的退休。请你去蛋糕店说明情况，并定好时间、祝福语、蛋糕大小等有关事宜。

Nǐ dǎsuan mǎi yí ge dàngāo qìngzhù bàba de tuìxiū. Qǐng nǐ qù dàngāodiàn shuōmíng qíngkuàng, bìng dìnghǎo shíjiān、zhùfúyǔ、dàngāo dàxiǎo děng yǒuguān shìyí.

답변

STEP 1 상황 설명 **안녕하세요, 아버지를 위해서 큰 사이즈의 과일케이크를 하나 주문하고 싶어서요.**

		주어	부사어		술어(동사)	관형어	목적어	
			조동사	전치사구				
你好 nǐ hǎo 안녕하세요	，	我	想 xiǎng ~하고 싶다	为爸爸 wèi bàba 아버지를 위해	订 dìng 주문하다	一个大号的 yí ge dà hào de 큰 사이즈 하나	水果蛋糕 shuǐguǒ dàngāo 과일 케이크	。

STEP 2 요청 사항 **그리고 케이크 위에 '아버지 퇴직 축하드려요'라고 써 주세요.**

	술어1(동사)	술어2(동사)	목적어2	부사어(전치사구)	술어3(동사)	보어	목적어3	
还有 háiyǒu 그리고	请 qǐng ~해 주세요	帮 bāng 돕다	我	在蛋糕上面 zài dàngāo shàngmiàn 케이크 위에	写 xiě 쓰다	上 shang (부착)	"祝愿爸爸退休快乐" "zhùyuàn bàba tuìxiū kuàilè" '아버지 퇴직 축하드려요'	。

STEP 3 문의하기 **제가 내일 저녁 6시 반에 가지러와도 될까요?**

주어	부사어(시간)	술어1(동사)	술어2(동사)	술어3(조동사)		
我	明天晚上六点半 míngtiān wǎnshang liù diǎn bàn 내일 저녁 6시 반	过来 guòlái 오다	取 qǔ 가지다	可以 kěyǐ ~해도 된다	吗 ma ~입니까?	？

모범 답안

你好，我想为爸爸订一个大号的水果蛋糕。还有请帮我在蛋糕上面写上"祝愿爸爸退休快乐"。我明天晚上六点半过来取可以吗?

175. Mp3

기출 문제 | 시간 변경

매주 월요일 저녁에 당신은 영어 과외가 있는데, 개학 후 당신은 수업 시간을 바꾸고 싶습니다. 선생님께 상황을 설명한 후 가능한지 여쭤 보세요.

每周一晚上你有英语家教课，开学后你想改变上课时间。请你向老师说明情况，并询问是否可以。

Měi zhōuyī wǎnshang nǐ yǒu Yīngyǔ jiājiàokè, kāixué hòu nǐ xiǎng gǎibiàn shàngkè shíjiān. Qǐng nǐ xiàng lǎoshī shuōmíng qíngkuàng, bìng xúnwèn shìfǒu kěyǐ.

답변

STEP 1 상황 설명　**선생님, 안녕하세요, 다음 주에 제가 개학을 합니다.**

			부사어(시간)	주어	부사어(부사)	술어(동사)	변화	
老师 lǎoshī 선생님	，	您好 nín hǎo 안녕하세요	， 下个星期 xià ge xīngqī 다음 주	我	就要 jiù yào 곧 ~이다	开学 kāixué 개학하다	了 le	。

STEP 2 문의1　**그래서 수업 시간을 좀 바꾸고 싶은데, 선생님 주말에 괜찮으세요?**

	주어	부사어(조동사)	술어(동사)	보어	관형어	목적어	
所以 suǒyǐ 그래서	我	想 xiǎng ~하고 싶다	换 huàn 바꾸다	一下 yíxià 좀 ~하다	上课的 shàngkè de 수업하는	时间 shíjiān 시간	，

주어	부사어(시간)	술어(조동사)		
您 nín 당신	周末 zhōumò 주말	可以 kěyǐ ~해도 된다	吗 ma ~입니까	？

STEP 3 문의2　**만약 주말에 안 된다면, 선생님 언제 시간이 되시는지 알려 주세요.**

	부사어(시간)	술어(동사)		술어1(동사)	술어2(동사)	목적어1(간접)	목적어				
							주어	부사어(시간)	술어(동사)	목적어	
如果 rúguǒ 만약	周末	不行 bùxíng 안 된다	，	请 qǐng ~해 주세요	告诉 gàosu 알리다	我	您	什么时候 shénme shíhou 언제	有 yǒu 있다	时间	。

모범답안

老师，您好，下个星期我就要开学了。所以我想换一下上课的时间，您周末可以吗？
如果周末不行，请告诉我您什么时候有时间。

176. Mp3

기출 문제 | 양해 구하기

당신은 친구와 영화관 입구에서 만나기로 하였는데, 집에서 늦게 나왔습니다.
친구에게 전화해서 상황을 설명하고, 양해를 구하세요.

你跟朋友约好在电影院门口见，但是你从家出来晚了。请你给朋友打电话说明情况，并请求谅解。

Nǐ gēn péngyou yuēhǎo zài diànyǐngyuàn ménkǒu jiàn, dànshì nǐ cóng jiā chūlái wǎn le.
Qǐng nǐ gěi péngyou dǎ diànhuà shuōmíng qíngkuàng, bìng qǐngqiú liàngjiě.

답변

STEP 1 상황 설명 **여보세요, 나야. 아침에 일이 있어서 집에서 늦게 나왔어.**

		술어(동사)	목적어		부사어(시간)	술어1(동사)	목적어	부사어(전치사구)	술어2(동사)	보어	상황의 발생	
喂 wéi 여보세요	，	是 shì ~이다	我	，	早上 zǎoshang 아침	有 yǒu 있다	事 shì 일	从家里 cóng jiā lǐ 집에서	出来 chūlái 나오다	晚 wǎn 늦다	了 le	。

STEP 2 양해 구하기1 **네가 만약 이미 나왔다면 영화관 입구 커피숍에서 나를 기다려 줘.**

주어		부사어(부사)	술어(동사)	완료		부사어		술어(동사)	목적어	제안	
						부사	전치사구				
你 nǐ 너, 당신	要是 yàoshi 만약	已经 yǐjing 이미	出来	了 le ~했다	，	就 jiù 바로	在电影院门口咖啡厅 zài diànyǐngyuàn ménkǒu kāfēitīng 영화관 입구 커피숍에서	等 děng 기다리다	我	吧 ba	。

STEP 3 양해 구하기2 **내가 도착하면 바로 너에게 전화 할게, 정말 너무 미안해.**

주어	술어1(동사)	완료	부사어		술어2(동사)	목적어	
			부사	전치사구			
我	到 dào 도착하다	了 le	马上 mǎshàng 바로	给你 gěi nǐ 너에게	打 dǎ (전화를) 걸다	电话 diànhuà 전화	。

부사어(부사)	부사어(부사)	술어	상황의 발생	
真是 zhēn shì 정말	太 tài 너무	不好意思 bù hǎoyìsi 미안하다	了 le	。

喂，是我，早上有事从家里出来晚了。你要是已经出来了，
就在电影院门口咖啡厅等我吧。我到了马上给你打电话。真是太不好意思了。

177. Mp3

기출 문제 | 여행지 추천

여름방학에 당신은 중국으로 여행을 가고 싶습니다. 당신의 중국인 친구에게 전화해서 상황을 설명하고 그녀에게 여행지를 추천해 달라고 하세요.

这次暑假你想去中国旅游。请你给你的中国朋友打电话说明情况，并请她推荐旅游景点。

Zhècì shǔjià nǐ xiǎng qù Zhōngguó lǚyóu. Qǐng nǐ gěi nǐ de Zhōngguó péngyou dǎ diànhuà shuōmíng qíngkuàng, bìng qǐng tā tuījiàn lǚyóu jǐngdiǎn.

답변

STEP 1 상황 설명1　여보세요, 샤오밍. 나 이번 여름방학에 상하이로 여행을 갈 계획이야.

			주어	부사어(시간)	술어(동사)	목적어(주술식)			
						술어1(동사)	목적어	술어2(동사)	
喂 wéi 여보세요	，	小明 Xiǎo Wáng 샤오왕	，	我	这次暑假 zhècì shǔjià 이번 여름방학	打算 dǎsuan ~할 계획이다	去 qù 가다	上海 Shànghǎi 상하이	旅游 lǚyóu 여행하다	。

STEP 2 상황 설명2　그런데 내가 이번이 상하이에 처음 가는 거야.

	주어1	주어2	강조	부사어	술어(동사)	목적어	강조	
不过 búguò 그런데	我	这 zhè 이것	是 shì	第一次 dì yī cì 처음	去	上海	的 de	。

STEP 3 추천　너 나에게 풍경이 좋은 곳을 추천해 줄 수 있어?

주어	부사어		술어(동사)	보어	관형어	목적어	
	조동사+부사+조동사	전치사구					
你	能不能 néng bu néng ~할 수 있는가 없는가	给我 gěi wǒ 나에게	推荐 tuījiàn 추천하다	一下 yíxià 좀 ~하다	风景好的 fēngjǐng hǎo de 풍경이 좋은	地方 dìfang 장소	。

喂，小明，我这次暑假打算去上海旅游。不过我这是第一次去上海的。
你能不能给我推荐一下风景好的地方。

기출 문제 | 위로

178. Mp3

당신의 친구가 승진하는데 실패했습니다. 그를 위로해 주세요.

你的朋友升职失败了，请你安慰他。

Nǐ de péngyou shēngzhí shībài le, qǐng nǐ ānwèi tā.

답변

STEP 1 위로1 **샤오진, 네 일은 들었어. 너도 너무 속상해 하지 마.**

	주어	술어(동사)	완료	관형어	목적어	변화
小金 Xiǎo Jīn 샤오진 ，	我	听说 tīngshuō 듣자하니	了 le	你的 nǐ de 너의	事 shì 일	了 le 。

주어	부사어			술어(동사)
	부사	부사	부사	
你	也 yě ~도	别 bié ~하지 마라	太 tài 너무	伤心 shāngxīn 상심하다 。

STEP 2 위로2 **내 생각에 네 개인 문제가 아니라, 이번에는 대부분 운이 안 좋았던 것 같아.**

주어	술어(동사)	목적어(주술식)		
		술어(동사)	관형어	목적어
我	觉得 juéde ~고 생각하다	不是 búshì ~이 아니다	你个人的 nǐ gèrén de 네 개인의	问题 wèntí 문제 ，

주어	부사어	술어	목적어		
	부사	(동사)	주어	부사어(부사)	술어(형용사)
这次 zhècì 이번	主要 zhǔyào 대부분	是 shì ~이다	运气 yùnqi 운	不 bù ~이 아니다	好 。

STEP 3 위로3 **너는 능력이 있으니, 다음에 분명 문제없을 거야.**

주어	부사어(부사)	술어	목적어
你	很 hěn 매우	有 yǒu 있다	能力 nénglì 능력 ，

주어	부사어	술어(동사)
	부사	
下次 xiàcì 다음 번	一定 yídìng 분명	没问题 méi wèntí 문제없다 。

모범 답안

小金，我听说了你的事了。你也别太伤心。我觉得不是你个人的问题，
这次主要是运气不好。你很有能力，下次一定没问题。

말하기 연습

다음 한국어에 맞게 답변을 완성해 보세요. 179. Mp3

1 약속

Step1	小李，那天美术馆 ① 쉬다, 문을 열지 않는다 。 Xiǎo Lǐ, nàtiān měishùguǎn 샤오리, 그날 미술관이 문을 열지 않아.
Step2	看来 ② 다음 주 토요일에 갈수 없다 。 Kànlái 你如果今天有时间，咱们 ③ 오늘 가는 게 어때 ? Nǐ rúguǒ jīntiān yǒu shíjiān, zánmen 보아하니 다음 주 토요일에 갈 수 없을 것 같아. 너 만약에 오늘 시간이 있으면 우리 오늘 가는 건 어때?
Step3	④ 나는 오늘 시간이 있다 。你觉得呢? Nǐ juéde ne? 나는 오늘 시간이 있어. 너는 어때?

2 위로

Step1	小金，你 ① 너무 속상해 하지마 。 Xiǎo Jīn, Nǐ 샤오진 너무 속상해하지 마.
Step2	这次 ② 많은 사람이 모두 성공하지 못하다 。 Zhècì 이번에는 많은 사람이 모두 성공하지 못했다.
Step3	我觉得这次主要是 ③ 운이 좋지 않다 。你 ④ 다음에는 분명 문제가 없다 。 Wǒ juéde zhècì zhǔyào shì Nǐ 내 생각에 이번에는 대부분 운이 안 좋았던 것 같아. 다음 번에는 분명 문제없을 거야.

모범답안 1 ① 休息，不开馆 ② 下周六去不了了 ③ 今天去怎么样 ④ 我今天有空

모범답안 2 ① 别太伤心 ② 很多人都没成功 ③ 运气不好 ④ 下次一定没问题

TSC® 실전 엿보기

Test of Spoken Chinese

第6部分：情景应对

다음 문제를 듣고 답변해 보세요. 180. Mp3

문제 1

你在去见朋友的路上发现坐错车了，不能按时到达。请你给朋友打电话说明情况，并请求谅解。

Nǐ zài qù jiàn péngyou de lùshang fāxiàn zuòcuò chē le, bùnéng ànshí dàodá. Qǐng nǐ gěi péngyou dǎ diànhuà shuōmíng qíngkuàng, bìng qǐngqiú liàngjiě.

당신은 친구를 만나러 가는 길에 차를 잘못 타서 제때에 도착하지 못한다는 것을 알게 되었습니다. 친구에게 전화해서 상황을 설명하고 양해를 구하세요.

답변 힌트 **不能** bùnéng 조동 ~할 수 없다 **按时到达** ànshí dàodá 제 때에 도착하다 **咖啡厅** kāfēitīng 명 커피숍 **等** děng 동 기다리다 **联系** liánxì 동 연락하다

문제 2

你想利用周末学架子鼓。请你去培训班说明你的水平，并询问时间、学费等相关事宜。

Nǐ xiǎng lìyòng zhōumò xué jiàzigǔ. Qǐng nǐ qù péixùnbān shuōmíng nǐ de shuǐpíng, bìng xúnwèn shíjiān、xuéfèi děng xiāngguān shìyí.

당신은 주말을 이용해서 드럼을 배우고 싶습니다. 학원에 가서 당신의 수준을 설명하고 시간, 수강료 등 관련 사항을 문의하세요.

답변 힌트 **没学过** méi xuéguo 배운적 없다 **基础班** jīchǔbān 기초반 **收费** shōu fèi 동 돈을 받다

문제 3

你的弟弟最近正在找工作，但不太顺利。请你安慰一下你的弟弟。

Nǐ de dìdi zuìjìn zhèngzài zhǎo gōngzuò, dàn bú tài shùnlì. Qǐng nǐ ānwèi yíxià nǐ de dìdi.

당신의 남동생이 요즘 직업을 구하고 있지만 순조롭지 않습니다. 당신의 남동생을 위로해 보세요.

답변 힌트 **担心** dānxīn 동 걱정하다 **继续** jìxù 동 계속하다 **努力** nǔlì 형 노력하다 **一定会** yídìng huì 분명히 ~할거야

모범답안 p 288

무료 학습자료 제공

www.ybmbooks.com

第七部分 看图说话

제7부분

그림 보고 이야기 만들기

Unit 20 이야기 구성 짜기

황당 | 감동, 기쁨 | 후회

제7부분 | 그림 보고 이야기 만들기

구성

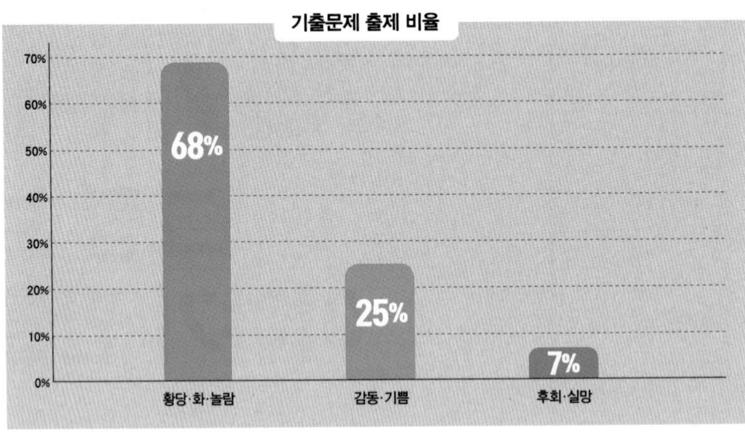

유형	연속된 그림을 보고 하나의 이야기를 만드는 문제이다. 그림을 보지 못한 사람이라도 상황을 이해할 수 있도록 자세하게 이야기해야 한다.
문항 수	1문항
답변 준비 시간	30초
답변 시간	문제당 90초

전략 포인트

① 준비 시간을 이용하자!

그림을 확인한 후 30초의 준비 시간 동안 주인공을 어떻게 부를지, 어떤 내용을 이야기할지, 결말은 어떻게 이야기할지 준비해두어야 한다.

② 그림의 내용이 잘 나타나도록 설명해야 한다.

그림을 보지 못한 사람이라도 상황을 이해할 수 있도록 그림 속 명칭, 상황을 구체적으로 설명해야 한다. 따라서 줄거리 전달은 객관적이어야 하고, 마무리 역시 자신의 주관이 아닌 그림 속 인물의 감정을 이야기해야 한다.

③ 모든 그림을 다 설명해야 한다.

최소 한 그림마다 한 문장은 이야기해야 한다. 한 그림에 너무 많은 시간을 할애하지 말고 90초의 시간을 균등하게 배분할 수 있도록 하자.

시험 맛보기

기 → 승 → 전 → 결의 이야기 흐름에 맞춰 90초 동안 스토리를 설명해야 한다. 어느 정도의 상상력을 발휘하거나 그림에 없는 내용을 덧붙여 내용을 더욱 풍부하고 생동감 있게 표현하는 것이 중요하다.

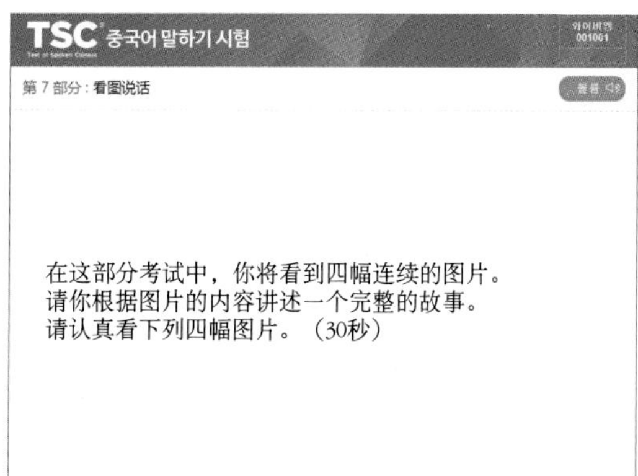

첫 화면에 7부분 유형의 지시문과 음성이 같이 나온다.

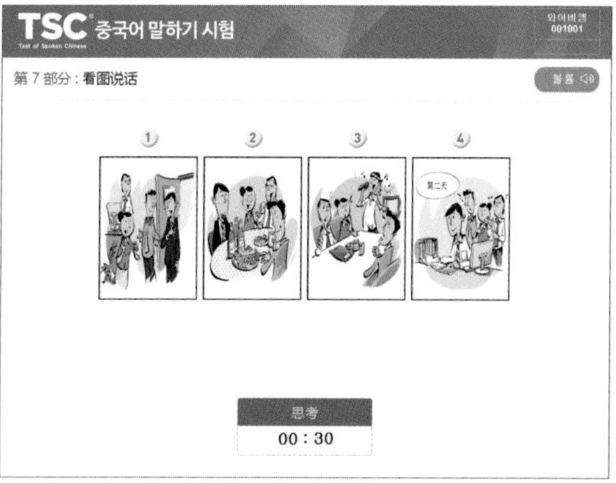

두 번째 화면에 문제와 음성이 나오고 하단에 [思考]라는 표시와 함께 30초의 준비 시간이 주어진다. 준비 시간이 끝나면 '삐' 소리가 나온다.

思考 〉#Beep

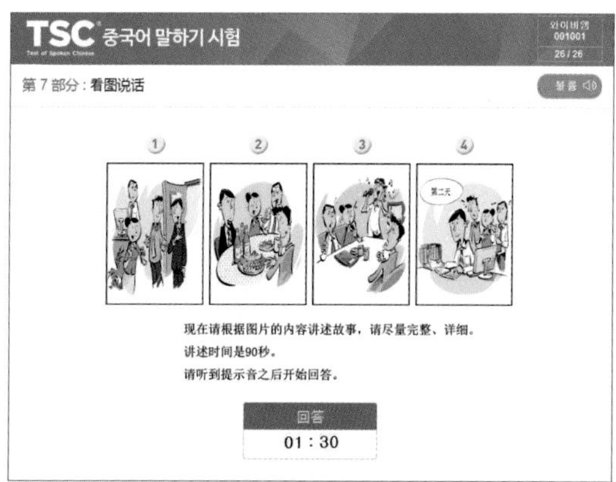

③

화면 하단에 [回答]라고 표시되며 답변 시간 90초가 카운트된다. 답변 시간이 모두 끝나면 "现在结束。" 멘트가 나온다.

回答 〉"现在结束。"

Unit 20 이야기 구성 짜기

기본 단어

181. Mp3

1 명사, 동사, 형용사

选手 xuǎnshǒu 명 선수
第一名 dìyī míng 일등
力气 lìqi 명 힘
响 xiǎng 동 (소리가) 울리다
辛苦 xīnkǔ 형 고생스럽다
碰 pèng 동 부딪히다
倒 dǎo 동 넘어지다
湿 shī 동 적시다
跳 tiào 동 튀어 오르다
洒 sǎ 동 엎지르다, 뿌리다
来不及 láibují 동 시간이 촉박하여 미치지 못하다
弄脏 nòng zāng 더러워지다
健壮 jiànzhuàng 형 건장하다
瘦小 shòuxiǎo 형 왜소하다
冲 chōng 동 돌진하다
超过 chāoguò 동 앞지르다
鼓掌 gǔzhǎng 동 박수 치다
不过 búguò 명 그런데

2 전치사, 부사

被 bèi 전 ~에게 ~을 당하다
终于 zhōngyú 부 결국, 마침내
本来 běnlái 부 본래
只好 zhǐhǎo 부 어쩔 수 없이, 부득이
偷偷 tōutōu 부 몰래, 슬그머니
原来 yuánlái 부 알고 보니, 원래
却 què 부 오히려

3 감정 – 화, 황당, 놀람

气 qì 동 화내다 (=生气 shēngqì)
忍不住 rěn bu zhù 참을 수 없다
批评 pīpíng 동 비평하다, 꾸짖다
吃惊 chījīng 동 놀라다
没想到 méi xiǎngdào 생각하지 못하다, 뜻밖이다
急 jí 동 초조해하다
吓 xià 동 놀라다
紧张 jǐnzhāng 형 긴장해 있다

4 감정 – 감동, 기쁨

感动 gǎndòng 동 감격하다, 감동하다
开心 kāixīn 형 즐거워하다
高兴 gāoxìng 형 기쁘다, 즐겁다
幸福 xìngfú 형 행복하다
哭 kū 동 울다
满意 mǎnyì 형 만족하다
期待 qīdài 동 기대하다
惊喜 jīngxǐ 형 놀라고도 기뻐하다

5 감정 – 실망, 후회

失望 shīwàng 동 실망하다
后悔 hòuhuǐ 동 후회하다
担心 dānxīn 동 걱정하다
伤心 shāngxīn 형 상심하다, 속상하다

기출 문제 맛보기

기출 문제

그림①

그림②

그림③

그림④

풀이 전략

1 4장의 컷을 보고 기–승–전–결 흐름으로 연속성과 중심 상황을 파악하자!

컷마다 흐름과 중심 상황을 파악하고 컷의 키워드를 뽑아 기본 틀을 짜야한다. 그리고 4컷의 상황이나 내용이 유기적으로 연결이 되도록 전체적인 상황을 파악해서 이야기를 만든다.

그림① **기**	그림② **승**	그림③ **전**	그림④ **결**
누가? 남자 주인공 어디서? 기차역에서 무엇을? 주인공이 기차를 탄다	장소 기차를 탄 후 동작 ① 자리를 찾는다 ② 어떤 여자가 남자의 자리에 앉아 있다 ③ 표를 꺼내 확인한다		내용 기차가 떠남 감정 남자가 매우 당황해 함

2 답변하기 전에 화자의 시점을 정해라!

1인칭일 경우 – 내가 주인공이 되어 설명하자. ☞ "我"로 이야기를 시작

3인칭일 경우 – 배경인물과의 관계 설정을 기반으로 가상인물을 만들어라. 주인공의 이름(小金, 小李, 小王, 明明)을 하나 정하거나 어떤 남자(有个男人), 어떤 여자(有个女人) 이렇게 호칭을 정한다.

3 그림의 전후 상황을 만들어 내용에 살을 붙여라!

그림에는 없지만 그림의 전이나 후에 일어날 수 있을 법한 이야기를 만들어서 내용을 덧붙이면 이야기가 더 풍성해지고 생동감 있게 된다.

기출 문제 | 황당

그림①

그림②

그림③

그림④

그림 보고 틀짜기

그림① 기	그림② 승	그림③ 전	그림④ 결
누가? 샤오진 (여자 주인공) 언제? 저녁 무엇을? 일을 한다 커피를 마신다	언제? 늦은 저녁 무엇을? 일을 마침	어디서? 방안 침대 무엇을? 여자가 자려고 누웠는데 잠이 오지 않는다	내용 늦게 일어나 지각할 것 같다 감정 여자는 매우 당황, 초조하다

답변

기 그림① **샤오진은 내일 회의 준비를 위해 야근을 하고 있습니다.
너무 졸리고 피곤해서 커피를 많이 마셨습니다.**

주어	부사어(전치사구)		부사어(부사)	술어(동사)	진행의 어감 강조	
小金 Xiǎo Jīn 샤오진	为了准备明天的会议 wèile zhǔnbèi míngtiān de huìyì 내일 회의 준비를 위해서	，	正在 zhèngzài ~하고 있는 중이다	加班 jiābān 야근하다	呢 ne	。

	주어		술어(형용사)		술어(형용사)	
因为 yīnwèi 왜냐하면	她 tā 그녀	又 yòu ~하면서	困 kùn 졸리다	又 yòu ~하다	累 lèi 피곤하다	，

	동사(술어)	완료	관형어	목적어	
所以 suǒyǐ 그래서	喝 hē 마시다	了 le	很多 hěn duō 매우 많은	咖啡 kāfēi 커피	。

승 그림② 늦은 밤이 되어서야 샤오진은 겨우 일을 마쳤습니다.

술어1(동사)	변화	목적어(형용사구) 부사	형용사		주어	부사어(부사)	술어(동사)	완료	목적어	
到 dào ~에 이르다	了 le	很 hěn 매우	晚 wǎn 늦다	，	她	才 cái ~에서야	完成 wánchéng 완성하다	了 le	工作 gōngzuò 일	。

전 그림③ 그러나 커피를 너무 많이 마셔서, 샤오진은 자고 싶지만 잠을 잘 수가 없습니다.

	목적어	술어(동사)	정도를 나타냄	보어	
但 dàn 그러나	咖啡	喝	得 de ~한 상태가	太多了 tài duō le 너무 많다	，

주어	부사어 부사	조동사	술어(동사)		부사어(부사)	술어(동사)		보어	
小金	很	想 xiǎng ~하고 싶다	睡 shuì 자다	，	却 què 오히려	睡	不 bu	着 zháo (목적 결과를 달성함)	。

결 그림④ 결국 다음 날 그녀는 늦게 일어났고, 출근하는 데 곧 지각을 할 것 같아서 그녀는 지금 매우 초조합니다.

	부사어 시간	주어	술어(동사)	보어	변화	
结果 jiéguǒ 결국	第二天 dìèr tiān 그다음 날	她	起 qǐ 일어나다	晚	了 le	，

주어	부사어(조동사)	술어(동사)	상황의 발생		주어	부사어(시간)	부사어(부사)	술어(동사)	
上班 shàngbān 출근하다	要 yào ~하려고 하다	迟到 chídào 지각하다	了 le	，	她	现在 xiànzài 지금	非常 fēicháng 매우	着急 zháojí 초조하다	。

小金为了准备明天的会议，正在加班呢。因为她又困又累，所以喝了很多咖啡。到了很晚，她才完成了工作。但咖啡喝得太多了，小金很想睡，却睡不着。结果第二天她起晚了，上班要迟到了，她现在非常着急。

기출 문제 | 감동, 기쁨

그림①

그림②

그림③

그림④

그림 보고 틀짜기

그림① 기	그림② 승	그림③ 전	그림④ 결
누가? 아내 언제? 남편의 생일날 무엇을? 이벤트를 생각한다	언제? 오후 무엇을? 케이크를 만든다 만드는 게 쉽지 않다	언제? 몇 시간 후 무엇을? 예쁜 케이크를 완성한다	내용 아내는 남편에게 생일 케이크를을 선물 한다 감정 남편은 감동한다

답변

기 그림① 오늘은 남편의 생일이어서, 아내는 남편에게 감동을 주고 싶습니다.

주어	술어(동사)	관형어	목적어		주어	부사어(조동사)	술어(동사)	목적어(간접)	목적어(직접)	
今天 jīntiān 오늘	是 shì ~이다	丈夫的 zhàngfu de 남편의	生日 shēngrì 생일	，	妻子 qīzi 아내	想 xiǎng ~하고 싶다	给 gěi 주다	丈夫 zhàngfu 남편	一个惊喜 yí ge jīngxǐ 하나의 놀람과 기쁨	。

승 그림② 그래서 아내는 남편에게 생일 케이크를 만들어 주기로 결정했지만, 잘 만들어지지 않습니다.

	주어	술어(동사)	목적어(주술식)			
			전치사구	술어(동사)	목적어	
所以 suǒyǐ 그래서	妻子	打算 dǎsuan ~할 계획이다	给丈夫 gěi zhàngfu 남편에게 주다	做 zuò ~을 만들다	生日蛋糕 shēngrì dàngāo 생일 케이크	，

하지만	부사어	술어(동사)		보어	
但 dàn	怎么也 zěnme yě 어떻게 해도	做	不 bù	好 hǎo 잘	。

전 그림③ 몇 시간 후 아내는 마침내 맛있는 케이크를 만들어 냈습니다.

술어(동사)	완료	목적어		
过 guò 지나가다	了 le	几个小时 jǐ ge xiǎoshí 몇 시간	后 hòu 후	,

주어	부사어(부사)	술어(동사)	보어	완료	관형어	목적어	
妻子	终于 zhōngyú 마침내	做	出 chū 나오다	了 le	美味的 měiwèi de 맛있는	蛋糕 dàngāo 케이크	。

결 그림④ 아내는 남편에게 케이크를 줄 때, 케이크를 자신이 직접 만들었다고 말했습니다. 남편은 듣고 무척 감동했고, 아내는 매우 기뻤습니다.

주어	술어(동사)	목적어(간접)	목적어(직접)		
妻子	给 gěi 주다	丈夫	蛋糕	时 shí ~할 때	,

술어(동사)	목적어(주술식)					
	주어	강조	부사어(대명사+부사)	술어(동사)	강조	
说 shuō 말하다	蛋糕	是 shì	自己亲手 zìjǐ qīnshǒu 스스로 직접	做	的 de	。

주어	술어1(동사)	완료	부사어	술어2(동사)		주어	술어(형용사)	보어	
丈夫	听 tīng 듣다	了 le	非常 fēicháng 매우	感动 gǎndòng 감동하다	,	妻子	高兴 gāoxìng 기쁘다	极了 jí le 매우	。

今天是丈夫的生日，妻子想给丈夫一个惊喜。所以妻子打算给丈夫做生日蛋糕，但怎么也做不好。过了几个小时后，妻子终于做出了美味的蛋糕。妻子给丈夫蛋糕时，说蛋糕是自己亲手做的。丈夫听了非常感动，妻子高兴极了。

기출 문제 | 후회

184. Mp3

그림①

그림②

그림③

그림④

그림 보고 틀짜기

그림① 기	그림② 승	그림③ 전	그림④ 결
누가? 샤오진 (남자 주인공) 어디? 집 서재에서 무엇을? 보고서를 완료하다	무엇을? 샤오진은 고양이를 방에 두고 서재 밖으로 쉬러 나간다	누가? 고양이 무엇을? 고양이가 커피잔을 엎어서 보고서가 젖었다	내용 샤오진은 보고서를 다시 작성해야 한다 감정 고양이를 혼자 두고 나간 것을 후회한다.

답변

기 그림① **샤오진은 마침내 보고서를 다 써서 매우 기쁩니다.**

주어	부사어(부사)	술어(동사)	보어	완료	목적어
小金 Xiǎo Jīn 샤오진	终于 zhōngyú 마침내	写 xiě 쓰다	完 wán 끝내다	了 le	报告 bàogào 보고서

。

주어	술어(동사)	목적어(형용사구)	
		부사어	술어(형용사)
他 tā 그	觉得 juéde ~라고 생각하다	很 hěn 매우	高兴 gāoxìng 기쁘다

。

승 그림② 샤오진은 쉬고 싶어서 서재에서 나갔습니다. 그는 고양이가 방에 있는 것을 보지 못했습니다.

주어	부사어(조동사)	술어(동사)	보어		부사어(부사)	술어(동사)	보어	목적어	
小金	想 xiǎng ~하고 싶다	休息 xiūxi 쉬다	一下 yíxià 좀 ~하다	，	就 jiù 바로	走 zǒu 가다	出 chū 나오다	书房 shūfáng 서재	。

주어	부사어(부사)	술어(동사)	보어	목적어(주술식)				
				주어	술어(동사)	보어	목적어	
他	没 méi ~하지 않았다	看 kàn 보다	到 dào (목적의 달성)	小猫 xiǎo māo 고양이	留 liú 남기다	在 zài ~에	房间里 fángjiān lǐ 방 안	。

전 그림③ 고양이가 책상 위로 뛰어 올라 커피 잔을 쓰러뜨렸습니다. 샤오장의 보고서가 모두 젖었습니다.

주어	술어(동사)	보어	목적어		술어(동사)	보어	완료	목적어	
小猫	跳 tiào 뛰어오르다	到 dào ~로	桌子上 zhuōzi shang 책상 위	，	碰 pèng 부딪히다	倒 dǎo 엎어지다	了 le	咖啡杯 kāfēi bēi 커피 잔	。

관형어	주어	부사어(부사)	술어(형용사)	변화	
小金的 Xiǎo Jīn de 샤오진의	报告	全 quán 전부	湿 shī 젖다	了 le	。

결 그림④ 샤오진은 이 상황을 보고 매우 후회했습니다. 어쩔 수 없이 보고서를 다시 써야 합니다.

주어	술어1(동사)	보어	관형어	목적어1		부사어(부사)	술어2(형용사)	
小金	看	到 dào 목적의 달성	这个 zhège 이(것)	情况 qíngkuàng 상황	，	非常 fēicháng 매우	后悔 hòuhuǐ 후회하다	。

부사어		술어	목적어	
부사	부사			
只好 zhǐhǎo 어쩔 수 없이	重新 chóngxīn 새로, 다시	写	报告	。

小金终于写完了报告。他觉得很高兴。小金想休息一下，就走出书房。他没看到小猫留在房间里。小猫跳到桌子上，碰倒了咖啡杯。小金的报告全湿了。小金看到这个情况，非常后悔。 只好重新写报告。

말하기 연습

185. Mp3

1 그림을 보고 한국어에 맞게 답변을 완성해 보세요.

그림① 그림② 그림③ 그림④

 **답변**

Step1 그림① 기	오늘은 아내의 생일이어서 샤오밍은 상점에서 분홍색 모자 하나를 골랐습니다. 今天是 ① 아내의 생일 ，小明在商店选了一个粉红色的帽子。 Jīntiān shì Xiǎomíng zài shāngdiàn xuǎnle yí ge fěnhóngsè de màozi.
Step2 그림② 승	점원이 모자를 포장 한 뒤 샤오밍에게 주었습니다. 店员 ② 모자를 包装好给了小明。 Diànyuán bāozhuāng hǎo gěile Xiǎomíng.
Step3 그림③ 전	집에 돌아 온 후, 그는 기쁜 듯 생일선물을 아내에게 주었습니다. 딸은 옆에서 엄마 아빠를 보고 있습니다. ③ 집에 돌아 온 후 ，他高兴地把生日礼物 ④ 아내에게 주다 。 Tā gāoxìng de bǎ shēngrì lǐwù 女儿在旁边 ⑤ 그들을 보고 있다 。 Nǚér zài pángbiān
Step4 그림④ 결	그러나 선물을 열고 토끼 모자라는 것을 알게 되자 샤오밍과 아내는 매우 놀랐고, 그저 샤오밍의 딸만 매우 기뻐했습니다. 但是打开礼物，发现是一个兔子帽子，小明和妻子 ⑥ 매우 놀라다 ， Dànshì dǎkāi lǐwù, fāxiàn shì yí ge tùzi màozi, Xiǎomíng hé qīzi 只有小明的女儿 ⑦ 매우 기쁘다 。 zhǐyǒu Xiǎomíng de nǚ'ér

단어 粉红色 fěnhóngsè 명 분홍색 包装 bāozhuāng 명 포장 兔子 tùzi 명 토끼

모범답안 ① 妻子的生日 ② 把帽子 ③ 回家后 ④ 送给妻子 ⑤ 看着他们 ⑥ 很吃惊 ⑦ 很高兴

2

그림① 그림② 그림③ 그림④

 답변

Step1 그림① 기	어느날 오후, 체육 선생님이 학생들에게 야구를 가르치고 있습니다. ① 어느 날 오후，体育老师在 ② 학생들에게 야구를 가르치다 。 tǐyù lǎoshī zài
Step2 그림② 승	그런데 학생들은 잘 치지 못합니다. 可是他们 ③ 잘 치지 못하다 。 Kěshì tāmen
Step3 그림③ 전	그래서 선생님이 학생에게 "내가 너희를 가르쳐 줄게."라고 말했습니다. 所以老师对学生说： ④ "내가 너희를 가르쳐줄게." 。 Suǒyǐ lǎoshī duì xuésheng shuō:
Step4 그림④ 결	그러나 선생님이 공을 칠 때 실수로 유리창을 깼습니다. 학생들은 놀랐고 선생님은 매우 부끄러워합니다. 但是， ⑤ 선생님이 공을 칠 때 ，不小心把玻璃打碎了。 Dànshì, bù xiǎoxīn bǎ bōlí dǎ suì le. 学生们吃了一惊，老师觉得 ⑥ 매우 부끄럽다 。 Xuéshēngmen chīle yì jīng, lǎoshī juéde

단어 玻璃 bōli 명 유리 打碎 dǎsuì 동 부수다

모범답안 ① 有一天下午 ② 教学生们打棒球 ③ 打得不太好 ④ "我来教你们吧。" ⑤ 老师打球的时候 ⑥ 很不好意思

第7部分 : 看图说话

思考 00 : 30 回答 00 : 90

다음 문제를 듣고 답변해 보세요. 186. Mp3

문제 1

답변 힌트 ① **妈妈和女儿** māma hé nǚ'ér 엄마와 딸 **男演员** nán yǎnyuán 남자 연예인 **采访** cǎifǎng 인터뷰하다
② **一起拍张照** yìqǐ pāi zhāng zhào 같이 사진을 찍다
③ **女儿拿着棒棒糖** nǚ'ér názhe bàngbàngtáng 딸이 막대사탕을 들고 있다 **大狗** dà gǒu 큰 개
走到身边 zǒudào nǚ'ér de shēnbiān 곁에 다가왔다
④ **那只狗** nà zhī gǒu 그 개 **咬** yǎo 물다 **哭** kū 울다 **怎么办** zěnmebàn 어떡하다

문제 2

답변 힌트 ① **游泳比赛** yóuyǒng bǐsài 수영 시합 **选手** xuǎnshǒu 선수 **准备运动** zhǔnbèi yùndòng 준비운동하다
② **比赛开始了** Bǐsài kāishǐ le 시합이 시작되자 **最前面** zuì qiánmiàn 가장 앞으로
③ **没了力气** méile lìqi 힘이 없다 **超过了他** chāoguòle tā 그를 앞지르다
④ **第一名** dì yī míng 일등 **一边～一边～** yì biān~ yì biān~ ~하면서 ~하다

모범답안 p 289

TSC® 기출 스타트

기출 모의고사

187. Mp3

모범답안 p 289

TSC® 중국어 말하기 시험
Test of Spoken Chinese

와이비엠
001001

볼륨

第1部分：自我介绍

在这部分考试中，你将听到四个简单的问句。
请听到提示音之后开始回答。
每道题的回答时间是10秒。
下面开始提问。

TSC® 중국어 말하기 시험
Test of Spoken Chinese

와이비엠
001001
1/26

볼륨

第1部分：自我介绍 - 第1题

你叫什么名字?

回答
00:10

TSC® 중국어 말하기 시험
Test of Spoken Chinese

와이비엠
001001
2/26

볼륨

第1部分：自我介绍 - 第2题

请说出你的出生年月日。

回答
00:10

TSC® 중국어 말하기 시험
Test of Spoken Chinese

와이비엠
001001
3/26

第1部分：自我介绍 - 第3题

볼륨

你家有几口人?

回答
00:10

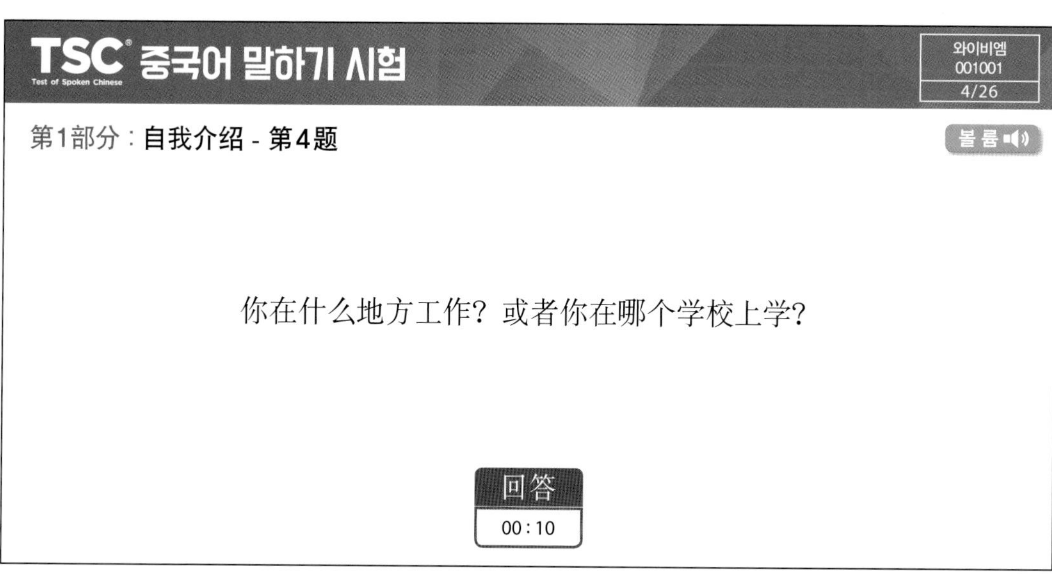

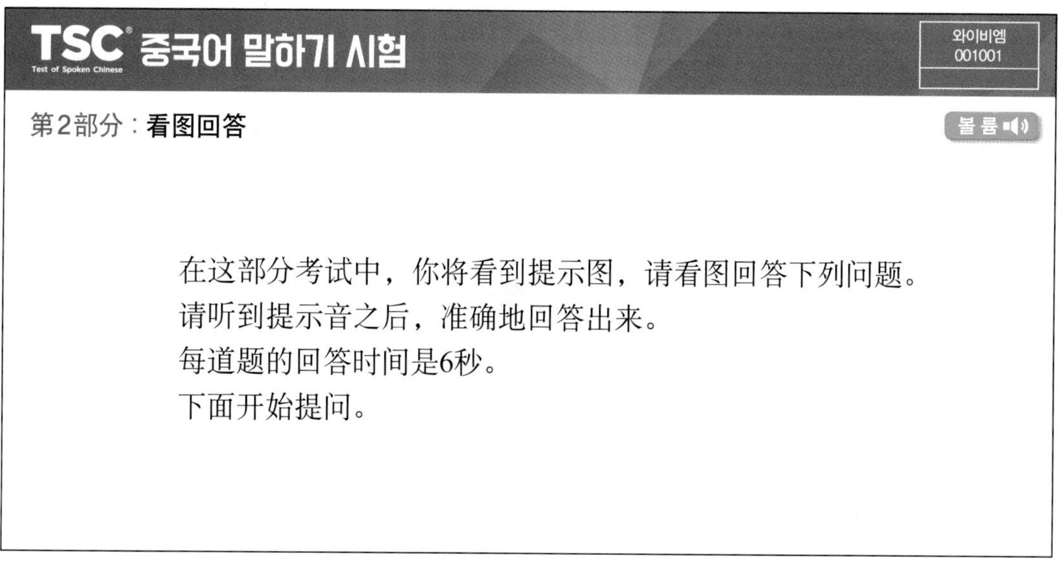

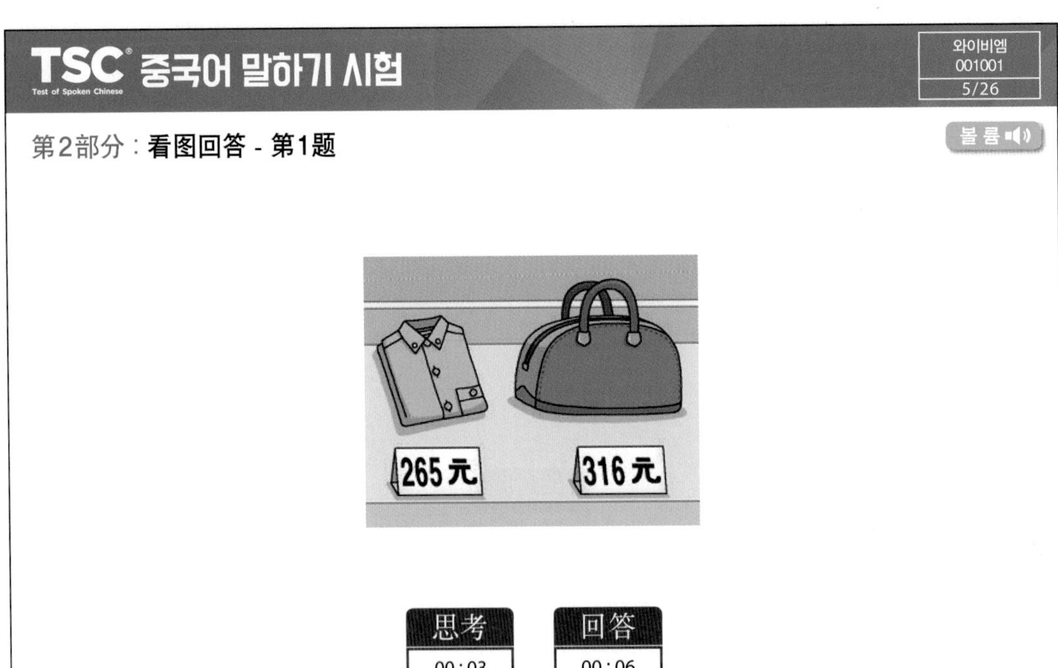
TSC 중국어 말하기 시험
Test of Spoken Chinese
와이비엠
001001
5/26
第2部分：看图回答 - 第1题
볼륨
265元
316元
思考
00:03
回答
00:06

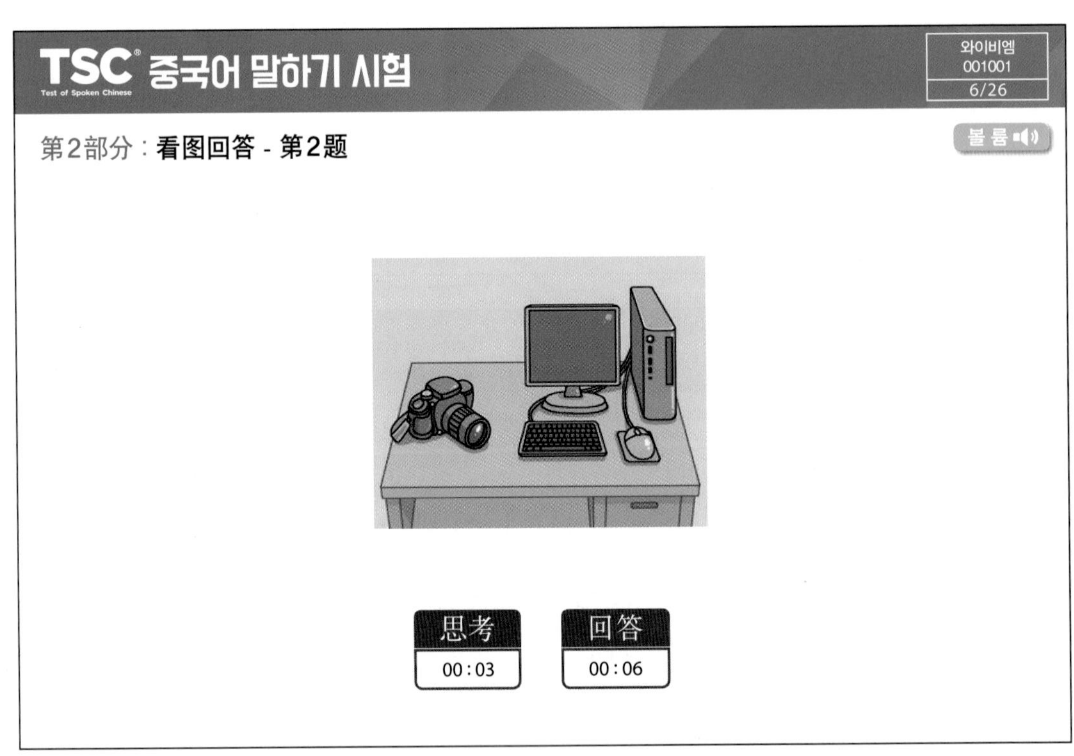
TSC 중국어 말하기 시험
Test of Spoken Chinese
와이비엠
001001
6/26
第2部分：看图回答 - 第2题
볼륨
思考
00:03
回答
00:06

TSC® 중국어 말하기 시험
Test of Spoken Chinese
와이비엠
001001
7/26
第2部分：看图回答 - 第3题
볼륨
思考
00:03
回答
00:06

TSC® 중국어 말하기 시험
Test of Spoken Chinese
와이비엠
001001
8/26
第2部分：看图回答 - 第4题
볼륨
2 kg
3.5kg
思考
00:03
回答
00:06

TSC® 중국어 말하기 시험
Test of Spoken Chinese

와이비엠
001001

第3部分：**快速回答**

볼륨

在这部分考试中，你需要完成五段简单的对话。
这些对话出自不同的日常生活情景，在每段对话前，你将看到提示图。
请尽量用完整的句子来回答，句子的长短和用词将影响你的分数。
请听例句。

问题：老张在吗？
回答1：不在。
回答2：他现在不在，您有什么事儿吗？要给他留言吗？

两种回答都可以，但第二种回答更完整更详细，你将得到较高的分数。
请听到提示音之后开始回答问题。
每道题的回答时间是15秒。
下面开始提问。

TSC® 중국어 말하기 시험
Test of Spoken Chinese

와이비엠
001001
9/26

第3部分：**快速回答 - 第1题**

볼륨

思考
00:02

回答
00:15

TSC® 중국어 말하기 시험
Test of Spoken Chinese

와이비엠
001001
10/26

第3部分：快速回答 - 第2题

볼륨

思考
00:02

回答
00:15

TSC® 중국어 말하기 시험
Test of Spoken Chinese

와이비엠
001001
12/26

第3部分：快速回答 - 第4题

思考
00 : 02

回答
00 : 15

와이비엠
001001
13/26

第3部分：快速回答 - 第5题

볼륨

思考
00 : 02

回答
00 : 15

TSC® 중국어 말하기 시험
Test of Spoken Chinese

第4部分：**简短回答**

볼륨

在这部分考试中，你将听到五个问题。
请尽量用完整的句子来回答，句子的长短和用词将影响你的分数。
请听例句。

问题：周末你常常做什么？
回答1：看电影。
回答2：我有时候在家看电视，有时候和朋友一起见面，聊天、看电影什么的。

两种回答都可以，但第二种回答更完整更详细，你将得到较高的分数。
请听到提示音之后开始回答问题。
每道题请你用15秒思考，回答时间是25秒。
下面开始提问。

TSC® 중국어 말하기 시험
Test of Spoken Chinese

와이비엠
001001
14/26

第4部分：**简短回答 - 第1题**

볼륨

你最近写过信或卡片吗？请简单说说看。

思考	回答
00:15	00:25

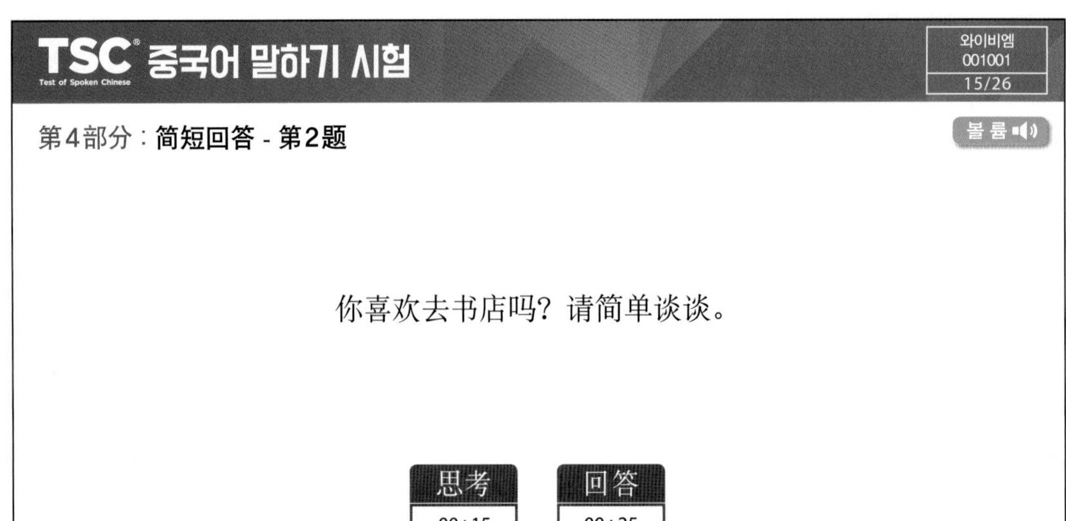
TSC 중국어 말하기 시험
Test of Spoken Chinese
와이비엠
001001
15/26
第4部分：简短回答 - 第2题
볼륨
你喜欢去书店吗？请简单谈谈。
思考
00:15
回答
00:25

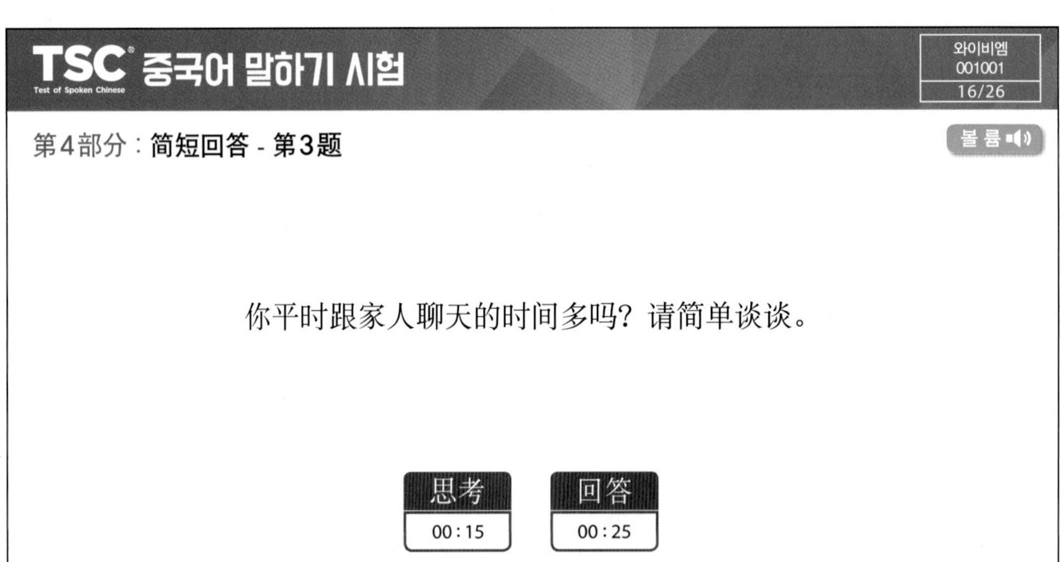
TSC 중국어 말하기 시험
Test of Spoken Chinese
와이비엠
001001
16/26
第4部分：简短回答 - 第3题
볼륨
你平时跟家人聊天的时间多吗？请简单谈谈。
思考
00:15
回答
00:25

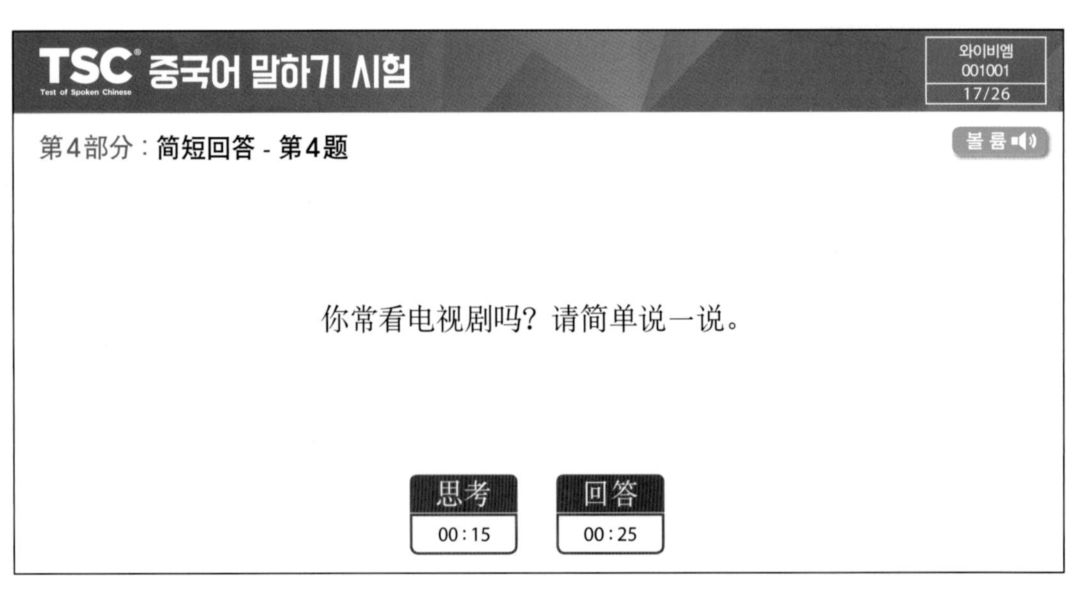
TSC 중국어 말하기 시험
Test of Spoken Chinese
와이비엠
001001
17/26
第4部分：简短回答 - 第4题
볼륨
你常看电视剧吗？请简单说一说。
思考
00:15
回答
00:25

TSC® 중국어 말하기 시험
Test of Spoken Chinese

와이비엠
001001
18/26

第4部分：简短回答 - 第5题

볼륨

你有希望改变的饮食方面的习惯吗？请简单谈一谈。

思考 00:15

回答 00:25

TSC® 중국어 말하기 시험
Test of Spoken Chinese

와이비엠
001001

第5部分：拓展回答

볼륨

在这部分考试中，你将听到四个问题，请发表你的观点和看法。
请尽量用完整的句子来回答，句子的长短和用词将影响你的分数。
请听例句。

问题：你怎么看待减肥？
回答1：我觉得减肥不太好。
回答2：我认为减肥是件好事，不但可以使身体更健康，而且还能让自己看起来更漂亮，减肥还要注意选择适当的方法，比如通过适当的运动和调整饮食来达到减肥的目的。

两种回答都可以，但第二种回答更完整更详细，你将得到较高的分数。
请听到提示音之后开始回答问题。
每道题请你用30秒思考，回答时间是50秒。
下面开始提问。

TSC® 중국어 말하기 시험
Test of Spoken Chinese

와이비엠
001001
19/26

第5部分：**拓展回答 - 第1题**

볼륨

你认为上学时的学习成绩和工作以后的能力有关系吗?
请说说你的看法。

思考 00:30

回答 00:50

TSC® 중국어 말하기 시험
Test of Spoken Chinese

와이비엠
001001
20/26

第5部分：**拓展回答 - 第2题**

볼륨

现在自然灾害越来越频繁，是什么原因造成的?
请说一说你的看法。

思考 00:30

回答 00:50

TSC® 중국어 말하기 시험
Test of Spoken Chinese

와이비엠
001001
21/26

第5部分：**拓展回答 - 第3题**

볼륨

近来人类的平均寿命不断延长。你认为这种情况给我们的生活带来了什么变化? 请谈谈你的看法。

思考 00:30

回答 00:50

TSC® 중국어 말하기 시험
Test of Spoken Chinese

와이비엠
001001
22/26

第5部分：拓展回答 - 第4题

볼륨

你觉得结交朋友的时候，年纪重要吗？请你谈谈你的看法。

思考 00:30

回答 00:50

TSC® 중국어 말하기 시험
Test of Spoken Chinese

와이비엠
001001

第6部分：情景应对

볼륨

在这部分考试中，你将看到提示图，同时还将听到中文的情景叙述。
假设你处于这种情况之下，你将如何应对。
请尽量用完整的句子来回答，句子的长短和用词将影响你的分数。
请听到提示音之后开始回答问题。
每道题请你用30秒思考，回答时间是40秒。
下面开始提问。

TSC® 중국어 말하기 시험
Test of Spoken Chinese

第6部分：情景应对 - 第1题

你刚刚收到了在网上订购的化妆品，但是却不是你订购的那款化妆品。
现在你要给卖化妆品的商店打电话说明情况，并商量如何解决问题。

思考 00:30

TSC® 중국어 말하기 시험
Test of Spoken Chinese

와이비엠
001001
24/26

第6部分：情景应对 - 第2题

你弟弟明年就要上高三了，现在压力很大。
作为他的姐姐，请你来安慰安慰他。

思考 00:30

回答 00:40

TSC® 중국어 말하기 시험
Test of Spoken Chinese

와이비엠
001001
25/26

第6部分：情景应对 - 第3题

볼륨

你爸爸对你说这个星期日要跟家人一起吃饭，但是你要跟朋友去看电影。
请你向他解释一下情况，并提出解决的办法。

思考	回答
00:30	00:40

TSC® 중국어 말하기 시험
Test of Spoken Chinese

와이비엠
001001

第7部分：看图说话

볼륨

在这部分考试中，你将看到四幅连续的图片。
请你根据图片的内容讲述一个完整的故事。
请认真看下列四幅图片。(30秒)

TSC® 중국어 말하기 시험
Test of Spoken Chinese

와이비엠
001001
26/26

第7部分：**看图说话**

볼륨

现在请根据图片的内容讲述故事，请尽量完整、详细。
讲述时间是90秒。
请听到提示音之后开始回答。

思考	回答
00 : 30	01 : 30

TSC® 중국어 말하기 시험
Test of Spoken Chinese

와이비엠
001001

코멘트

볼륨

考试结束。
最后，如果您对我们的考试有什么感想的话，请说出来。
请听到题示音之后开始发言。
发言时间是30秒。

思考	回答
00 : 02	00 : 30

TSC® 중국어 말하기 시험
Test of Spoken Chinese

와이비엠
001001

코멘트

볼륨

谢谢您参加我们的考试！

TSC® 기출 스타트

ㅣ말하기 연습 + TSC 실전 문제ㅣ

모범 답안 및 해석

Unit 02 | 속성(인물/사물), 시간, 날짜, 화폐, 도량

말하기 연습
p. 47~48

1 ① 这是椅子吗?
Zhè shì yǐzi ma?
② 这个多少钱?
Zhège duōshao qián?
③ 他是我的同屋。
Tā shì wǒ de tóngwū.
④ 医院上午九点开门。
Yīyuàn shàngwǔ jiǔ diǎn kāimén.
⑤ 桌子是二十七公斤。
Zhuōzi shì èrshíqī gōngjīn.

2 ① 这是茶吗?
Zhè shì chá ma?
爸爸是公司职员吗?
Bàba shì gōngsī zhíyuán ma?
* 公司职员 gōngsī zhíyuán 회사원

② 现在是几点?
Xiànzài shì jǐ diǎn?
今天是星期几?
Jīntiān shì xīngqī jǐ?
* 现在 xiànzài 명 지금, 현재

③ 妈妈是售货员。
Māma shì shòuhuòyuán.
这是手机。
Zhè shì shǒujī.
* 售货员 shòuhuòyuán 명 판매원

④ 下星期四是十一月十七号。
Xià xīngqīsì shì shíyī yuè shíqī hào.
现在是差十分一点。
Xiànzài shì chà shí fēn yī diǎn.
* 差 chà 동 모자라다, 부족하다

⑤ 眼镜一百二十五块八毛。
Yǎnjìng yìbǎi èrshíwǔ kuài bā máo.
她个子一米五八。
Tā gèzi yì mǐ wǔbā.
* 眼镜 yǎnjìng 명 안경 百 bǎi 수 백, 100

실전 문제
p. 49

1 문 : 现在是两点吗?
Xiànzài shì liǎng diǎn ma?
지금은 2시인가요?

답 : 不是，现在是两点半。
Búshì, xiànzài shì liǎng diǎn bàn.
아니요, 지금은 2시 반이에요.

* 半 bàn 수 반(30분)

2 문 : 她是老师吗?
Tā shì lǎoshī ma?
그녀는 선생님인가요?

답 : 不是，她是医生。
Búshì, tā shì yīshēng.
아니요, 그녀는 의사예요.

* 医生 yīshēng 명 의사

3 문 : 今天是星期六吗?
Jīntiān shì xīngqīliù ma?
오늘은 토요일인가요?

답 : 是，今天是星期六。
Shì, jīntiān shì xīngqīliù.
네, 오늘은 토요일이에요.

4 문 : 椅子多重?
Yǐzi duō zhòng?
의자는 얼마나 무겁나요?

답 : 椅子二十公斤。
Yǐzi èrshí gōngjīn.
의자는 20kg이에요.

Unit 03 | 존재와 소유 나타내기

말하기 연습
p. 56

1 ① 你在哪儿?
Nǐ zài nǎr?
百货商店在哪儿?
Bǎihuò shāngdiàn zài nǎr?
② 他在房间里吗?
Tā zài fángjiān lǐ ma?
小猫在沙发上边吗?
Xiǎo māo zài shāfā shàngbian ma?

③ 报纸不在桌子上边。
Bàozhǐ búzài zhuōzi shàngbian.
饭馆不在学校里边。
Fànguǎn búzài xuéxiào lǐbian.
* 报纸 bàozhǐ 명 신문 饭馆 fànguǎn 명 식당, 음식점

④ 我没有弟弟。
Wǒ méiyǒu dìdi.
教室里没有学生。
Jiàoshì lǐ méiyǒu xuésheng.
* 教室 jiàoshì 명 교실

⑤ 她有两个姐姐。
Tā yǒu liǎng ge jiějie.
桌子上有一件衣服。
Zhuōzi shang yǒu yí jiàn yīfu.

실전 문제

p. 57

1 문: 沙发上边有什么?
Shāfā shàngbian yǒu shénme?
소파 위에는 무엇이 있나요?
답: 沙发上边有一个书包。
Shāfā shàngbian yǒu yí ge shūbāo.
소파 위에는 책가방이 하나 있습니다.

2 문: 超市在花店前边吗?
Chāoshì zài huādiàn qiánbian ma?
슈퍼는 꽃 가게 앞에 있나요?
답: 不是，超市在花店后边。
Búshì, chāoshì zài huādiàn hòubian.
아니요, 슈퍼는 꽃 가게 뒤에 있습니다.
* 超市 chāoshì 명 슈퍼마켓 花店 huādiàn 꽃집, 꽃

3 문: 报纸在哪儿?
Bàozhǐ zài nǎr?
신문은 어디에 있나요?
답: 报纸在手表旁边。
Bàozhǐ zài shǒubiǎo pángbiān.
신문은 손목시계 옆에 있습니다.

4 문: 面包在哪儿?
Miànbāo zài nǎr?
빵은 어디에 있나요?
답: 面包在牛奶左边。
Miànbāo zài niúnǎi zuǒbian.
빵은 우유 왼쪽에 있습니다.
* 面包 miànbāo 명 빵 牛奶 niúnǎi 명 우유 左边 zuǒbian 명 왼쪽

Unit 04 | 동작, 행위의 진행

말하기 연습

p. 63~64

1 ① 谁在做菜?
Shéi zài zuò cài?
② 我正在散步呢。
Wǒ zhèngzài sànbù ne.
③ 他们没在考试。
Tāmen méi zài kǎoshì.
④ 女的在听音乐吗?
Nǚde zài tīng yīnyuè ma?
⑤ 七点的时候，她在上班呢。
Qī diǎn de shíhou, tā zài shàngbān ne.
* 时候 shíhou 명 때

2 ① 男的在画画儿吗?
Nánde zài huàhuàr ma?
爸爸在看报纸吗?
Bàba zài kàn bàozhǐ ma?
* 报纸 bàozhǐ 명 신문

② 他们正在聊天儿呢。
Tāmen zhèngzài liáotiānr ne.
女的正在睡觉呢。
Nǚde zhèngzài shuìjiào ne.
* 聊天儿 liáotiānr 동 이야기하다 睡觉 shuìjiào 동 (잠을) 자다

③ 男的没在上网。
Nánde méi zài shàngwǎng.
我们没在打篮球。
Wǒmen méi zài dǎ lánqiú.
* 上网 shàngwǎng 동 인터넷을 하다 打篮球 dǎ lánqiú 농구를 하다

④ 现在，我们在上课呢。
Xiànzài, wǒmen zài shàngkè ne.
晚上八点的时候，他在洗澡呢。
Wǎnshang bā diǎn de shíhou, tā zài xǐzǎo ne.
* 上课 shàngkè 동 수업하다 时候 shíhou 명 때 洗澡 xǐzǎo 동 샤워하다

⑤ 谁在工作?
Shéi zài gōngzuò?
谁在踢足球?
Shéi zài tī zúqiú?
* 工作 gōngzuò 동 일하다 踢足球 tī zúqiú 축구를 하다

실전 문제

p. 65

1 문 : 男的在做什么?
Nánde zài zuò shénme?
남자는 무엇을 하고 있나요?

답 : 男的在卖花。
Nánde zài mài huā.
남자는 꽃을 팔고 있습니다.

* 卖 mài 동 팔다 花 huā 명 꽃

2 문 : 女的在喝水吗?
Nǚde zài hē shuǐ ma?
여자는 물을 마시고 있나요?

답 : 不是，她在喝牛奶呢。
Búshì, tā zài hē niúnǎi ne.
아니요, 그녀는 우유를 마시고 있습니다.

* 水 shuǐ 명 물 牛奶 niúnǎi 명 우유

3 문 : 男的在吃饭吗?
Nánde zài chīfàn ma?
남자는 밥을 먹고 있나요?

답 : 不是，他正听音乐呢。
Búshì, tā zhèng tīng yīnyuè ne.
아니요, 그는 음악을 듣고 있습니다.

* 吃饭 chīfàn 동 밥을 먹다 音乐 yīnyuè 명 음악

4 문 : 女的在做什么呢?
Nǚde zài zuò shénme ne?
여자는 무엇을 하고 있나요?

답 : 女的正在买西瓜呢。
Nǚde zhèngzài mǎi xīguā ne.
여자는 수박을 사고 있습니다.

* 买 mǎi 동 사다 西瓜 xīguā 명 수박

Unit 05 | 단순 비교

말하기 연습

p. 71~72

1 ① 书比词典厚吗?
Shū bǐ cídiǎn hòu ma?

* 厚 hòu 형 두껍다

② 哪种礼物比较好?
Nǎ zhǒng lǐwù bǐjiào hǎo?

③ 女孩子比爷爷更年轻。
Nǚ háizi bǐ yéye gèng niánqīng.

* 年轻 niánqīng 형 젊다

④ 他的东西没有我重。
Tā de dōngxi méiyǒu wǒ zhòng.

⑤ 他不比我高。
Tā bùbǐ wǒ gāo.

2 ① 葡萄比橘子贵吗?
Pútao bǐ júzi guì ma?
运动鞋比帽子便宜吗?
Yùndòngxié bǐ màozi piányi ma?

* 葡萄 pútao 명 포도 橘子 júzi 명 귤

② 哪种果汁比较好喝?
Nǎ zhǒng guǒzhī bǐjiào hǎo hē?
谁的大衣比较长?
Shéi de dàyī bǐjiào cháng?

* 种 zhǒng 양 종류, 가지 果汁 guǒzhī 명 과일 주스

③ 圆珠笔比铅笔更贵。
Yuánzhūbǐ bǐ qiānbǐ gèng guì.
女孩子(的个子)比男孩子更矮。
Nǚ háizi (de gèzi) bǐ nán háizi gèng ǎi.

* 圆珠笔 yuánzhūbǐ 명 볼펜 铅笔 qiānbǐ 명 연필

④ 我没有你大。
Wǒ méiyǒu nǐ dà.
男孩子没有女孩子胖。
Nán háizi méiyǒu nǚ háizi pàng.

* 胖 pàng 형 살찌다, 뚱뚱하다

⑤ 书不比词典轻。
Shū bùbǐ cídiǎn qīng.
今天不比昨天热。
Jīntiān bùbǐ zuótiān rè.

* 词典 cídiǎn 명 사전 轻 qīng 형 가볍다 热 rè 형 덥다

실전 문제

p. 73

1 문 : 哪种水果比较重?
Nǎ zhǒng shuǐguǒ bǐjiào zhòng?
어떤 종류의 과일이 비교적 무겁나요?

답 : 香蕉比较重。
Xiāngjiāo bǐjiào zhòng.
바나나가 비교적 무겁습니다.

* 水果 shuǐguǒ 명 과일 比较 bǐjiào 부 비교적 重 zhòng 형 무겁다
香蕉 xiāngjiāo 명 바나나

2 문 : 帽子比手表贵吗?
Màozi bǐ shǒubiǎo guì ma?
모자는 손목시계 보다 비싼가요?

답 : 帽子没有手表贵。
Màozi méiyǒu shǒubiǎo guì.
모자는 손목시계 보다 비싸지 않습니다.

* 帽子 màozi 명 모자 比 bǐ 전 ~보다 手表 shǒubiǎo 명 손목시계
贵 guì 형 비싸다 没有 méiyǒu 동 ~만큼 ~하지 않다

3 문 : 书比手机大吗?
Shū bǐ shǒujī dà ma?
책이 휴대전화보다 큰가요?

답 : 书比手机大。
Shū bǐ shǒujī dà.
책이 휴대전화보다 큽니다.

* 书 shū 명 책 手机 shǒujī 명 휴대폰

4 문 : 小猫比小狗多吗?
Xiǎo māo bǐ xiǎo gǒu duō ma?
고양이가 강아지보다 많나요?

답 : 小猫没有小狗多。
Xiǎo māo méiyǒu xiǎo gǒu duō.
고양이가 강아지보다 많지 않습니다.

* 小猫 xiǎo māo 명 고양이 小狗 xiǎo gǒu 명 강아지

Unit 06 | 기호와 동작 묻기

말하기 연습

p. 86

1 ① 你喜欢下雪的天气吗?
Nǐ xǐhuan xiàxuě de tiānqì ma?
她爱吃汉堡吗?
Tā ài chī hànbǎo ma?
* 下雪 xiàxuě 동 눈이 오다 汉堡 hànbǎo 명 햄버거

② 我平时在家吃饭。
Wǒ píngshí zài jiā chīfàn.
他平时在健身房锻炼身体。
Tā píngshí zài jiànshēnfáng duànliàn shēntǐ.
* 锻炼身体 duànliàn shēntǐ 신체를 단련하다

③ 我每天都做作业。
Wǒ měitiān dōu zuò zuòyè.
爸爸每天都看报纸。
Bàba měitiān dōu kàn bàozhǐ.
* 报纸 bàozhǐ 명 신문

④ 我一般跟妈妈一起去买衣服。
Wǒ yìbān gēn māma yìqǐ qù mǎi yīfu.
我一般跟朋友一起去看电影。
Wǒ yìbān gēn péngyou yìqǐ qù kàn diànyǐng.
* 衣服 yīfu 명 옷 电影 diànyǐng 명 영화

⑤ 我们后天上午八点在咖啡厅见吧。
Wǒmen hòutiān shàngwǔ bā diǎn zài kāfēitīng jiàn ba.
我们星期五下午六点在快餐店见吧。
Wǒmen xīngqīwǔ xiàwǔ liù diǎn zài kuàicāndiàn jiàn ba.
* 快餐厅 [kuàicāntīng 명 패스트푸드점

실전 문제

p. 87

1 문 : 你喜欢看电视吗?
Nǐ xǐhuan kàn diànshì ma?
당신은 TV 보는 것을 좋아하나요?

답 : 我喜欢看电视。我每天晚上都看电视。
Wǒ xǐhuan kàn diànshì. Wǒ měitiān wǎnshang dōu kàn diànshì.
저는 TV 보는 걸 좋아해요. 저는 매일 저녁마다 TV를 봐요.

* 每天 měitiān 매일 晚上 wǎnshang 명 저녁, 밤 都 dōu 부 모두, 다

2 문 : 你平时在哪儿锻炼身体?
Nǐ píngshí zài nǎr duànliàn shēntǐ?
당신은 평소에 어디에서 운동을 하나요?

답 : 我平时去健身房锻炼身体，周末跟孩子们一起去公园踢球。
Wǒ píngshí qù jiànshēnfáng duànliàn shēntǐ, zhōumò gēn háizimen yìqǐ qù gōngyuán tī qiú.
저는 평소에 헬스장에 가서 운동해요. 주말에는 아이들과 함께 공원에 가서 공을 차고요.

* 锻炼 duànliàn 동 단련하다 健身房 jiànshēnfáng 명 헬스장
孩子们 háizimen 아이들 一起 yìqǐ 부 함께, 같이

3 문 : 我们下星期几看那部电影?
Wǒmen xià xīngqī jǐ kàn nà bù diànyǐng?
우리 다음 주 무슨 요일에 그 영화를 볼까?

답 : 我们下星期五看那部电影吧，晚上七点的电影好吗?
Wǒmen xià xīngqīwǔ kàn nà bù diànyǐng ba, wǎnshang qī diǎn de diànyǐng hǎo ma?
우리 다음 주 금요일에 그 영화를 보자. 저녁 7시 영화 괜찮아?

* 下星期 xià xīngqī 다음 주 几 jǐ 대 몇

4 문 : 你每天几点下课?
Nǐ měitiān jǐ diǎn xiàkè?
당신은 매일 몇 시에 수업이 끝나나요?

답 : 我每天下午五点半下课。
Wǒ měitiān xiàwǔ wǔ diǎn bàn xiàkè.
저는 매일 오후 5시 30분에 수업이 끝나요.

* 下课 xiàkè 동 수업이 끝나다 半 bàn 수 반, 절반

Unit 07 | 수량, 시량, 동량

말하기 연습

p. 95~96

1 ① 他打印了三份材料。
Tā dǎyìnle sān fèn cáiliào.
* 打印 dǎyìn 동 출력하다, 인쇄하다 份 fèn 양 부, 건
材料 cáiliào 명 자료

② 从上课到下课需要七个半小时。
Cóng shàngkè dào xiàkè xūyào qī ge bàn xiǎoshí.
* 上课 shàngkè 동 수업을 하다(듣다) 下课 xiàkè 동 수업이 끝나다

③ 我写信写了一个小时四十分钟。
Wǒ xiě xìn xiěle yí ge xiǎoshí sìshí fēnzhōng.

④ 她画了三天的画儿。
Tā huàle sān tiān de huàr.
* 画画儿 huàhuàr 그림을 그리다

⑤ 我骑了三次自行车。
Wǒ qíle sān cì zìxíngchē.
* 骑 qí 동 (두 발을 벌려) 타다 自行车 zìxíngchē 자전거

2 ① 我订了一张电影票。
Wǒ dìngle yì zhāng diànyǐng piào.
她购买了一件大衣。
Tā gòumǎile yí jiàn dàyī.
* 订 dìng 동 예약하다 张 zhāng 양 장[종이 등을 세는 단위]
购买 gòumǎi 동 구매하다, 사다

② 从超市到公园需要五分钟。
Cóng chāoshì dào gōngyuán xūyào wǔ fēnzhōng.
从宿舍到教室需要一刻钟。
Cóng sùshè dào jiàoshì xūyào yíkè zhōng.
* 需要 xūyào 동 필요하다 宿舍 sùshè 명 기숙사, 숙소 刻 kè 양 15분

③ 我看电影看了一个小时。
Wǒ kàn diànyǐng kànle yí ge xiǎoshí.
我选礼物选了二十分钟。
Wǒ xuǎn lǐwù xuǎnle èrshí fēnzhōng.
* 选 xuǎn 동 선택하다, 고르다

④ 我做了两个小时的菜。
Wǒ zuòle liǎng ge xiǎoshí de cài.
他洗了半个小时的澡。
Tā xǐle bàn ge xiǎoshí de zǎo.
* 洗澡 xǐzǎo 동 목욕을 하다

⑤ 我爬了一次山。
Wǒ pále yí cì shān.
我去了两次博物馆。
Wǒ qùle liǎng cì bówùguǎn.
* 爬山 páshān 등산을 하다 博物馆 bówùguǎn 명 박물관

실전 문제

p. 97

1 문 : 你喜欢吃汉堡吗?
Nǐ xǐhuan chī hànbǎo ma?
당신은 햄버거를 좋아하나요?

답 : 我非常喜欢吃，大概两天吃一次吧。
Wǒ fēicháng xǐhuan chī, dàgài liǎng tiān chī yí cì ba.
매우 좋아해요. 대략 이틀에 한 번은 먹어요.

* 汉堡 hànbǎo 햄버거 非常 fēicháng 부 매우, 대단히
大概 dàgài 부 대략, 대개 次 cì 양 번, 차례

2 문 : 你从几点到几点工作?
Nǐ cóng jǐ diǎn dào jǐ diǎn gōngzuò?
당신은 몇 시부터 몇 시까지 일하나요?

답 : 我从八点到五点工作。
Wǒ cóng bā diǎn dào wǔ diǎn gōngzuò.
저는 8시부터 5시까지 일해요.

* 从~到~ cóng~dào~ ~에서 ~까지
工作 gōngzuò 명 일 동 일을 하다

3 문 : 你多长时间去一次咖啡店?
Nǐ duō cháng shíjiān qù yí cì kāfēidiàn?
당신은 얼마만에 한 번 커피숍에 가나요?

답 : 大概一个星期两三次吧。
Dàgài yí ge xīngqī liǎng sān cì ba.
대략 일주일에 두세 번이요.

* 多长时间 duō cháng shíjiān 얼마나 오래 咖啡店 kāfēidiàn 커피숍
星期 xīngqī 명 주

4 문 : 请问，这儿附近有邮局吗?
Qǐngwèn, zhèr fùjìn yǒu yóujú ma?
실례지만, 여기 근처에 우체국이 있나요?

답 : 有，不到五分钟就能到。
Yǒu, búdào wǔ fēnzhōng jiù néng dào.
있어요. 5분 안돼서 바로 도착해요.

* 请问 qǐngwèn 동 실례합니다, 말씀 좀 묻겠습니다 附近 fùjìn 명 부근, 근처 邮局 yóujú 명 우체국 就 jiù 부 바로, 곧 能 néng 조동 ~할 수 있다

Unit 08 | 상태와 정도

말하기 연습

p. 103~104

1 ① 汉语难死了。
Hànyǔ nán sǐ le.
* 难 nán 형 어렵다

② 外面风刮得很大。
Wàimiàn fēng guā de hěn dà.
* 刮风 guāfēng 동 바람이 불다

③ 她长得很漂亮。
Tā zhǎng de hěn piàoliang.
④ 你喝咖啡喝得多吗?
Nǐ hē kāfēi hē de duō ma?
⑤ 我工作了一天，累得要死。
Wǒ gōngzuòle yì tiān, lèi de yàosǐ.
* 累 lèi 형 피곤하다

2 ① 她打羽毛球打得好吗?
Tā dǎ yǔmáoqiú dǎ de hǎo ma?
你说汉语说得流利吗?
Nǐ shuō Hànyǔ shuō de liúlì ma?
* 羽毛球 yǔmáoqiú 명 배드민턴 流利 liúlì 형 유창하다

② 我头疼得很厉害。
Wǒ tóuténg de hěn lìhai.
我课上得很多。
Wǒ kè shàng de hěn duō.
* 厉害 lìhai 형 대단하다, 심하다

③ 我昨天睡得很好。
Wǒ zuótiān shuì de hěn hǎo.
最近天气变得热了。
Zuìjìn tiānqì biàn de rè le.
* 变 biàn 동 변하다

④ 她感动得不得了。
Tā gǎndòng de bùdéliǎo.
我只选了两门课，后悔得要死。
Wǒ zhǐ xuǎnle liǎng mén kè, hòuhuǐ de yàosǐ.
* 只 zhǐ 부 단지, 겨우 后悔 hòuhuǐ 동 후회하다

⑤ 这个菜咸死了。
Zhège cài xián sǐ le.
她现在高兴极了。
Tā xiànzài gāoxìng jí le.
* 咸 xián 형 짜다

실전 문제

p. 105

1 문: 你骑自行车骑得好吗?
Nǐ qí zìxíngchē qí de hǎo ma?
당신은 자전거를 잘 타나요?

답: 我骑自行车骑得很好，我每天都去公园骑自行车。
Wǒ qí zìxíngchē qí de hěn hǎo, wǒ měitiān dōu qù gōngyuán qí zìxíngchē.
저는 자전거를 잘 타요. 저는 매일 공원에 가서 자전거를 타요.

2 문: 学校附近超市卖的水果很好吃!
Xuéxiào fùjìn chāoshì mài de shuǐguǒ hěn hǎochī!
학교 근처 슈퍼에서 파는 과일이 정말 맛있어!

답: 你说得对，那家超市的水果真的好吃!
Nǐ shuō de duì, nà jiā chāoshì de shuǐguǒ zhēnde hǎochī!
네 말이 맞아. 그 슈퍼의 과일은 정말 맛있어!

* 真的 zhēnde 정말로

3 문: 你每天都吃三顿饭吗?
Nǐ měitiān dōu chī sān dùn fàn ma?
당신은 매일 세 끼를 먹습니까?

답: 不是，我每天只吃一两顿饭。
Búshì, wǒ měitiān zhǐ chī yì liǎng dùn fàn.
아니요. 저는 매일 한두 끼를 먹어요.

* 只 zhǐ 형 아주 적게 顿 dùn 양 끼니, 차례

4 문: 这是我自己做的菜，尝一尝吧。
Zhè shì wǒ zìjǐ zuò de cài, cháng yi cháng ba.
이거 내가 만든 음식이야. 먹어 봐.

답: 你菜做得真好，太好吃了!
Nǐ cài zuò de zhēn hǎo, tài hǎochī le!
너 요리 정말 잘 한다. 너무 맛있어!

Unit 09 | 제안과 요청

말하기 연습

p. 114

1 ① 你能帮我吗?
Nǐ néng bāng wǒ ma?
我可以借自行车吗?
Wǒ kěyǐ jiè zìxíngchē ma?
* 帮 bāng 동 돕다

② 我有比赛要参加。
Wǒ yǒu bǐsài yào cānjiā.
我有传真要发。
Wǒ yǒu chuánzhēn yào fā.
* 参加 cānjiā 동 참가하다 传真 chuánzhēn 명 팩스

③ 你要喝热的还是冰的?
Nǐ yào hē rè de háishi bīng de?
你想加入棒球社团还是美术社团?
Nǐ xiǎng jiārù bàngqiú shètuán háishi měishù shètuán?
* 还是 háishi 접 ~아니면, 또는 加入 jiārù 동 가입하다
棒球 bàngqiú 명 야구 美术 měishù 명 미술
社团 shètuán 명 동아리, 서클

④ 我们一起去逛街，怎么样?
Wǒmen yìqǐ qù guàngjiē, zěnmeyàng?
我们一起用电脑，怎么样?
Wǒmen yìqǐ yòng diànnǎo, zěnmeyàng?
* 逛街 guàngjiē 동 쇼핑하다 用 yòng 동 사용하다

⑤ 你能帮我发传真吗?
Nǐ néng bāng wǒ fā chuánzhēn ma?
你能帮我查汉字吗?
Nǐ néng bāng wǒ chá Hànzì ma?
* **发** fā 동 보내다 **传真** chuánzhēn 명 팩스 **查** chá 동 찾다
汉字 Hànzì 명 한자

실전 문제

p. 115

1 문 : 你要喝点儿什么?
Nǐ yào hē diǎnr shénme?
뭐 드시겠어요?

답 : 我要一杯热茶，谢谢。
Wǒ yào yì bēi rè chá, xièxie.
저 뜨거운 차 한 잔 주세요. 감사합니다.

* **茶** chá 명 차[음료의 종류] **谢谢** xièxie 동 감사합니다

2 문 : 下个星期我们去爬山吧!
Xià ge xīngqī wǒmen qù páshān ba!
다음 주에 우리 등산 가자!

답 : 好啊! 我也正想去爬山，在哪儿见?
Hǎo a! Wǒ yě zhèng xiǎng qù páshān, zài nǎr jiàn?
좋아! 나도 마침 등산을 가고 싶었어. 어디에서 만날까?

* **下个星期** xià ge xīngqī 다음 주 **见** jiàn 동 만나다

3 문 : 我们在外边儿吃饭吧!
Wǒmen zài wàibianr chīfàn ba!
우리 밖에서 밥을 먹자!

답 : 不好意思，我有很多作业要做，没有时间去吃。
Bù hǎoyìsi, wǒ yǒu hěn duō zuòyè yào zuò, méiyǒu shíjiān qù chī.
미안해, 나 해야 할 숙제가 많아서 먹으러 갈 시간이 없어.

* **外边儿** wàibianr 명 밖, 바깥

4 문 : 你能参加会议吗?
Nǐ néng cānjiā huìyì ma?
당신 회의에 참석할 수 있나요?

답 : 我正好去出差，不能参加。
Wǒ zhènghǎo qù chūchāi, bùnéng cānjiā.
저 마침 출장을 가서, 참석하지 못해요.

* **参加** cānjiā 동 참석하다 **会议** huìyì 명 회의 **正好** zhènghǎo 부 마침
出差 chūchāi 동 출장하다

Unit 10 | 경험과 계획

말하기 연습

p. 124

1 ① 你养过宠物吗?
Nǐ yǎngguo chǒngwù ma?
你去过公司附近的那家餐厅吗?
Nǐ qùguo gōngsī fùjìn de nà jiā cāntīng ma?
* **养** yǎng 동 기르다 **宠物** chǒngwù 명 반려동물 **附近** fùjìn 명 근처
家 jiā 양 가게, 기업 등을 세는 단위 **外国人** wàiguórén 외국인
聊天 liáotiān 동 이야기하다

② 我没去过美国。
Wǒ méi qùguo Měiguó.
我从来没请过假。
Wǒ cónglái méi qǐngguo jià.
* **美国** Měiguó 고유 미국 **请假** qǐngjià 동 휴가를 내다

③ 这个手机是昨天刚买的。
Zhège shǒujī shì zuótiān gāng mǎi de.
我是二零零八年毕业的。
Wǒ shì èr líng líng bā nián bìyè de.
* **毕业** bìyè 동 졸업하다 명 졸업

④ 周末我打算参加朋友的婚礼。
Zhōumò wǒ dǎsuan cānjiā péngyou de hūnlǐ.
这次放假我打算去中国见朋友。
Zhècì fàngjià wǒ dǎsuan qù Zhōngguó jiàn péngyou.
* **周末** zhōumò 명 주말

⑤ 我想去传统市场买点儿水果。
Wǒ xiǎng qù chuántǒngshìchǎng mǎi diǎr shuǐguǒ.
我要回老家过节。
Wǒ yào huí lǎojiā guòjié.
* **传统市场** chuántǒng shìchǎng 전통시장, 재래시장
老家 lǎojiā 명 본가, 고향 집 **过节** guòjié 동 명절을 보내다

실전 문제

p. 125

1 문 : 听说你要去旅游，跟谁一起去啊?
Tīngshuō nǐ yào qù lǚyóu, gēn shéi yìqǐ qù a?
듣자하니 너 여행을 간다며. 누구랑 같이 가?

답 : 我跟朋友一起去。
Wǒ gēn péngyou yìqǐ qù.
나는 친구랑 같이 가.

* **听说** tīngshuō 동 듣자하니

2 문 : 你的手机是新买的吗?
Nǐ de shǒujī shì xīn mǎi de ma?
네 휴대폰 새로 산 거야?

답：是，昨天刚买的。
Shì, zuótiān gāng mǎi de.
응, 어제 막 산 거야.

3 문：这次放假我打算学游泳!
Zhècì fàngjià wǒ dǎsuan xué yóuyǒng!
이번 방학에 나는 수영을 배울 계획이야!

답：是吗？你要去哪儿学游泳？
Shì ma? Nǐ yào qù nǎr xué yóuyǒng?
그래? 너 어디에 가서 수영을 배울 건데?

* **放假** fàngjià 동 방학하다, 휴가로 쉬다

4 문：这个周末你有什么计划？
Zhège zhōumò nǐ yǒu shénme jìhuà?
이번 주말에 너는 무슨 계획이 있어?

답：我打算在家里好好儿休息，最近太累了。
Wǒ dǎsuan zài jiā lǐ hǎohāor xiūxi, zuìjìn tài lèi le.
나는 집에서 쉴 거야. 요즘 너무 피곤해.

* **好好儿** hǎohāor 부 잘, 푹 **太~了** tài~ le 너무 ~하다

Unit 11 | 소개1(사람, 성격, 장소, 경험, 습관)

실전 문제

p. 141

1 문：你觉得你性格中最大的优点是什么？请简单谈谈。
Nǐ juéde nǐ xìnggé zhōng zuìdà de yōudiǎn shì shénme? Qǐng jiǎndān tántan.
당신의 성격에서 가장 큰 장점은 무엇이라고 생각하나요? 간단히 말해 보세요.

답：我觉得积极开朗，爱笑是我性格中最大的优点。我喜欢跟别人打交道。我喜欢我的这种性格。
Wǒ juéde jījí kāilǎng, ài xiào shì wǒ xìnggé zhōng zuì dà de yōudiǎn. Wǒ xǐhuan gēn biéren dǎjiāodao. Wǒ xǐhuan wǒ de zhè zhǒng xìnggé.
저는 긍정적이고 활발하며 잘 웃는 것이 제 성격에서 가장 큰 장점이라고 생각합니다. 저는 다른 사람과 왕래하는 것을 좋아합니다. 저는 저의 이런 성격이 좋습니다.

* **性格** xìnggé 명 성격 **优点** yōudiǎn 명 장점 **积极** jījí 형 적극적이다
开朗 kāilǎng 형 쾌활하다 **别人** biéren 명 남, 타인
打交道 dǎjiāodao 왕래하다 **种** zhǒng 양 종류

2 문：你周围不吃肉只吃素的人多吗？请简单说一说。
Nǐ zhōuwéi bù chī ròu zhǐ chī sù de rén duō ma? Qǐng jiǎndān shuō yi shuō.
당신 주위에는 고기를 먹지 않는 채식주의자(베지테리안)이 많은가요? 간단히 말해 보세요.

답：我周围不吃肉只吃素的人比较多。现在吃素已经成为一件常见的事情。我的好朋友也为了健康吃素。
Wǒ zhōuwéi bù chī ròu zhǐ chī sù de rén bǐjiào duō. Xiànzài chī sù yǐjing chéngwéi yí jiàn chángjiàn de shìqing. Wǒ de hǎo péngyou yě wèile jiànkāng chī sù.
제 주위에는 고기를 먹지 않고 채식하는 사람이 비교적 많습니다. 이제는 채식이 이미 하나의 흔한 일이 되었습니다. 제 친한 친구도 채식주의자(베지테리안)입니다.

* **素** sù 명 채식 **成为** chéngwéi 동 ~이 되다 **常见** chángjiàn 동 흔하다

3 문：你一般跟朋友在什么地方见面？请简单说一说。
Nǐ yìbān gēn péngyou zài shénme dìfang jiànmiàn? Qǐng jiǎndān shuō yi shuō.
당신은 일반적으로 친구와 어디서 만나나요? 간단히 말해 보세요.

답：我一般跟朋友在咖啡厅见面。在咖啡厅见面不仅可以喝咖啡，还可以坐很长时间也不需要换地方，很方便。
Wǒ yìbān gēn péngyou zài kāfēitīng jiànmiàn. Zài kāfēitīng jiànmiàn bùjǐn kěyǐ hē kāfēi, hái kěyǐ zuò hěn cháng shíjiān yě bù xūyào huàn dìfang, hěn fāngbiàn.
저는 일반적으로 친구와 커피숍에서 만납니다. 커피숍에서 만나면 커피를 마실 수 있을 뿐만 아니라 오래 앉아 있어도 장소를 바꿀 필요가 없어서 편리합니다.

* **地方** dìfang 명 장소, 곳 **不仅** bùjǐn 접 ~일 뿐만 아니라
换 huàn 동 바꾸다 **方便** fāngbiàn 형 편리하다

4 문：在日常生活中，为了保护环境，你做过哪些事情？请简单说说。
zài rìcháng shēnghuó zhōng, wèile bǎohù huánjìng, nǐ zuò guo nǎxiē shìqing? Qǐng jiǎndān shuōshuo.
일상생활에서 환경보호를 위해 어떤 일들을 했었나요? 간단히 말해 보세요.

답：为了保护环境，我平时注意不乱扔垃圾，不购买一次性用品。节约用电用水。还有乘坐公共交通工具上下班。
Wèile bǎohù huánjìng, wǒ píngshí zhùyì bú luàn rēng lājī, bú gòumǎi yícìxìng yòngpǐn. Jiéyuē yòng diàn yòng shuǐ. Háiyǒu chéngzuò gōnggòng jiāotōng gōngjù shàng xiàbān.
환경을 보호하기 위해 저는 평소에 쓰레기 버리는 것에 주의하고 일회용품을 구매하지 않으며, 전기와 물 등을 아껴 씁니다. 그리고 대중교통 수단으로 출퇴근을 합니다.

* **在~中** zài~zhōng ~중에 **日常生活** rìcháng shēnghuó 일상생활
为了 wèile 전 ~을 위해 **保护** bǎohù 동 보호하다
环境 huánjìng 명 환경 **乱** luàn 부 함부로 **扔** rēng 동 버리다
垃圾 lājī 명 쓰레기 **一次性用品** yícìxìng yòngpǐn 일회용품
节约 jiéyuē 동 절약하다

Unit 12 | 소개2(방법, 대상)

실전 문제 p. 151

1 문 : 你一般怎么处理不再用的东西? 请简单谈谈看。
Nǐ yìbān zěnme chǔlǐ bú zài yòng de dōngxi? Qǐng jiǎndān tántan kàn.
당신은 더는 사용하지 않는 물건을 어떻게 처리하나요? 간단히 말해 보세요.

답 : 如果东西还比较新，我会洗干净整理好送给周围需要的人。如果东西太旧，不能使用，我一般直接扔掉。
Rúguǒ dōngxi hái bǐjiào xīn, wǒ huì xǐ gānjìng zhěnglǐ hǎo sòng gěi zhōuwéi xūyào de rén. Rúguǒ dōngxi tài jiù, bùnéng shǐyòng, wǒ yìbān zhíjiē rēngdiào.
만약 물건이 아직 비교적 새것이라면, 저는 깨끗하게 씻어서 정리한 후 주변에 필요한 사람에게 줍니다. 만약 물건이 너무 낡아서 사용할 수 없다면, 일반적으로 직접 버립니다.

* **处理** chǔlǐ 동 처리하다 **新** xīn 형 새것의 **洗** xǐ 동 씻다
干净 gānjìng 형 깨끗하다 **整理** zhěnglǐ 동 정리하다
周围 zhōuwéi 명 주변 **需要** xūyào 동 필요하다 **旧** jiù 형 낡다
使用 shǐyòng 동 사용하다 **直接** zhíjiē 형 직접적인 **扔** rēng 동 버리다

2 문 : 如果去短期旅游，你会自己开车去还是乘坐公共交通工具? 请简单说一说。
Rúguǒ qù duǎnqī lǚyóu, nǐ huì zìjǐ kāichē qù háishi chéngzuò gōnggòng jiāotōng gōngjù? Qǐng jiǎndān shuō yi shuō.
만약 단기 여행을 간다면, 당신은 직접 운전해서 가나요, 아니면 대중교통을 타고 가나요? 간단히 말해 보세요.

답 : 我会选自己开车去。因为这样不需要拿着行李挤车，也不用计算坐车的时间。我觉得自己开车去比乘坐公共交通工具更方便。
Wǒ huì xuǎn zìjǐ kāichē qù. Yīnwèi zhèyàng bù xūyào názhe xíngli jǐ chē, yě búyòng jìsuàn zuò chē de shíjiān. Wǒ juéde zìjǐ kāichē qù bǐ chéngzuò gōnggòng jiāotōng gōngjù gèng fāngbiàn.
저는 직접 운전해서 가는 것을 고르겠습니다. 이렇게 하면 짐을 들고 밀치며 차를 타지 않아도 되고, 차 타는 시간을 계산할 필요가 없기 때문입니다. 저는 직접 운전해서 가는 것이 대중교통을 타는 것보다 더 편리하다고 생각합니다.

* **短期** duǎnqī 명 단기 **旅游** lǚyóu 동 여행하다
乘坐 chéngzuò 동 탑승하다 **公共交通工具** gōnggòng jiāotōng gōngjù 대중교통 **拿** ná 동 쥐다, 가지다 **着** zhe 조 ~하고 있다
行李 xíngli 명 짐 **挤** jǐ 동 붐비다 **计算** jìsuàn 동 계산하다
方便 fāngbiàn 형 편리하다

3 문 : 你跟朋友联系时，打电话还是发短信? 请简单谈谈看。
Nǐ gēn péngyou liánxì shí, dǎ diànhuà háishi fā duǎnxìn? Qǐng jiǎndān tántan kàn.
당신은 친구와 연락할 때 전화를 하나요, 아니면 문자를 보내나요? 간단히 말해 보세요.

답 : 这要看情况。如果是发照片或聊闲话，我就发短信。但如果有急事，我就直接打电话说重点。这样省时间。
Zhè yào kàn qíngkuàng. Rúguǒ shì fā zhàopiàn huò liáo xiánhuà, wǒ jiù fā duǎnxìn. Dàn rúguǒ yǒu jíshì, wǒ jiù zhíjiē dǎ diànhuà shuō zhòngdiǎn. Zhèyàng shěng shíjiān.
이건 상황을 봐야 합니다. 만약 사진을 보내거나 잡담을 하는 것이라면 저는 문자를 보냅니다. 그러나 만약 급한 일이 있으면 저는 바로 전화해서 중요한 것을 이야기합니다. 이렇게 하면 시간을 아낄 수 있습니다.

* **联系** liánxì 동 연락하다 **发短信** fā duǎnxìn 문자메시지를 보내다
聊闲话 liáo xiánhuà 잡담을 하다 **急事** jíshì 급한 일
重点 zhòngdiǎn 명 중점, 중요한 점 **省** shěng 동 아끼다

4 문 : 考试前一天，你怎么复习? 请简单谈谈看。
Kǎoshì qián yì tiān, nǐ zěnme fùxí? Qǐng jiǎndān tántan kàn.
시험 전 날, 당신은 어떻게 복습하나요? 간단히 말해 보세요.

답 : 我一般会简单复习一下。比如再看看重点部分，不太懂的地方，确认一下有没有我没复习好的部分。
Wǒ yìbān huì jiǎndān fùxí yíxià. Bǐrú zài kànkan zhòngdiǎn bùfen, bú tài dǒng de dìfang, quèrèn yíxià yǒu mei yǒu wǒ méi fùxí hǎo de bùfen.
저는 일반적으로 간단하게 복습합니다. 예를 들어 중요한 부분, 잘 모르는 부분을 다시 보고 제가 복습을 하지 못한 부분이 있는지 확인합니다.

* **考试** kǎoshì 동 시험을 보다 **前** qián 명 앞 **复习** fùxí 동 복습하다
部分 bùfen 명 부분 **懂** dǒng 동 이해하다, 알다 **地方** dìfang 명 부분, 곳 **确认** quèrèn 동 확인하다

Unit 13 | 견해와 이유 말하기

실전 문제 p. 163

1 문 : 你对电子产品感兴趣吗? 请简单说一说。
Nǐ duì diànzǐ chǎnpǐn gǎn xìngqù ma? Qǐng jiǎndān shuō yi shuō.
당신은 전자 제품에 관심이 있나요? 간단히 말해 보세요.

답 : 我对电子产品很感兴趣，特别是智能手机。因为我平时用智能手机做很多事情，比如发电子邮件、购物等。智能手机是我生活的一部分。
Wǒ duì diànzǐ chǎnpǐn hěn gǎn xìngqù, tèbié shì zhìnéng shǒujī. Yīnwèi wǒ píngshí yòng zhìnéng shǒujī zuò hěn duō shìqing, bǐrú fā diànzǐ yóujiàn, gòuwù děng. Zhìnéng shǒujī shì wǒ shēnghuó de yí bùfen.

저는 전자 제품에 관심이 있는데, 특히 스마트폰입니다. 왜냐하면 저는 평소에 스마트폰으로 많은 일을 하는데, 예를 들어 이메일 보내기, 쇼핑하기 등입니다. 스마트폰은 제 생활의 일부분입니다.

* **电子产品** diànzǐ chǎnpǐn 전자 제품 **特别** tèbié 부 특히
智能手机 zhìnéng shǒujī 스마트폰 **因为** yīnwèi 접 ~때문이다
电子邮件 diànzǐ yóujiàn 이메일 **购物** gòuwù 물건을 사다
等 děng 조 등 **生活** shēnghuó 명동 생활(하다)
一部分 yí bùfen 일부분

2 문 : 你对现在的工作满意吗？请简单谈谈看。
Nǐ duì xiànzài de gōngzuò mǎnyì ma?
Qǐng jiǎndān tántan kàn.
당신은 현재의 직업에 만족하나요? 간단히 말해 보세요.

답 : 我对现在的工作很满意。因为这份工作很适合我，工资也高，而且我很喜欢我的同事们。
Wǒ duì xiànzài de gōngzuò hěn mǎnyì. Yīnwèi zhè fèn gōngzuò hěn shìhé wǒ, gōngzī yě gāo, érqiě wǒ hěn xǐhuan wǒ de tóngshìmen.
저는 현재의 직업에 만족합니다. 왜냐하면 이 일은 저에게 적합하고 월급도 높으며 저는 저의 동료들을 좋아하기 때문입니다.

* **满意** mǎnyì 형 만족하다 **份** fèn 양 건, 부 **适合** shìhé 동 적합하다
工资 gōngzī 명 임금, 월급 **同事** tóngshì 명 동료

3 문 : 你觉得怎样学习才能有效？
请说说你的看法。
Nǐ juéde zěnyàng xuéxí cái néng yǒuxiào?
Qǐng shuōshuo nǐ de kànfǎ.
당신은 어떻게 공부해야 효과가 있다고 생각하나요? 당신의 견해를 말해 보세요.

답 : 我觉得亲身体验最有效。有句话说得好“百闻不如一见”。通过亲身体验得到的知识是不可代替的，也不容易忘掉。
Wǒ juéde qīnshēn tǐyàn zuì yǒuxiào. Yǒu jù huà shuō de hǎo “bǎi wén bùrú yí jiàn”. Tōngguò qīnshēn tǐyàn dédào de zhīshi shì bùkě dàitì de, yě bù róngyì wàngdiào.
저는 직접 경험하는 것이 가장 효과가 있다고 생각합니다. '백문이 불여일견이다'라는 좋은 말이 있습니다. 직접 경험해서 얻은 지식은 대체할 수 없고 쉽게 잊어버리지 않습니다.

* **有效** yǒuxiào 동 효과가 있다 **亲身** qīnshēn 형 직접, 스스로
体验 tǐyàn 동 경험하다 **句** jù 양 말, 문장을 세는 단위
百闻不如一见 bǎi wén bùrú yí jiàn 백문이 불여일견이다. 백 번 듣는 것보다 한 번 보는 것이 낫다 **知识** zhīshi 명 지식
不可 bùkě 조동 ~할 수 없다 **代替** dàitì 동 대체하다
忘掉 wàngdiào 잊어버리다

4 문 : 你认为二手货受欢迎的理由是什么？
请说说你的看法。
Nǐ rènwéi èrshǒu huò shòu huānyíng de lǐyóu shì shénme? Qǐng shuōshuo nǐ de kànfǎ.
당신은 중고 제품이 환영 받는 이유가 무엇이라고 생각하나요? 당신의 견해를 말해 보세요.

답 : 现在流行购买使用过的二手货。因为第一，二手货价格很便宜。第二，使用二手货可以保护环境。第三，最近在网上买卖二手货也很方便。
Xiànzài liúxíng gòumǎi shǐyòngguo de èrshǒu huò. Yīnwèi dì yī, èrshǒu huò jiàgé hěn piányi. Dì èr, shǐyòng èrshǒu huò kěyǐ bǎohù huánjìng. Dìsān, zuìjìn zài wǎngshàng mǎimai èrshǒu huò yě hěn fāngbiàn.
현재 사용했던 중고 제품을 구매하는 것이 유행합니다. 왜냐하면 첫째, 중고 제품은 가격이 저렴합니다. 둘째, 중고 제품을 사용하는 것은 환경을 보호할 수 있습니다. 셋째, 최근 인터넷에서 중고 제품을 사고 파는 것은 매우 편리하기 때문입니다.

* **二手货** èrshǒu huò 중고 제품 **受欢迎** shòu huānyíng 환영을 받다
理由 lǐyóu 명 이유 **流行** liúxíng 동 유행하다 **购买** gòumǎi 동 구매하다
使用 shǐyòng 동 사용하다 **保护** bǎohù 동 보호하다
环境 huánjìng 명 환경 **买卖** mǎimai 명 매매, 거래
方便 fāngbiàn 형 편리하다

Unit 14 | 이유 말하기

실전 문제

p. 175

1 문 : 你准备朋友的礼物时，一般会考虑什么？
请简单谈谈。
Nǐ zhǔnbèi péngyou de lǐwù shí, yìbān huì kǎolǜ shénme? Qǐng jiǎndān tántan.
당신은 친구의 선물을 준비할 때, 일반적으로 무엇을 고려하나요? 간단히 말해 보세요.

답 : 我一般会考虑朋友的兴趣爱好。比如朋友平时对电子产品感兴趣，那么我就准备电子产品送给他。
Wǒ yìbān huì kǎolǜ péngyou de xìngqù àihào. Bǐrú péngyou píngshí duì diànzǐ chǎnpǐn gǎn xìngqù, nàme wǒ jiù zhǔnbèi diànzǐ chǎnpǐn sòng gěi tā.
저는 일반적으로 친구의 관심사를 먼저 생각합니다. 예를 들어 친구가 전자 제품에 관심이 있다면 저는 전자 제품을 준비해 친구에게 선물해 줍니다.

* **准备** zhǔnbèi 동 준비하다 **礼物** lǐwù 명 선물 **时** shí 명 때
考虑 kǎolǜ 동 고려하다 **兴趣** xìngqù 명 흥미
爱好 àihào 명 취미, 기호 **比如** bǐrú 동 예를 들다 **平时** píngshí 명 평소
对~感兴趣 duì~gǎn xìngqù ~에 관심(흥미)이 있다
那么 nàme 접 그렇다면

2 문 : 你买东西时，会冲动购买还是再三考虑？
请简单说说。
Nǐ mǎi dōngxi shí, huì chōngdòng gòumǎi háishi zàisān kǎolǜ? Qǐng jiǎndān shuōshuo.
당신은 물건을 살 때 충동구매를 하나요, 아니면 여러 번 생각을 하나요? 간단히 말해 보세요.

답 : 我买东西时，一般去商店直接找我需要的东西或在网上搜索一下，然后马上购买。不会考虑很长时间。

Wǒ mǎi dōngxi shí, yìbān qù shāngdiàn zhíjiē zhǎo wǒ xūyào de dōngxi huò zài wǎngshàng sōusuǒ yíxià, ránhòu mǎshàng gòumǎi. Búhuì kǎolǜ hěn cháng shíjiān.
저는 물건을 살 때 일반적으로 직접 상점에 가서 제가 필요한 물건을 사거나 혹은 인터넷으로 검색한 뒤 바로 삽니다. 오래 생각하지 않습니다.

* 冲动购买 chōngdòng gòumǎi 충동구매 还是 háishi 접 아니면, 또는
再三 zàisān 부 여러 번 商店 shāngdiàn 명 상점, 가게
直接 zhíjiē 형 직접적인 找 zhǎo 동 찾다 网上 wǎngshàng 인터넷
搜索 sōusuǒ 동 검색하다 然后 ránhòu 접 그런 다음에
马上 mǎshàng 부 곧, 바로

3 문 : 你一个星期喝几次酒? 请简单说说。
Nǐ yí ge xīngqī hē jǐ cì jiǔ? Qǐng jiǎndān shuōshuo.
당신은 일주일에 몇 번 술을 마시나요? 간단히 말해 보세요.

답 : 大概两三次。因为我们部门常常会餐，会餐的时候，我们喝很多酒。所以我的身体不太好。
Dàgài liǎng sān cì. Yīnwèi wǒmen bùmén chángcháng huìcān, huìcān de shíhou, wǒmen hē hěn duō jiǔ. Suǒyǐ wǒ de shēntǐ bú tài hǎo.
대략 두세 번입니다. 왜냐하면 저희 부서는 자주 회식을 하는데, 회식할 때 저는 술을 많이 마십니다. 그래서 저의 몸은 그다지 좋지 않습니다.

* 喝 hē 동 마시다 酒 jiǔ 명 술 大概 dàgài 형 대략적인
部门 bùmén 명 부서 常常 chángcháng 부 자주
会餐 huìcān 동 회식하다 身体 shēntǐ 명 몸, 신체

4 문 : 工作的时候，你经常写报告吗?
请简单说说。
Gōngzuò de shíhou, nǐ jīngcháng xiě bàogào ma? Qǐng jiǎndān shuōshuo.
일할 때 당신은 자주 보고서를 쓰나요? 간단히 말해 보세요.

답 : 我常常写报告。因为我们部门每天都开会，开会前我要给上司发报告。我不太喜欢写报告，我觉得写报告有点儿浪费时间。
Wǒ chángcháng xiě bàogào. Yīnwèi wǒmen bùmén měitiān dōu kāihuì, kāihuì qián wǒ yào gěi shàngsi fā bàogào. Wǒ bú tài xǐhuan xiě bàogào, wǒ juéde xiě bàogào yǒudiǎnr làngfèi shíjiān.
저는 자주 보고서를 씁니다. 왜냐하면 저희 부서는 매일 회의를 하고, 회의 전에 상사에게 보고서를 보내야 하기 때문입니다. 저는 보고서 쓰는 것을 그다지 좋아하지 않습니다. 저는 보고서 쓰는 것이 시간 낭비를 하는 것이라고 생각합니다.

* 经常 jīngcháng 부 자주 写 xiě 동 (글을) 쓰다 报告 bàogào 명 보고(서)
开会 kāihuì 동 회의하다 上司 shàngsi 명 상사 发 fā 동 보내다
浪费 làngfèi 동 낭비하다

Unit 15 | 장단점 논리적으로 말하기

실전 문제

p. 191

1 문 : 你认为在网上办理银行业务有哪些好处和坏处? 请说说你的看法。
Nǐ rènwéi zài wǎngshang bànlǐ yínháng yèwù yǒu nǎxiē hǎochù hé huàichù? Qǐng shuōshuo nǐ de kànfǎ.
당신은 인터넷으로 은행 업무를 처리하는 것이 어떤 장단점이 있다고 생각하나요? 당신의 생각을 이야기해 보세요.

답 : 好处是：节省了去银行排队的时间，随时可以查询账户信息，还可以购物。坏处是：如果有人窃取你的信息，贷款的话，那么会给你带来很大的损失。
Hǎochù shì: jiéshěngle qù yínháng páiduì de shíjiān, suíshí kěyǐ cháxún zhànghù xìnxī, hái kěyǐ gòuwù. Huàichù shì: rúguǒ yǒu rén qièqǔ nǐ de xìnxī, dàikuǎn de huà, nàme huì gěi nǐ dàilái hěn dà de sǔnshī.
장점은 은행에 가서 줄을 서는 시간을 줄여 주었으며, 언제든지 계좌 정보를 찾아보고 쇼핑도 할 수 있습니다. 단점은 만약 어떤 사람이 당신의 정보를 몰래 빼내 대출을 받는다면 당신에게 큰 손해를 가져올 수 있습니다.

* 认为 rènwéi 동 생각하다 网上 wǎngshàng 인터넷
办理 bànlǐ 동 처리하다 银行 yínháng 명 은행 业务 yèwù 명 업무
节省 jiéshěng 동 절약하다 排队 páiduì 동 줄을 서다
随时 suíshí 부 언제든지 查询 cháxún 동 찾아보다
账户 zhànghù 명 계좌 信息 xìnxī 명 정보, 소식
购物 gòu wù 물건을 사다 窃取 qièqǔ 동 훔치다
贷款 dàikuǎn 동 대출하다 损失 sǔnshī 명 손실

2 문 : 你觉得住公寓有哪些好处和坏处?
请谈谈你的看法。
Nǐ juéde zhù gōngyù yǒu nǎxiē hǎochù hé huàichù? Qǐng tántan nǐ de kànfǎ.
당신은 아파트에 사는 것이 어떤 장단점이 있다고 생각하나요? 당신의 견해를 이야기해 보세요.

답 : 我觉得住公寓的好处是：生活环境好，设施齐全，很方便。坏处是：各种居住费用比较高，楼层之间的噪音很大。所以我觉得住公寓有利有弊。
Wǒ juéde zhù gōngyù de hǎochù shì: shēnghuó huánjìng hǎo, shèshī qíquán, hěn fāngbiàn. Huàichù shì: gèzhǒng jūzhù fèiyòng bǐjiào gāo, lóucéng zhījiān de zàoyīn hěn dà. Suǒyǐ wǒ juéde zhù gōngyù yǒulì yǒubì.
제 생각에 아파트에 사는 장점은 생활 환경이 좋고 시설이 다 갖춰져 있으며 매우 편리하다는 것입니다. 단점은 각종 거주 비용이 비교적 높으며 층간 소음이 큽니다. 그래서 저는 아파트에 사는 것이 장단점이 있다고 생각합니다.

* 公寓 gōngyù 명 아파트 环境 huánjìng 명 환경 设施 shèshī 명 설비
各种 gèzhǒng 각종 居住 jūzhù 동 거주하다 费用 fèiyòng 명 비용
楼层 lóucéng 명 층 之间 zhījiān ~사이 噪音 zàoyīn 명 소음
所以 suǒyǐ 접 그래서

3 문 : 你认为移民去国外生活好处多还是坏处多？请谈谈你的看法。

Nǐ rènwéi yímín qù guówài shēnghuó hǎochù duō háishi huàichù duō? Qǐng tántan nǐ de kànfǎ.

당신은 이민을 가서 생활하는 것이 장점이 많다고 생각하나요 단점이 많다고 생각하나요? 당신의 견해를 이야기해 보세요.

답 : 我觉得移民去国外生活有利有弊。通过移民可以体验到不同的生活方式和文化，增长见识。但相反，远离亲朋好友，会感觉孤单，什么都要从头开始。

Wǒ juéde yímín qù guówài shēnghuó yǒuli yǒubì. Tōngguò yímín kěyǐ tǐyàn dào bùtóng de shēnghuó fāngshì hé wénhuà, zēngzhǎng jiànshi. Dàn xiāngfǎn, yuǎnlí qīnpéng hǎoyǒu, huì gǎnjué gūdān, shénme dōu yào cóngtóu kāishǐ.

저는 이민을 가서 생활하는 것은 장단점이 있다고 생각합니다. 이민을 통해서 다른 생활 방식과 문화를 경험할 수 있고, 견문을 넓힐 수 있습니다. 그러나 반대로 친한 친구들과 떨어져야 해서 외롭다고 느낄 수 있으며 무엇이든 처음부터 시작해야 합니다.

* 移民 yímín 동 이민하다 通过 tōngguò 전 ~을 통해서
体验 tǐyàn 동 체험하다 不同 bùtóng 같지 않다 方式 fāngshì 명 방식
文化 wénhuà 명 문화 增长 zēngzhǎng 동 증가하다
相反 xiāngfǎn 접 반대로 远离 yuǎn lí 멀리 떨어지다
亲朋好友 qīnpéng hǎoyǒu 친지와 친구 感觉 gǎnjué 동 느끼다
从头 cóngtóu 부 처음부터 开始 kāishǐ 동 시작하다

4 문 : 你认为自由职业有哪些好处和坏处？请说说你的看法。

Nǐ rènwéi zìyóu zhíyè yǒu nǎxiē hǎochù hé huàichù? Qǐng shuōshuo nǐ de kànfǎ.

당신은 프리랜서에 어떤 장단점이 있다고 생각하나요? 당신의 견해를 이야기해 보세요.

답 : 我认为自由职业有好处也有坏处。好处是：比较自由，而且人际关系比较简单。坏处是：收入不稳定，这方面的压力也很大。

Wǒ rènwéi zìyóu zhíyè yǒu hǎochù yě yǒu huàichù. Hǎochù shì: bǐjiào zìyóu, érqiě rénjì guānxi bǐjiào jiǎndān. Huàichù shì: shōurù bù wěndìng, zhè fāngmiàn de yālì yě hěn dà.

저는 프리랜서에 장점도 있고 단점도 있다고 생각합니다. 장점은 비교적 자유로우며 인간관계가 비교적 간단합니다. 단점은 수입이 안정적이지 않아 이 방면의 스트레스가 매우 크다는 것입니다.

* 自由职业 zìyóu zhíyè 프리랜서 而且 érqiě 접 게다가
人际关系 rénjì guānxi 인간관계 简单 jiǎndān 형 간단하다
收入 shōurù 명 수입 稳定 wěndìng 형 안정되다
方面 fāngmiàn 명 방면, 부분

Unit 16 | 상황 설명 논리적으로 말하기

실전 문제

p. 203

1 문 : 你觉得你们国家的公共交通便利吗？请谈谈你的看法。

Nǐ juéde nǐmen guójiā de gōnggòng jiāotōng biànlì ma? Qǐng tántan nǐ de kànfǎ.

당신이 생각하기에 당신 나라의 대중교통은 편리하다고 생각하나요? 당신의 견해를 말해 보세요.

답 : 我觉得我们国家的公共交通非常便利。有地铁、公交、高速大巴、高铁等交通工具。不管你去哪儿，都可以方便快捷地到达。

Wǒ juéde wǒmen guójiā de gōnggòng jiāotōng fēicháng biànlì. Yǒu dìtiě、gōngjiāo、gāosù dàbā、gāotiě děng jiāotōng gōngjù. Bùguǎn nǐ qù nǎr, dōu kěyǐ fāngbiàn kuàijié de dàodá.

저는 우리나라의 대중교통은 매우 편리하다고 생각합니다. 지하철, 버스, 고속버스, KTX 등의 교통수단이 있습니다. 당신이 어디를 가든 상관없이 모두 편리하고 빠르게 도착할 수 있습니다.

* 公共交通 gōnggòng jiāotōng 대중교통 地铁 dìtiě 명 지하철
公交 gōngjiāo 명 대중교통 高速大巴 gāosù dàbā 고속버스
高铁 gāotiě 명 고속철도 交通工具 jiāotōng gōngjù 대중교통 수단
不管～都 bùguǎn~dōu ~에 상관없이 快捷 kuàijié 형 재빠르다
到达 dàodá 동 도착하다

2 문 : 你觉得网络让人们之间的距离变近了还是变远了？请谈谈你的看法。

Nǐ juéde wǎngluò ràng rénmen zhījiān de jùlí biàn jìnle háishi biàn yuǎn le? Qǐng tántan nǐ de kànfǎ.

당신이 생각하기에 인터넷은 사람들 사이의 거리를 가깝게 만들었다고 생각하나요, 아니면 멀어지게 만들었다고 생각하나요? 당신의 견해를 말해 보세요.

답 : 我觉得网络让人们之间的距离变近的同时也变远了。我们现在通过网络可以随时联系朋友，但见面的次数变少了，即使见了也各玩各的手机，不关心对方。

Wǒ juéde wǎngluò ràng rénmen zhījiān de jùlí biàn jìn de tóngshí yě biàn yuǎn le. Wǒmen xiànzài tōngguò wǎngluò kěyǐ suíshí liánxì péngyou, dàn jiànmiàn de cìshù biàn shǎo le, jíshǐ jiànle yě gè wán gè de shǒujī, bù guānxīn duìfāng.

저는 인터넷이 사람과 사람 사이의 거리를 가깝게 만드는 동시에 멀어지게 만들었다고 생각합니다. 우리는 현재 인터넷을 통해서 수시로 친구들과 연락할 수 있으나 만나는 횟수를 적게 만들었습니다. 설령 만났더라도 각자 휴대폰을 하느라 상대방에게 관심을 갖지 않습니다.

* 网络 wǎngluò 명 인터넷, 네트워크 之间 zhījiān 명 ~사이
距离 jùlí 명 거리 变 biàn 동 변하다 近 jìn 형 가깝다 远 yuǎn 형 멀다
同时 tóngshí 접 동시에 随时 suíshí 부 언제든지 联系 liánxì 동 연락하다 次数 cìshù 명 횟수 即使～也 jíshǐ~ yě 설령~할지라도
关心 guānxīn 동 관심을 가지다 对方 duìfāng 명 상대방

3 문：在你们国家，一个人的学历和收入有关系吗？请谈谈你的看法。
Zài nǐmen guójiā, yí ge rén de xuélì hé shōurù yǒu guānxi ma? Qǐng tántan nǐ de kànfǎ.
당신 나라에서는 한 사람의 학력과 수입이 관계가 있나요? 당신의 견해를 말해 보세요.

답：**我认为在我们国家学历和收入有一定的关系。因为一般受过良好教育的人比其他人收入要高，而且学历越高收入就越高，学历决定收入高低的现象很普遍。**
Wǒ rènwéi zài wǒmen guójiā xuélì hé shōurù yǒu yídìng de guānxi. Yīnwèi yìbān shòuguo liánghǎo jiàoyù de rén bǐ qítā rén shōurù yào gāo, érqiě xuélì yuè gāo shōurù jiù yuè gāo, xuélì juédìng shōurù gāodī de xiànxiàng hěn pǔbiàn.
저는 우리나라에서 학력과 수입은 어느 정도 관련이 있다고 생각합니다. 왜냐하면 일반적으로 좋은 교육을 받은 사람들이 다른 사람들에 비해 수입이 높고, 게다가 학력이 높을수록 수입도 더 높으며, 학력이 수입의 높고 낮음을 결정하는 현상은 매우 보편적이기 때문입니다.

* **学历** xuélì 명 학력 **收入** shōurù 명 수입 **关系** guānxi 명 관계
一定 yídìng 형 어느 정도의 **受** shòu 동 받다
良好 liánghǎo 형 좋다, 양호하다 **教育** jiàoyù 명 교육
其他 qítā 대 그 밖에 **越～越～** yuè~yuè~ ~할수록 ~하다
决定 juédìng 동 결정하다 **高低** gāodī 명 높고 낮음
现象 xiànxiàng 명 현상 **普遍** pǔbiàn 형 보편적이다

4 문：跟过去相比，你觉得你们国家人们的环保意识提高了吗？请说说你的看法。
Gēn guòqù xiāngbǐ, nǐ juéde nǐmen guójiā rénmen de huánbǎo yìshi tígāo le ma? Qǐng shuōshuo nǐ de kànfǎ.
과거와 비교했을 때 당신은 당신 나라의 사람들의 환경보호 의식이 향상되었다고 생각하나요? 당신의 견해를 말해 보세요.

답：**我觉得跟过去相比，我们国家人民的环保意识提高了很多。人们在日常生活中都很注意节约用电、用水，尽量不使用一次性用品，积极参与垃圾分类。**
Wǒ juéde gēn guòqù xiāngbǐ, wǒmen guójiā rénmín de huánbǎo yìshi tígāole hěn duō. Rénmen zài rìcháng shēnghuó zhōng dōu hěn zhùyì jiéyuē yòng diàn、yòng shuǐ, jǐnliàng bù shǐyòng yícìxìng yòngpǐn, jījí cānyù lājī fēnlèi.
저는 과거와 비교했을 때 우리나라 사람들의 환경보호 의식이 많이 향상되었다고 생각합니다. 사람들은 일상생활에서 모두 전기와 물 사용에 주의하고 되도록 일회용품을 사용하지 않으며 적극적으로 쓰레기 분리수거에 참여합니다.

* **过去** guòqù 명 과거 **相比** xiāngbǐ 서로 비교하다
环保 huánbǎo 명 환경보호 **意识** yìshi 명 의식 동 의식하다
提高 tígāo 동 향상시키다 **日常生活** rìcháng shēnghuó 일상생활
注意 zhùyì 동 주의하다 **节约** jiéyuē 동 절약하다
用电 yòng diàn 전기를 사용하다 **用水** yòng shuǐ 물을 사용하다
尽量 jǐnliàng 부 되도록 **一次性用品** yícìxìng yòngpǐn 일회용품
积极 jījí 형 적극적이다 **参与** cānyù 동 참여하다 **垃圾** lājī 명 쓰레기
分类 fēnlèi 동 분류하다

Unit 17 | 동의와 반대 논리적으로 말하기

실전 문제

p. 213

1 문：人们说孩子长大以后，经济上应该要独立，你同意这种说法吗？
Rénmen shuō háizi zhǎng dà yǐhòu, jīngjì shang yīnggāi yào dúlì, nǐ tóngyì zhè zhǒng shuōfǎ ma?
사람들은 아이가 어른이 된 후에 경제적으로 반드시 독립해야 한다고 합니다. 당신은 이 견해에 동의하나요?

답：**虽然抚养孩子是父母的责任，但父母不可能照顾一辈子孩子。所以我认为孩子长大以后，应该学会经济上独立，生活上自立，不能总是依靠父母。**
Suīrán fǔyǎng háizi shì fùmǔ de zérèn, dàn fùmǔ bù kěnéng zhàogu yíbèizi háizi. Suǒyǐ wǒ rènwéi háizi zhǎng dà yǐhòu, yīnggāi xué huì jīngjì shang dúlì, shēnghuó shang zìlì, bùnéng zǒngshì yīkào fùmǔ.
비록 아이를 부양하는 것은 부모의 책임이지만, 부모가 한 평생 아이를 돌봐줄 수는 없습니다. 그래서 저는 아이가 어른이 되면 마땅히 경제적으로 독립을 해야 하고 삶에서도 자립해야지 항상 부모에게 의지할 수는 없다고 생각합니다.

* **孩子** háizi 명 자녀, 아이 **长大** zhǎng dà 성장하다 **以后** yǐhòu 명 이후
经济 jīngjì 명 경제 **应该** yīnggāi 조동 당연히 ~해야 한다
独立 dúlì 동 독립하다 **虽然～但** suīrán~dàn 비록 ~이지만, 그러나
抚养 fǔyǎng 동 (아이를) 부양하다 **父母** fùmǔ 명 부모
责任 zérèn 명 책임 **照顾** zhàogu 동 돌보다
一辈子 yíbèizi 명 한평생 **生活** shēnghuó 명 생활, 삶
自立 zìlì 동 자립하다 **总是** zǒngshì 부 항상 **依靠** yīkào 동 의지하다

2 문：很多人都说有很多钱就会很幸福，你同意这种说法吗？
Hěn duō rén dōu shuō yǒu hěn duō qián jiù huì hěn xìngfú, nǐ tóngyì zhè zhǒng shuōfǎ ma?
많은 사람이 돈이 많아야 행복하다고 말합니다. 당신은 이 견해에 동의하나요?

답：**我同意这种说法。如果有很多钱，就可以做自己想做的事情，不用辛苦工作，也不用为没钱而担心。这不就是幸福吗？**
Wǒ tóngyì zhè zhǒng shuōfǎ. Rúguǒ yǒu hěnduō qián, jiù kěyǐ zuò zìjǐ xiǎng zuò de shìqing, búyòng xīnkǔ gōngzuò, yě búyòng wèi méi qián ér dānxīn. Zhè bú jiùshì xìngfú ma?
저는 이 견해에 동의합니다. 만약 돈이 많으면 자신이 하고 싶은 일을 할 수 있고, 힘들게 일하지 않아도 되며, 돈 때문에 걱정하지 않아도 됩니다. 이것이 바로 행복이 아닐까요?

* **钱** qián 명 돈 **幸福** xìngfú 형 행복하다 **事情** shìqing 명 일, 사건
不用 búyòng 동 ~할 필요가 없다 **辛苦** xīnkǔ 형 고생스럽다
为 wèi 전 ~을 위해 **担心** dānxīn 동 걱정하다

3 문: 有人说毕业于名牌大学才能成功。你同意这种说法吗？请说说你的想法。

Yǒu rén shuō bìyè yú míngpái dàxué cái néng chénggōng. Nǐ tóngyì zhè zhǒng shuōfǎ ma? Qǐng shuōshuo nǐ de xiǎngfǎ.

어떤 사람은 명문 대학교를 졸업해야만 성공 할 수 있다고 합니다. 당신은 이 견해에 동의하나요? 당신의 견해를 말해 보세요.

답: 我认为大学牌子跟成功没有关系。因为成功的原因很复杂的，比如、自信心、丰富的经验，吃苦的精神等等。成功和哪个学校毕业并没有直接关系。

Wǒ rènwéi dàxué páizi gēn chénggōng méiyǒu guānxi. Yīnwèi chénggōng de yuányīn hěn fùzá de, bǐrú、zìxìnxīn、fēngfù de jīngyàn, chīkǔ de jīngshen děngděng. chénggōng hé nǎge xuéxiào bìyè bìng méiyǒu zhíjiē guānxi.

저는 대학 간판과 성공은 관계가 없다고 생각합니다. 성공의 원인은 예를 들어 자신감, 풍부한 경험, 고생할 줄 아는 정신 등등 매우 복잡합니다. 성공과 어떤 학교를 졸업했는지는 직접적인 관계가 없습니다.

* 毕业 bìyè 동 졸업하다 名牌大学 míngpái dàxué 명문 대학교
才 cái 부 ~에야 비로소 成功 chénggōng 동 성공하다
牌子 páizi 명 상표, 브랜드 关系 guānxi 명 관계
原因 yuányīn 명 원인 复杂 fùzá 형 복잡하다 比如 bǐrú 동 예를 들다
自信心 zìxìnxīn 자신감 丰富 fēngfù 형 풍부하다
经验 jīngyàn 명 경험 동 경험하다 吃苦 chīkǔ 동 고생하다
精神 jīngshen 명 정신 等 děng 조 등 直接 zhíjiē 형 직접의

4 문: 有人说考试对学生的学习有帮助，你同意这种说法吗？

Yǒu rén shuō kǎoshì duì xuésheng de xuéxí yǒu bāngzhù, nǐ tóngyì zhè zhǒng shuōfǎ ma?

어떤 사람은 시험을 보는 것이 학생의 공부에 도움이 된다고 말합니다. 당신은 이 견해에 동의하나요?

답: 我同意这种说法。因为通过考试学生能知道自己哪些地方不懂，能看到自己的不足。而且适当的考试压力会让他们更认真、努力学习。

Wǒ tóngyì zhè zhǒng shuōfǎ. Yīnwèi tōngguò kǎoshì xuésheng néng zhīdao zìjǐ nǎxiē dìfang bù dǒng, néng kàndào zìjǐ de bùzú. Érqiě shìdàng de kǎoshì yālì huì ràng tāmen gèng rènzhēn、nǔlì xuéxí.

저는 이 견해에 동의합니다. 왜냐하면 시험을 통해서 학생은 자신이 어떤 부분을 모르는지 알 수 있고, 자신의 부족함을 볼 수 있기 때문입니다. 게다가 적당한 시험 스트레스는 학생에게 더 성실하게 공부할 수 있게 합니다.

* 考试 kǎoshì 동 시험을 보다 帮助 bāngzhù 동 돕다
通过 tōngguò 전 ~을 통해서 知道 zhīdào 동 알다
地方 dìfang 명 부분, 곳 懂 dǒng 동 알다, 이해하다
不足 bùzú 형 부족하다 而且 érqiě 접 게다가
适当 shìdàng 형 적당하다 压力 yālì 명 스트레스
让 ràng 동 ~에게 ~하게 하다 认真 rènzhēn 형 성실하다

Unit 18 | 상황에 맞게 답하기1

실전 문제

p. 229

1 문: 你新买的一双鞋穿了还不到一周，鞋上的装饰就掉了。请你给商店打电话说明情况，并要求解决问题。

Nǐ xīn mǎi de yì shuāng xié chuānle hái búdào yì zhōu, xié shang de zhuāngshì jiù diào le. Qǐng nǐ gěi shāngdiàn dǎ diànhuà shuōmíng qíngkuàng, bìng yāoqiú jiějué wèntí.

당신이 새로 산 신발의 장식이 신은 지 일주일도 되지 않았는데 떨어졌습니다. 상점에 전화해서 상황을 설명하고 문제를 해결하도록 요구하세요.

답: 喂，你好，我前几天在你们商店买了一双鞋。但还不到一周，鞋上的装饰就掉了。我把这双鞋寄给你们，你们帮我修一下吧。

Wéi, nǐ hǎo, wǒ qián jǐ tiān zài nǐmen shāngdiàn mǎile yì shuāng xié. Dàn hái búdào yì zhōu, xié shang de zhuāngshì jiù diào le. Wǒ bǎ zhè shuāng xié jì gěi nǐmen, nǐmen bāng wǒ xiū yíxià ba.

여보세요, 안녕하세요. 제가 며칠 전 당신 상점에서 신발 한 켤레를 샀습니다. 그런데 일주일도 안 돼서 신발의 장식이 떨어졌어요. 제가 이 신발을 보내 드릴 테니 수리 좀 부탁해요.

* 新 xīn 부 새롭게 双 shuāng 양 켤레, 쌍 鞋 xié 명 신발
穿 chuān 동 (옷이나 신발을) 착용하다 装饰 zhuāngshì 명 장식
掉 diào 동 떨어지다, 잃어버리다 商店 shāngdiàn 명 상점, 가게
说明 shuōmíng 동 설명하다 情况 qíngkuàng 명 상황 寄 jì 동 보내다
修 xiū 동 수리하다

2 문: 你要给外国朋友寄信，正好你的同屋要去邮局。请你向同屋说明情况，并拜托她帮你。

Nǐ yào gěi wàiguó péngyou jì xìn, zhènghǎo nǐ de tóngwū yào qù yóujú. Qǐng nǐ xiàng tóngwū shuōmíng qíngkuàng, bìng bàituō tā bāng nǐ.

당신이 외국인 친구에게 편지를 보내려고 하는데, 마침 당신의 룸메이트가 우체국을 가려고 합니다. 룸메이트에게 상황을 설명하고 그녀에게 당신을 도와 달라고 하세요.

답: 我要给外国朋友寄信，但今天一直有课，没有时间去邮局。你去邮局的时候，你能不能顺便帮我把这封信寄过去？我下课后请你喝咖啡，拜托你了。

Wǒ yào gěi wàiguó péngyou jì xìn, dàn jīntiān yìzhí yǒu kè, méiyǒu shíjiān qù yóujú. Nǐ qù yóujú de shíhou, nǐ néng bu néng shùnbiàn bāng wǒ bǎ zhè fēng xìn jì guòqù? Wǒ xiàkè hòu qǐng nǐ hē kāfēi, bàituō nǐ le.

내가 외국인 친구에게 편지를 보내려고 하는데, 오늘 계속 수업이 있어서 우체국에 갈 시간이 없어. 네가 우체국에 가는 김에 이 편지를 부쳐줄 수 있니? 내가 수업 끝나고 커피 살게, 부탁 좀 해.

* 外国 wàiguó 명 외국 寄信 jì xìn 편지를 보내다 正好 zhènghǎo 부 마침 同屋 tóngwū 룸메이트 邮局 yóujú 명 우체국 向 xiàng 전 ~을 향해 一直 yìzhí 부 계속 课 kè 명 수업 顺便 shùnbiàn 부 ~하는 김에 封 fēng 양 통 下课 xiàkè 동 수업이 끝나다 咖啡 kāfēi 명 커피

3 문: 你的爱人每天吃方便食品，请你劝他少吃方便食品。

Nǐ de àiren měitiān chī fāngbiàn shípǐn, qǐng nǐ quàn tā shǎo chī fāngbiàn shípǐn.

당신의 남편이 매일 인스턴트 식품만 먹습니다. 그에게 인스턴트 식품을 적게 먹으라고 권고하세요.

답: 方便食品又咸又辣，吃多了容易长胖，你的身体会一天不如一天的。我建议你应该少吃方便食品，多吃一些新鲜的蔬菜，水果也不错。

Fāngbiàn shípǐn yòu xián yòu là, chī duōle róngyì zhǎng pàng, nǐ de shēntǐ huì yì tiān bùrú yì tiān de. Wǒ jiànyì nǐ yīnggāi shǎo chī fāngbiàn shípǐn, duō chī yìxiē xīnxiān de shūcài, shuǐguǒ yě búcuò.

인스턴트 식품은 짜고 매워서 많이 먹으면 쉽게 살이 쪄서 몸이 예전과 같지 않을 거예요. 인스턴트 식품 적게 먹고 신선한 채소를 좀 먹어요. 과일도 좋고요.

* 爱人 àiren 명 아내, 남편 方便食品 fāngbiàn shípǐn 인스턴트 식품 又~又 yòu~yòu ~하면서 ~하다 咸 xián 형 짜다 辣 là 형 맵다 容易 róngyì 형 쉽다 长 zhǎng 동 자라다 胖 pàng 형 뚱뚱하다 身体 shēntǐ 명 몸, 신체 不如 bùrú 동 ~만 못하다 建议 jiànyì 동 제안하다, 건의하다 应该 yīnggāi 조동 당연히 ~해야 한다 新鲜 xīnxiān 형 신선하다 蔬菜 shūcài 명 채소 水果 shuǐguǒ 명 과일

Unit 19 | 상황에 맞게 답하기2

실전 문제

p. 241

1 문: 你在去见朋友的路上发现坐错车了，不能按时到达。请你给朋友打电话说明情况，并请求谅解。

Nǐ zài qù jiàn péngyou de lùshang fāxiàn zuòcuò chē le, bùnéng ànshí dàodá. Qǐng nǐ gěi péngyou dǎ diànhuà shuōmíng qíngkuàng, bìng qǐngqiú liàngjiě.

당신은 친구를 만나러 가는 길에 차를 잘못 타서 제때에 도착하지 못한다는 것을 알게 되었습니다. 친구에게 전화해서 상황을 설명하고 양해를 구하세요.

답: 喂，小李，我发现我坐错车了。真不好意思，看来不能按时到达。你在对面的咖啡厅等我好吗？我到了马上给你联系。真不好意思。

Wéi, Xiǎo Lǐ, wǒ fāxiàn wǒ zuòcuò chē le. Zhēn bù hǎoyìsi, kànlái bùnéng ànshí dàodá. Nǐ zài duìmiàn de kāfēitīng děng wǒ hǎo ma? Wǒ dàole mǎshàng gěi nǐ liánxì. Zhēn bù hǎoyìsi.

여보세요, 샤오리, 내가 차를 잘못 탔다는 것을 알게 됐어. 정말 미안해. 보아하니 제때에 도착할 수 없을 것 같아. 맞은편 커피숍에서 나를 기다려 줄래? 내가 도착하면 바로 너에게 연락할게. 정말 미안해.

* 路上 lùshang 명 도중, 길 위 发现 fāxiàn 동 알아차리다 坐错 zuòcuò 잘못 타다 车 chē 명 차 按时 ànshí 부 제때에 到达 dàodá 동 도착하다 说明 shuōmíng 동 설명하다 情况 qíngkuàng 명 상황 并 bìng 접 게다가 请求 qǐngqiú 동 구하다 谅解 liàngjiě 동 양해하다 看来 kànlái 동 보아하니 ~하다 对面 duìmiàn 명 맞은편 咖啡厅 kāfēitīng 명 커피숍 等 děng 동 기다리다 联系 liánxì 동 연락하다

2 문: 你想利用周末学架子鼓。请你去培训班说明你的水平，并询问时间、学费等相关事宜。

Nǐ xiǎng lìyòng zhōumò xué jiàzigǔ. Qǐng nǐ qù péixùnbān shuōmíng nǐ de shuǐpíng, bìng xúnwèn shíjiān, xuéfèi děng xiāngguān shìyí.

당신은 주말을 이용해서 드럼을 배우고 싶습니다. 학원에 가서 당신의 수준을 설명하고 시간, 수강료 등 관련 사항을 문의하세요.

답: 你好，我想学架子鼓。我第一次来培训班，以前没学过架子鼓，你们这儿周末有基础班吗？几点有课？怎么收费？

Nǐ hǎo, wǒ xiǎng xué jiàzigǔ. Wǒ dì yī cì lái péixùnbān, yǐqián méi xuéguo jiàzigǔ, nǐmen zhèr zhōumò yǒu jīchǔbān ma? Jǐ diǎn yǒu kè? Zěnme shōufèi?

안녕하세요, 저는 드럼을 배우고 싶은데요. 저는 처음 학원에 온 것이고 예전에 드럼을 배운 적이 없어요. 여기 주말에 기초반이 있나요? 몇 시에 수업이 있나요? 수강료는 어떻게 받나요?

* 利用 lìyòng 동 이용하다 架子鼓 jiàzigǔ 드럼 培训班 péixùnbān 훈련반 水平 shuǐpíng 명 수준 询问 xúnwèn 동 문의하다 学费 xuéfèi 명 학비 相关 xiāngguān 동 관련되다 事宜 shìyí 명 사항 基础班 jīchǔbān 기초반 收费 shōu fèi 돈을 받다

3 문: 你的弟弟最近正在找工作，但不太顺利。请你安慰一下你的弟弟。

Nǐ de dìdi zuìjìn zhèngzài zhǎo gōngzuò, dàn bú tài shùnlì. Qǐng nǐ ānwèi yíxià nǐ de dìdi.

당신의 남동생이 요즘 직업을 구하고 있지만 순조롭지 않습니다. 당신의 남동생을 위로해 보세요.

답: 弟弟，我也知道最近找工作不容易，你的压力很大。我能理解你现在的心情。但你别太担心，继续努力的话，我相信你一定会找到一份好的工作，加油。

Dìdi, wǒ yě zhīdao zuìjìn zhǎo gōngzuò bù róngyì, nǐ de yālì hěn dà. Wǒ néng lǐjiě nǐ xiànzài de xīnqíng. Dàn nǐ bié tài dānxīn, jìxù nǔlì de huà, wǒ xiāngxìn nǐ yídìng huì zhǎodào yí fèn hǎo de gōngzuò, jiāyóu.

동생아, 요즘 직업 구하기가 쉽지 않아서 네가 스트레스가 크다는 거 알아. 네 지금 심정을 이해할 수 있어. 그렇지만 너무 걱정하지 마. 계속 노력하면 분명 좋은 직업을 찾을 수 있을 거야. 힘내.

* 顺利 shùnlì 형 순조롭다 安慰 ānwèi 동 위로하다 容易 róngyì 형 쉽다 压力 yālì 명 스트레스 理解 lǐjiě 동 이해하다 心情 xīnqíng 명 마음 担心 dānxīn 동 걱정하다 继续 jìxù 동 계속하다 努力 nǔlì 동 노력하다 相信 xiāngxìn 동 믿다 一定 yídìng 부 분명히

Unit 20 | 이야기 구성 짜기

실전 문제

p. 256

1 有一天，妈妈和女儿看到一个有名的男演员带着自己的大狗正在接受采访。妈妈问那个演员能不能一起拍张照，演员答应了。女儿拿着棒棒糖高兴地看着妈妈。妈妈请记者帮自己拍照时，大狗闻到了棒棒糖的味儿，走到女儿的身边。那只狗开始咬女儿的棒棒糖，女儿吓得大哭起来，妈妈和那个演员不知道怎么办。

Yǒu yì tiān, māma hé nǚ'ér kàndào yí ge yǒumíng de nán yǎnyuán dàizhe zìjǐ de dà gǒu zhèngzài jiēshòu cǎifǎng. Māma wèn nàge yǎnyuán néng bu néng yìqǐ pāi zhāng zhào, yǎnyuán dāying le. Nǚ'ér názhe bàngbàngtáng gāoxìng de kànzhe māma. Māma qǐng jìzhě bāng zìjǐ pāizhào shí, dà gǒu wéndàole bàngbàngtáng de wèir, zǒudào nǚ'ér de shēnbiān. Nà zhī gǒu kāishǐ yǎo nǚ'ér de bàngbàngtáng, nǚ'ér xià de dà kū qǐlái, māma hé nàge yǎnyuán bù zhīdào zěnmebàn.

어느 날, 엄마와 딸은 한 유명한 남자 연예인이 자신의 개를 데리고 인터뷰를 하고 있는 것을 보았습니다. 엄마는 그 배우에게 같이 사진을 찍을 수 있는지 물어보았고, 배우는 허락했습니다. 딸은 막대사탕을 들고 신이 난 듯 엄마를 보고 있습니다. 엄마가 기자에게 사진을 찍어 달라고 했을 때 큰 개가 막대 사탕의 냄새를 맡고 딸의 곁으로 왔습니다. 그 개는 딸의 막대 사탕을 물기 시작했고, 딸은 놀라서 크게 울기 시작하였습니다. 엄마와 그 배우는 어찌할 바를 몰랐습니다.

* **有名** yǒumíng 형 유명하다 **演员** yǎnyuán 명 배우, 연기자
带着 dàizhe ~을 데리고 **狗** gǒu 명 개 **正在** zhèngzài 부 (마침) ~하고 있다
接受 jiēshòu 동 받아들이다 **采访** cǎifǎng 명 인터뷰 **问** wèn 동 묻다
拍照 pāizhào 동 사진을 찍다 **答应** dāying 동 허락하다
棒棒糖 bàngbàngtáng 막대 사탕 **记者** jìzhě 명 기자 **闻** wén 동 냄새를 맡다
味儿 wèir 명 냄새 **身边** shēnbiān 명 곁, 신변 **注意** zhùyì 동 주의하다
开始 kāishǐ 동 시작하다 **咬** yǎo 동 물다 **吓** xià 동 놀라다 **哭** kū 동 울다

2 游泳比赛开始前，一个身体健壮的选手正在做准备运动。旁边有一个瘦小的选手。比赛开始了，身体健壮的选手冲在最前面。可游了一半，身体健壮的选手没了力气。这时那个瘦小的选手超过了他。最后，那个瘦小的选手拿了第一名。身体健壮的男选手一边为他鼓掌，一边觉得很不好意思。

Yóuyǒng bǐsài kāishǐ qián, yí ge shēntǐ jiànzhuàng de xuǎnshǒu zhèngzài zuò zhǔnbèi yùndòng. Pángbiān yǒu yí ge shòuxiǎo de xuǎnshǒ. Bǐsài kāishǐ le, shēntǐ jiànzhuàng de xuǎnshǒu chōng zài zuì qiánmiàn. Kě yóule yíbàn, shēntǐ jiànzhuàng de xuǎnshǒu méile lìqi. Zhèshí nàge shòuxiǎo de xuǎnshǒu chāoguòle tā. Zuì hòu, nàge shòuxiǎo de xuǎnshǒu nále dìyī míng. Shēntǐ jiànzhuàng de nán xuǎnshǒu yì biān wèi tā gǔzhǎng, yì biān juéde hěn bù hǎoyìsi.

수영 시합이 시작되기 전, 몸이 건장한 선수가 준비 운동을 하고 있습니다. 옆에서는 왜소한 선수가 있습니다. 시합이 시작되자, 몸이 건장한 선수가 가장 앞으로 돌진합니다. 그러나 절반을 수영하자, 몸이 건장한 선수는 힘이 없습니다. 이때 그 왜소한 선수가 그를 앞지릅니다. 마지막에 그 왜소한 선수가 일등을 했습니다. 몸이 건장한 남자 선수는 그에게 박수를 쳐 주면서, 부끄럽다고 생각했습니다.

* **游泳** yóuyǒng 동 수영하다 **比赛** bǐsài 명 경기, 시합
健壮 jiànzhuàng 형 건장하다 **选手** xuǎnshǒu 명 선수
准备运动 zhǔnbèi yùndòng 준비 운동 **瘦小** shòuxiǎo 형 왜소하다
冲 chōng 동 돌진하다 **前面** qiánmiàn 명 앞(쪽) **力气** lìqi 명 힘
超过 chāoguò 동 앞지르다 **第一名** dìyī míng 일등 **为** wèi 전 ~을 위해
鼓掌 gǔzhǎng 동 박수 치다

TSC 기출 모의고사 모범답안

第一部分

p. 258~259

1 문 : 你叫什么名字?
Nǐ jiào shénme míngzi?
당신의 이름은 무엇입니까?

답 : 我叫李在现。
Wǒ jiào Lǐ Zàixiàn.
저는 이재현이라고 합니다.

2 문 : 请说出你的出生年月日。
Qǐng shuōchū nǐ de chūshēng nián yuè rì.
당신의 생년월일을 말해보세요.

답 : 我是1980年3月14号出生的。
Wǒ shì yī jiǔ bā líng nián sān yuè shísì hào chūshēng de.
저는 1980년 3월 14일에 태어났습니다.

* **出生** chūshēng 동 태어나다

3 문 : 你家有几口人?
Nǐ jiā yǒu jǐ kǒu rén?
당신의 가족은 몇 명입니까?

답 : 我家有四口人，爸爸、妈妈、弟弟和我。
Wǒ jiā yǒu sì kǒu rén, bàba, māma, dìdi hé wǒ.
우리 집은 네 식구로, 아빠, 엄마, 남동생 그리고 저입니다.

* **爱人** àiren 명 아내, 남편 **还有** háiyǒu 접 그리고

4 문 : 你在什么地方工作?
或者你在哪个学校上学?
Nǐ zài shénme dìfang gōngzuò?
Huòzhě nǐ zài nǎge xuéxiào shàngxué?
당신은 어디에서 근무합니까? 또는 어느 학교에 다니나요?

답 : 我在YBM公司工作。
Wǒ zài YBM gōngsī gōngzuò.
저는 YBM 회사에서 근무합니다.

* **公司** gōngsī 명 회사 **工作** gōngzuò 명 일 동 일하다

第二部分

p. 260~261

1 문 : 哪种东西比较贵?
Nǎ zhǒng dōngxi bǐjiào guì?
어떤 물건이 비교적 비싼가요?

답 : 包比较贵。
Bāo bǐjiào guì.
가방이 비교적 비쌉니다.

* 种 zhǒng 양 종류 东西 dōngxi 명 물건, 것 比较 bǐjiào 부 비교적
贵 guì 형 비싸다 包 bāo 명 가방

2 문 : 照相机在哪儿?
Zhàoxiàngjī zài nǎr?
사진기는 어디에 있나요?

답 : 照相机在桌子上边。
Zhàoxiàngjī zài zhuōzi shàngbian.
사진기는 탁자 위에 있습니다.

* 照相机 zhàoxiàngjī 명 사진기, 카메라 桌子 zhuōzi 명 탁자
上边 shàngbian 명 위(쪽)

3 문 : 女的在跑步吗?
Nǚde zài pǎobù ma?
여자는 달리기를 하고 있나요?

답 : 不是，她在写信。
Búshì, tā zài xiě xìn.
아니요, 그녀는 편지를 쓰고 있습니다.

* 跑步 pǎobù 동 달리기를 하다 写信 xiě xìn 편지를 쓰다

4 문 : 橘子有多重?
Júzi yǒu duō zhòng?
귤은 무게가 얼마나 되나요?

답 : 三点五公斤。
Sān diǎn wǔ gōngjīn.
3.5kg입니다.

* 橘子 júzi 명 귤 重 zhòng 형 무겁다 点 diǎn 명 소수점
公斤 gōngjīn 양 킬로그램[kg]

第三部分

p. 262~264

1 문 : 昨天我换了手机，你看怎么样?
Zuótiān wǒ huànle shǒujī, nǐ kàn zěnmeyàng?
저 어제 휴대폰을 바꿨어요? 어때요?

답 : 挺不错，你是在哪儿买的?
Tǐng búcuò, nǐ shì zài nǎr mǎi de?
꽤 괜찮네요, 어디에서 산 거예요?

* 昨天 zuótiān 명 어제 换 huàn 동 바꾸다 手机 shǒujī 명 휴대폰
挺 tǐng 부 꽤, 매우 不错 búcuò 형 좋다, 괜찮다

2 문 : 你知道学校附近哪儿有医院吗?
Nǐ zhīdao xuéxiào fùjìn nǎr yǒu yīyuàn ma?
학교 근처 어디에 병원이 있는지 아니?

답 : 学校旁边有一所，就在超市旁边。
Xuéxiào pángbiān yǒu yì suǒ, jiù zài chāoshì pángbiān.
학교 옆에 하나 있어. 바로 슈퍼 옆에 있어.

* 知道 zhīdao 동 알다 附近 fùjìn 명 근처 医院 yīyuàn 명 병원
旁边 pángbiān 명 옆(쪽) 所 suǒ 양 개, 하나, 동[건물을 세는 단위]
就 jiù 부 바로 超市 chāoshì 명 슈퍼마켓, 마트

3 문 : 听说你又要出差了。
Tīngshuō nǐ yòu yào chūchāi le.
듣자니 또 출장을 간다면서요?

답 : 是，这次我去上海出差。
Shì, zhècì wǒ qù Shànghǎi chūchāi.
네, 이번에는 상하이로 출장을 가요.

* 听说 tīngshuō 동 듣자니 又 yòu 부 또 要 yào 조 ~할 것이다
出差 chūchāi 동 출장하다 次 cì 양 번, 차례

4 문 : 修理好需要一个多星期的时间。
Xiūlǐ hǎo xūyào yí ge duō xīngqī de shíjiān.
수리하려면 일주일이 넘게 걸려요.

답 : 好的，修理好后请给我联系。
Hǎode, xiūlǐ hǎo hòu qǐng gěi wǒ liánxì.
알겠습니다. 수리 후에 연락 주세요.

* 修理 xiūlǐ 동 수리하다 需要 xūyào 동 필요하다 多 duō 수 여, 남짓
星期 xīngqī 명 주, 요일 时间 shíjiān 명 시간 后 hòu 명 후
联系 liánxì 동 연락하다

5 문 : 听说这个周末会非常冷!
Tīngshuō zhège zhōumò huì fēicháng lěng!
이번 주말에 굉장히 추울거래!

답 : 我也听说了，你多穿点儿，小心感冒。
Wǒ yě tīngshuō le, nǐ duō chuān diǎnr, xiǎoxīn gǎnmào.
나도 들었어. 옷을 좀 많이 입고, 감기 조심해.

* 周末 zhōumò 명 주말 会 huì 조동 ~할 것이다 非常 fēicháng 부 굉장히
冷 lěng 형 춥다 穿 chuān 동 (옷이나 신발을) 착용하다
点儿 diǎnr 수 조금, 약간 小心 xiǎoxīn 동 조심하다
感冒 gǎnmào 명 감기 동 감기에 걸리다

第四部分

p. 265~267

1 문 : 你最近写过信或卡片吗? 请简单说说看。
Nǐ zuìjìn xiěguo xìn huò kǎpiàn ma?
Qǐng jiǎndān shuōshuo kàn.
당신은 최근 편지나 카드를 써 본 적이 있나요?
간단히 말해 보세요.

답 : 我很长时间没写过信或卡片。以前朋友生日的时候我经常写信或卡片，不过最近我已经改用手机发短信和发电子邮件了。这样更方便。
Wǒ hěn cháng shíjiān méi xiěguo xìn huò kǎpiàn. Yǐqián péngyou shēngrì de shíhou wǒ jīngcháng xiě xìn huò kǎpiàn, búguò zuìjìn wǒ yǐjing gǎi yòng shǒujī fā duǎnxìn hé fā diànzǐ yóujiàn le. Zhèyàng gèng fāngbiàn.
저는 오랫동안 편지나 카드를 써 본 적이 없습니다. 예전에는 친구 생일 때 자주 편지나 카드를 썼었는데 최근에는 휴대폰으로 문자를 보내거나 메일을 보내는 걸로 이미 바꿨습니다. 이렇게 하면 더욱 편리합니다.

* **最近** zuìjìn 명 최근 **过** guo 조 ~한 적이 있다 **或** huò 접 또는, 혹은
卡片 kǎpiàn 명 카드 **简单** jiǎndān 형 간단하다 **以前** yǐqián 명 이전
生日 shēngrì 명 생일 **时候** shíhou 명 때 **经常** jīngcháng 부 자주
不过 búguò 접 그러나 **已经** yǐjing 부 이미 **改** gǎi 동 바꾸다
用 yòng 동 사용하다 **发短信** fā duǎnxìn 문자메시지를 보내다
发电子邮件 fā diànzǐ yóujiàn 이메일을 보내다
方便 fāngbiàn 형 편리하다

2 문 : 你喜欢去书店吗？请简单谈谈。
Nǐ xǐhuan qù shūdiàn ma? Qǐng jiǎndān tántan.
당신은 서점에 가는 것을 좋아하나요? 간단히 말해 보세요.

답 : 我经常去书店，差不多每个星期去一次。我特别喜欢书店的氛围，所以常在书店看书、买书。
Wǒ jīngcháng qù shūdiàn, chàbuduō měi ge xīngqī qù yí cì. Wǒ tèbié xǐhuan shūdiàn de fēnwéi, suǒyǐ cháng zài shūdiàn kàn shū、mǎi shū.
저는 자주 서점에 가는데 거의 매주 한 번씩 갑니다. 저는 서점의 분위기를 매우 좋아해서 자주 서점에서 책을 보거나 책을 삽니다.

* **书店** shūdiàn 서점 **谈** tán 동 이야기하다 **差不多** chàbuduō 부 거의
每 měi 대 매, ~마다 **特别** tèbié 부 특히 **氛围** fēnwéi 명 분위기
所以 suǒyǐ 접 그래서 **常** cháng 부 자주

3 문 : 你平时跟家人聊天的时间多吗？请简单谈谈。
Nǐ píngshí gēn jiārén liáotiān de shíjiān duō ma? Qǐng jiǎndān tántan.
당신은 평소에 식구들과 이야기 하는 시간이 많은가요? 간단히 말해 보세요.

답 : 我平时跟家人聊天的时间不太多。因为我家人都各忙各的，很难聚在一起，只有周末可以聊聊天。
Wǒ píngshí gēn jiārén liáotiān de shíjiān bú tài duō. Yīnwèi wǒ jiā rén dōu gè máng gè de, hěn nán jù zài yìqǐ, zhǐyǒu zhōumò kěyǐ liáoliaotiān.
저는 평소에 식구들과 이야기하는 시간이 그다지 많지 않습니다. 왜냐하면 식구들도 각자 바빠서 모이기도 힘들어 주말에만 이야기할 수 있기 때문입니다.

* **平时** píngshí 명 평소 **聊天** liáotiān 동 이야기하다
不太 bú tài 그다지 ~하지 않다 **因为** yīnwèi 접 ~때문에
都 dōu 부 모두, 다 **难** nán 형 어렵다 **聚** jù 동 모이다
一起 yìqǐ 부 함께, 같이 **只有** zhǐyǒu 부 단지, 오직
周末 zhōumò 명 주말 **可以** kěyǐ 조동 ~할 수 있다

4 문 : 你常看电视剧吗？请简单说一说。
Nǐ cháng kàn diànshìjù ma? Qǐng jiǎndān shuō yī shuō.
당신은 자주 드라마를 보나요? 간단히 말해 보세요.

답 : 我常看电视剧。因为我没有什么兴趣爱好，所以下班后就打开电视机看电视剧。我觉得看电视剧可以消除我的压力。
Wǒ cháng kàn diànshìjù. Yīnwèi wǒ méiyǒu shénme xìngqù àihào, suǒyǐ xiàbān hòu jiù dǎkāi diànshìjī kàn diànshìjù. Wǒ juéde kàn diànshìjù kěyǐ xiāochú wǒ de yālì.
저는 자주 드라마를 봅니다. 왜냐하면 저는 별다른 취미가 없어서 퇴근 후에 TV를 켜고 드라마를 봅니다. 저는 드라마를 보는 것이 저의 스트레스를 해소해 준다고 생각합니다.

* **电视剧** diànshìjù 명 드라마 **兴趣** xìngqù 명 흥미, 관심
爱好 àihào 명 취미 **下班** xiàbān 동 퇴근하다 **打开** dǎkāi 동 켜다
电视机 diànshìjī 명 TV, 텔레비전 **消除** xiāochú 동 해소하다
压力 yālì 명 스트레스

5 문 : 你有希望改变的饮食方面的习惯吗？请简单谈一谈。
Nǐ yǒu xīwàng gǎibiàn de yǐnshí fāngmiàn de xíguàn ma? Qǐng jiǎndān tán yi tán.
당신은 바꾸고 싶은 식습관이 있나요? 간단히 말해 보세요.

답 : 我平时经常吃方便食品。虽然知道这个习惯不利于健康，但做饭很麻烦。我希望能改掉这些坏习惯。
Wǒ píngshí jīngcháng chī fāngbiàn shípǐn. Suīrán zhīdao zhège xíguàn bú lìyú jiànkāng, dàn zuòfàn hěn máfan. Wǒ xīwàng néng gǎidiào zhèxiē huài xíguàn.
저는 평소에 자주 인스턴트 식품을 먹습니다. 비록 이 습관이 건강에 좋지 않다는 것을 알지만, 밥을 하는 것이 너무 귀찮습니다. 저는 이러한 나쁜 습관을 고치고 싶습니다.

* **希望** xīwàng 명 희망 동 희망(하다) **改变** gǎibiàn 동 바꾸다
饮食 yǐnshí 명 음식 **方面** fāngmiàn 명 방면, 부분 **习惯** xíguàn 명 습관 **方便食品** fāngbiàn shípǐn 인스턴트 식품
虽然~但~ suīrán~dàn~ 접 비록 ~이지만 ~이다
不利于 bú lìyú ~에 이롭지 않다 **健康** jiànkāng 형 건강하다
麻烦 máfan 형 귀찮다 **改掉** gǎidiào 바꿔 버리다 **这些** zhèxiē 대 이들
坏 huài 형 나쁘다

第五部分

p. 268~269

1 문 : 你认为上学时的学习成绩和工作以后的能力有关系吗？请说说你的看法。
Nǐ rènwéi shàngxué shí de xuéxí chéngjì hé gōngzuò yǐhòu de nénglì yǒu guānxi ma? Qǐng shuōshuo nǐ de kànfǎ.
당신은 학교 다닐 때의 학업 성적이 일을 시작한 이후의 능력과 관련이 있다고 생각하나요? 당신의 견해를 이야기해 보세요.

답: 我认为两者没有关系。因为学习成绩不能代表工作能力，而且不断地努力提升自己的话，可以提高工作能力。
Wǒ rènwéi liǎngzhě méiyǒu guānxi. Yīnwèi xuéxí chéngjì bùnéng dàibiǎo gōngzuò nénglì, érqiě búduàn de nǔlì tíshēng zìjǐ dehuà, kěyǐ tígāo gōngzuò nénglì.
저는 서로 관련이 없다고 생각합니다. 왜냐하면 학업 성적이 업무 능력을 의미하는 것도 아니고, 게다가 끊임없이 자신을 업그레이드한다면 업무 능력도 향상되기 때문입니다.

* **认为** rènwéi 동 ~라고 생각하다 **成绩** chéngjì 명 성적
以后 yǐhòu 명 이후 **能力** nénglì 명 능력 **关系** guānxi 명 관계
两者 liǎngzhě 두 가지 **代表** dàibiǎo 동 대표하다, 상징하다
而且 érqiě 접 게다가 **不断** búduàn 부 끊임없이
努力 nǔlì 동형 노력(하다) **提升** tíshēng 동 끌어올리다
自己 zìjǐ 대 자신, 스스로 **的话** dehuà ~한다면
提高 tígāo 동 향상시키다

2 문: 现在自然灾害越来越频繁，是什么原因造成的？请说一说你的看法。
Xiànzài zìrán zāihài yuèláiyuè pínfán, shì shénme yuányīn zàochéng de? Qǐng shuō yi shuō nǐ de kànfǎ.
최근 자연재해가 갈수록 빈번해지고 있습니다. 어떤 원인이 야기한 것일까요? 당신의 견해를 이야기해 보세요.

답: 我觉得大部分自然灾难都是人类破坏环境造成的。我们平时都不太注意环境保护，随便扔垃圾，大量使用一次性用品，还浪费资源。
Wǒ juéde dà bùfen zìrán zāinàn dōu shì rénlèi pòhuài huánjìng zàochéng de. Wǒmen píngshí dōu bú tài zhùyì huánjìng bǎohù, suíbiàn rēng lājī, dàliàng shǐyòng yícìxìng yòngpǐn, hái làngfèi zīyuán.
저는 대부분의 자연재해는 인류가 환경을 파괴해서 야기한 것이라고 생각합니다. 우리는 평소에 환경보호에 그다지 주의하지 않고 아무렇게나 쓰레기를 버리고, 대량으로 일회용품을 사용하며, 자원을 낭비합니다.

* **自然灾害** zìrán zāihài 자연재해 **越来越** yuèláiyuè 갈수록 ~하다
频繁 pínfán 형 빈번하다 **原因** yuányīn 명 원인
造成 zàochéng 동 야기하다 **大部分** dà bùfen 대부분
人类 rénlèi 명 인류 **破坏** pòhuài 동 파괴하다 **环境** huánjìng 명 환경
注意 zhùyì 동 주의하다 **环境保护** huánjìng bǎohù 환경보호
随便 suíbiàn 부 함부로 **扔** rēng 동 버리다 **垃圾** lājī 명 쓰레기
大量 dàliàng 형 대량의 **使用** shǐyòng 동 사용하다
一次性用品 yícìxìng yòngpǐn 일회용품 **浪费** làngfèi 동 낭비하다
资源 zīyuán 명 자원

3 문: 近来人类的平均寿命不断延长。你认为这种情况给我们的生活带来了什么变化？请谈谈你的看法。
Jìnlái rénlèi de píngjūn shòumìng búduàn yáncháng. Nǐ rènwéi zhè zhǒng qíngkuàng gěi wǒmen de shēnghuó dàiláile shénme biànhuà? Qǐng tántan nǐ de kànfǎ.
최근 인류의 평균 수명이 끊임없이 연장되고 있습니다. 당신은 이러한 상황이 우리의 생활에 어떤 변화를 가져왔다고 생각하나요? 당신의 견해를 이야기해 보세요.

답: 我认为平均寿命不断延长不仅可以更长时间地陪伴家人，还让人生的经历变得更丰富了。但在医疗方面的支出越来越多，生活压力越来越大。
Wǒ rènwéi píngjūn shòumìng búduàn yáncháng bùjǐn kěyǐ gèng cháng shíjiān de péibàn jiārén, hái ràng rénshēng de jīnglì biàn de gèng fēngfù le. Dàn zài yīliáo fāngmiàn de zhīchū yuèláiyuè duo, shēnghuó yālì yuèláiyuè dà.
저는 평균 수명의 연장은 더욱 오랜 시간 동안 가족들과 함께할 수 있으며, 인생의 경험을 더욱 풍부하게 해준다고 생각합니다. 그러나 의료 방면의 지출이 계속 늘어나 생활 스트레스가 갈수록 큽니다.

* **近来** jìnlái 명 최근 **平均** píngjūn 형 평균적인
寿命 shòumìng 명 수명 **不断** búduàn 부 끊임없이
延长 yáncháng 동 연장하다 **情况** qíngkuàng 명 상황 **给** gěi 전 ~에게
带来 dàilái 가져오다 **变化** biànhuà 명 변화
不仅～还～ bùjǐn~ hái~ ~일 뿐만 아니라, 게다가
陪伴 péibàn 동 동반하다 **让** ràng 동 ~에게 ~하게 하다
人生 rénshēng 명 인생, 삶 **经历** jīnglì 명 경험 **变** biàn 동 변하다
丰富 fēngfù 형 풍부하다 **医疗** yīliáo 명 의료
支出 zhīchū 명동 지출, 지출하다 **压力** yālì 명 스트레스

4 문: 你觉得结交朋友的时候，年纪重要吗？请你谈谈你的看法。
Nǐ juéde jiéjiāo péngyou de shíhou, niánjì zhòngyào ma? Qǐng nǐ tántan nǐ de kànfǎ.
당신은 친구를 사귈 때 나이가 중요하다고 생각하나요?
당신의 견해를 이야기해 보세요.

답: 我觉得结交朋友时，年纪不太重要。只要可以互相信任，互相交流，读懂对方的心的话，不管年纪大还是小，都可以成为朋友。
Wǒ juéde jiéjiāo péngyou shí, niánjì bú tài zhòngyào. Zhǐyào kěyǐ hùxiāng xìnrèn, hùxiāng jiāoliú, dúdǒng duìfāng de xīn dehuà, bùguǎn niánjì dà háishi xiǎo, dōu kěyǐ chéngwéi péngyou.
저는 친구를 사귈 때 나이는 그다지 중요하지 않다고 생각합니다. 그저 서로 믿고, 서로 교류하며, 상대방의 마음을 알 수 있다면 나이가 많든 적든 상관없이 친구가 될 수 있습니다.

* **结交** jiéjiāo 동 사귀다 **年纪** niánjì 명 나이 **重要** zhòngyào 형 중요하다 **只要** zhǐyào 접 ~하기만 하면 **互相** hùxiāng 부 서로
信任 xìnrèn 동 믿다 **交流** jiāoliú 동 교류하다 **懂** dǒng 동 이해하다
对方 duìfāng 명 상대방 **不管～都～** bùguǎn~dōu~ ~에 상관없이
还是 háishi 접 혹은, 아니면 **成为** chéngwéi 동 ~이 되다

第六部分

p. 270~271

1 문 : 你刚刚收到了在网上订购的化妆品，但是却不是你订购的那款化妆品。现在你要给卖化妆品的商店打电话说明情况，并商量如何解决问题。

Nǐ gānggāng shōudàole zài wǎngshàng dìnggòu de huàzhuāngpǐn, dànshì què búshì nǐ dìnggòu de nà kuǎn huàzhuāngpǐn. Xiànzài nǐ yào gěi mài huàzhuāngpǐn de shāngdiàn dǎ diànhuà shuōmíng qíngkuàng, bìng shāngliàng rúhé jiějué wèntí.

당신은 방금 인터넷에서 주문한 화장품을 받았는데, 당신이 주문한 그 화장품이 아닙니다. 지금 화장품을 파는 상점에 전화해서 상황을 설명하고 어떻게 문제를 해결할 것인지 상의해 보세요.

답 : 喂，你好。我刚刚收到了在网上订购的化妆品，但这不是我订购的那款。请你确认后给我寄来我订购的化妆品吧，还有告诉我怎么把我收到的化妆品寄回给你。

Wéi, nǐ hǎo. Wǒ gānggāng shōudàole zài wǎngshàng dìnggòu de huàzhuāngpǐn, dàn zhè búshì wǒ dìnggòu de nà kuǎn. Qǐng nǐ quèrèn hòu gěi wǒ jìlái wǒ dìnggòu de huàzhuāngpǐn ba, háiyǒu gàosu wǒ zěnme bǎ wǒ shōudào de huàzhuāngpǐn jì huí gěi nǐ.

여보세요, 안녕하세요. 제가 방금 인터넷에서 주문한 화장품을 받았습니다. 그런데 제가 주문한 그 화장품이 아니네요. 확인 후에 제가 주문한 화장품을 보내 주세요. 그리고 제가 받은 화장품은 어떻게 보내야 하는지 알려 주세요.

* **刚刚** gānggāng 부 방금, 마침 **收到** shōudào 받다
网上 wǎngshàng 인터넷 **订购** dìnggòu 동 예약하여 주문하다
化妆品 huàzhuāngpǐn 명 화장품 **但是** dànshì 접 그러나
却 què 부 오히려 **款** kuǎn 양 종류, 스타일 **卖** mài 동 팔다
商店 shāngdiàn 명 상점 **说明** shuōmíng 명 설명하다
并 bìng 접 그리고, 또 **商量** shāngliang 동 상의하다
如何 rúhé 대 어떻게 **解决** jiějué 동 해결하다 **问题** wèntí 명 문제
喂 wéi 감 여보세요 **发现** fāxiàn 동 발견하다
好像 hǎoxiàng 부 마치 ~인 듯하다 **发货** fā huò 물건을 보내다
确认 quèrèn 동 확인하다 **寄** jì 동 보내다 **告诉** gàosu 동 알리다

2 문 : 你弟弟明年就要上高三了，现在压力很大。作为他的姐姐，请你来安慰安慰他。

Nǐ dìdi míngnián jiù yào shàng gāo sān le, xiànzài yālì hěn dà. Zuòwéi tā de jiějie, qǐng nǐ lái ānwèi ānwèi tā.

당신의 남동생은 내년에 고등학교 3학년이 돼서 지금 스트레스가 무척 큽니다. 누나로서 남동생을 위로해 주세요.

답 : 弟弟，我也知道你最近压力很大，能理解你的心情。可不经历风雨，怎么见彩虹？你不要那么担心，高三这一年会很快过去的，加油吧。

Dìdi, wǒ yě zhīdao nǐ zuìjìn yālì hěn dà, néng lǐjiě nǐ de xīnqíng. Kě bù jīnglì fēngyǔ, zěnme jiàn cǎihóng? Nǐ búyào nàme dānxīn, gāo sān zhè yì nián huì hěn kuài guòqù de, jiāyóu ba.

동생아, 나도 네가 스트레스가 크다는 것을 알아, 네 기분 이해해. 그러나 비 온 뒤에 땅이 굳어진다고 하잖아? 너무 걱정하지 마, 고등학교 3학년 이 1년은 금방 지나갈 거야. 힘내.

* **弟弟** dìdi 명 남동생 **明年** míngnián 명 내년
作为 zuòwéi 전 ~의 자격으로 **安慰** ānwèi 동 위로하다
知道 zhīdao 동 알다 **理解** lǐjiě 동 이해하다 **心情** xīnqíng 명 마음
风雨 fēngyǔ 명 바람과 비, 혹독한 시련 **彩虹** cǎihóng 명 무지개
不要 búyào 부 ~하지 마라 **担心** dānxīn 동 걱정하다
过去 guòqù 동 지나가다 **加油** jiāyóu 동 힘을 내자

3 문 : 你爸爸对你说这个星期日要跟家人一起吃饭，但是你要跟朋友去看电影。请你向他解释一下情况，并提出解决的办法。

Nǐ bàba duì nǐ shuō zhège xīngqīrì yào gēn jiārén yìqǐ chīfàn, dànshì nǐ yào gēn péngyou qù kàn diànyǐng. Qǐng nǐ xiàng tā jiěshì yíxià qíngkuàng, bìng tíchū jiějué de bànfǎ.

당신의 아빠가 당신에게 이번 주 일요일에 가족들과 함께 식사를 하자고 하지만, 당신은 친구와 영화를 보러 가야 합니다. 아빠에게 상황을 설명하고 해결할 방법을 제시하세요.

답 : 爸爸，我也很想跟家人一起吃饭，但我已经约好跟朋友去看电影，是一个月前就约好的。要不下星期怎么样？下星期我带爸妈去吃好吃的吧，真不好意思。

Bàba, wǒ yě hěn xiǎng gēn jiārén yìqǐ chīfàn, dàn wǒ yǐjing yuēhǎo gēn péngyou qù kàn diànyǐng, shì yí ge yuè qián jiù yuē hǎode. Yàobù xià xīngqī zěnmeyàng? Xià xīngqī wǒ dài bà mā qù chī hǎochī de ba, zhēn bù hǎoyìsi.

아빠, 저도 가족들과 함께 식사하고 싶지만, 친구랑 이미 영화를 보러 가기로 약속했어요. 한 달 전에 약속한 거예요. 아니면 다음 주는 어때요? 다음 주에 제가 아빠, 엄마를 모시고 가서 맛있는 거 사 드릴게요. 정말 죄송해요.

* **对** duì 전 ~에게 **星期日** xīngqīrì 명 일요일 **电影** diànyǐng 명 영화
向 xiàng 전 ~을 향해 **解释** jiěshì 동 설명하다 **提出** tíchū 제시하다
办法 bànfǎ 명 방법

p. 272

1 답 : 小张明天有考试。但他晚上11点了还在玩游戏，不学习。第二天考试时，小张觉得很难，后悔自己没有好好儿准备考试。成绩出来了，没想到小张得了一百分！他心想这次运气很好，高兴得不得了。这时候老师发现自己弄错了，100分的考卷是别的同学的，小张只考了20分。小张觉得很不好意思。

Xiǎo Zhāng míngtiān yǒu kǎoshì. Dàn tā wǎnshang shíyī diǎnle hái zài wán yóuxì, bù xuéxí. Dì èr tiān kǎoshì shí, Xiǎo Zhāng juéde hěn nán, hòuhuǐ zìjǐ méiyǒu hǎohāor zhǔnbèi kǎoshì. Chéngjì chūlái le, méi xiǎngdào Xiǎo Zhāng déle yìbǎi fēn! Tā xīn xiǎng zhècì yùnqi hěn hǎo, gāoxìng de bùdéliǎo. Zhè shíhou lǎoshī fāxiàn zìjǐ nòngcuò le, yìbǎi fēn de kǎojuàn shì biéde tóngxué de, Xiǎo Zhāng zhǐ kǎole èrshí fēn. Xiǎo Zhāng juéde hěn bù hǎoyìsi.

샤오장은 내일 시험이 있습니다. 그러나 저녁 11시인데도 아직 게임만 하고 공부를 하지 않습니다. 다음날 시험을 볼 때 샤오장은 어렵다고 생각했고, 자신이 시험 준비를 잘하지 못한 것을 후회했습니다. 성적이 나왔습니다. 생각지도 못했는데 샤오장은 100점을 맞았습니다! 샤오장은 속으로 이번에 운이 좋았다고 생각하며 무척 기뻐했습니다. 이때 선생님은 자신이 잘못했다는 것을 발견했습니다. 100점 시험지는 다른 학생의 것이고, 샤오장은 20점 밖에 맞지 못했습니다. 샤오장은 창피하다고 생각했습니다.

* **考试** kǎoshì 동 시험을 보다 **晚上** wǎnshang 명 저녁, 밤
玩游戏 wán yóuxì 게임을 하다 **难** nán 형 어렵다
后悔 hòuhuǐ 동 후회하다 **好好** hǎohāor 부 잘, 제대로
准备 zhǔnbèi 동 준비하다 **成绩** chéngjì 명 성적 **出来** chūlái 동 나오다
没想到 méi xiǎngdào 생각지도 못하다 **得** dé 동 얻다
分 fēn 양 점[시험에서의 점수] **运气** yùnqi 명 운(수)
不得了 bùdéliǎo 형 매우 심하다 **弄错** nòngcuò 잘못하다
考卷 kǎojuàn 명 시험지 **别的** biéde 다른 것
不好意思 bù hǎoyìsi 부끄럽다

TSC® 기출 스타트
답변 모음

부분별 답변 모음

1부분

01. Mp3

자기소개

1	**我叫李在现。** Wǒ jiào Lǐ Zàixiàn.	저는 이재현입니다.
2	**我叫姜荷娜。** Wǒ jiào Jiāng Hénà.	저는 강하나입니다.
3	**我家有四口人。** Wǒ jiā yǒu sì kǒu rén.	저희 집은 네 식구입니다.
4	**我是1975年6月8号出生的。** Wǒ shì yī jiǔ qī wǔ nián liù yuè bā hào chūshēng de.	저는 1975년 6월 8일에 태어났습니다.
5	**我在贸易公司工作。** Wǒ zài màoyì gōngsī gōngzùo.	저는 무역 회사에서 근무합니다.
6	**我是韩国大学的学生。** Wǒ shì Hánguó dàxué de xuésheng.	저는 한국대학교 학생입니다.

2부분

02. Mp3

사물, 인물

1	**这是手机。** Zhè shì shǒujī.	이것은 휴대폰입니다.
2	**那是西瓜。** Nà shì xīguā.	그것은 수박입니다.
3	**这些是水果。** Zhèxiē shì shuǐguǒ.	이것들은 과일입니다.

4	**那些是电脑。** Nàxiē shì diànnǎo.	그것들은 컴퓨터입니다.
5	**那些都是手表。** Nàxiē dōu shì shǒubiǎo.	그것들은 모두 손목시계입니다.
6	**他是我的同事。** Tā shì wǒ de tóngshì.	그는 저의 직장 동료입니다.
7	**他是我的哥哥。** Tā shì wǒ de gēgē.	그는 나의 형(오빠)입니다.
8	**她是我的朋友。** Tā shì wǒ de péngyou.	그녀는 나의 친구입니다.
9	**这个人是医生。** Zhège rén shì yīshēng.	이 사람은 의사입니다.
10	**那个人是公司职员。** Nàge rén shì gōngsī zhíyuán.	그 사람은 회사직원입니다.

| 시간, 날짜

11	**现在三点二十分。** Xiànzài sān diǎn èrshí fēn.	지금은 3시 20분입니다.
12	**现在四点(零)五分。** Xiànzài sì diǎn (líng) wǔ fēn.	지금은 4시 5분입니다.
13	**现在十二点一刻。** Xiànzài shí'èr diǎn yíkè.	지금은 12시 15분입니다.
14	**现在两点半。** Xiànzài liǎng diǎn bàn.	지금은 2시 30분입니다.

15	**现在差一刻三点 。** Xiànzài chà yíkè sān diǎn.	지금은 3시 15분 전입니다.
16	**银行下午五点半关门。** Yínháng xiàwǔ wǔ diǎn bàn guānmén.	은행은 오후 5시 30분에 문을 닫습니다.
17	**昨天是星期六。** Zuótiān shì xīngqīliù.	어제는 토요일입니다.
18	**今天九月七号，星期五。** Jīntiān jiǔ yuè qī hào, xīngqīwǔ.	오늘은 9월 7일 금요일입니다.
19	**明天是十二月二十五号。** Míngtiān shì shíèr yuè èrshíwǔ hào.	내일은 12월 25일입니다.

I 도량형

20	**香蕉是五块八毛。** Xiāngjiāo shì wǔ kuài bā máo.	바나나는 5.8위안입니다.
21	**眼镜是两百三十块。** Yǎnjìng shì liǎngbǎi sānshí kuài.	안경은 230위안입니다.
22	**他个子一米七八。** Tā gèzi yì mǐ qī bā.	그의 키는 178cm입니다.
23	**铅笔八点五厘米。** Qiānbǐ bā diǎn wǔ límǐ.	연필은 8.5cm입니다.
24	**现在十三度。** Xiànzài shísān dù.	지금은 13도입니다.
25	**桌子是二十七公斤。** Zhuōzi shì èrshíqī gōngjīn.	탁자는 27kg입니다.

26	**他在电影院。** Tā zài diànyǐngyuàn.	그는 영화관에 있습니다.
27	**书包在桌子上面。** Shūbāo zài zhuōzi shàngmiàn.	책가방은 탁자 위에 있습니다.
28	**小狗在沙发上面。** Xiǎo gǒu zài shāfā shàngmiàn.	강아지는 소파 위에 있습니다.
29	**公园在超市后边。** Gōngyuán zài chāoshì hòubian.	공원은 슈퍼 뒤에 있습니다.
30	**他们在花店。** Tāmen zài huādiàn.	그들은 꽃가게에 있습니다.
31	**他们不在商店。** Tāmen búzài shāngdiàn.	그들은 상점에 있지 않습니다.
32	**桌子上边有两台电脑。** Zhuōzi shàngbian yǒu liǎng tái diànnǎo.	탁자 위에 컴퓨터 두 대가 있습니다.
33	**书包里边没有手机。** Shūbāo lǐbian méiyǒu shǒujī.	책가방 안에 휴대폰이 없습니다.
34	**学校东边没有超市。** Xuéxiào dōngbian méiyǒu chāoshì.	학교 동쪽에는 슈퍼가 없습니다.
35	**不是，他在公园。** Búshì, Tā zài gōngyuán.	아니요, 그는 공원에 있습니다.
36	**花瓶在桌子上面。** Huāpíng zài zhuōzi shàngmiàn.	꽃병은 탁자 위에 있습니다.
37	**杯子在手机旁边。** Bēizi zài shǒujī pángbiān.	컵은 휴대폰 옆에 있습니다.

동작, 행위의 진행

38	男的在看书呢。 Nánde zài kàn shū ne.	남자는 책을 보고 있습니다.
39	女的没在唱歌呢。 Nǚde méi zài chànggē ne.	여자는 노래를 부르고 있지 않습니다.
40	男的没在吃饭呢。 Nánde méi zài chīfàn ne.	남자는 밥을 먹고 있지 않습니다.
41	三点的时候，他们在打羽毛球呢。 Sān diǎn de shíhou, tāmen zài dǎ yǔmáoqiú ne.	3시에 그들은 배드민턴을 치고 있습니다.
42	女的正在睡觉呢。 Nǚde zhèngzài shuìjiào ne.	여자는 잠을 자고 있습니다.
43	他在喝咖啡呢。 Tā zài hē kāfēi ne.	그는 커피를 마시고 있습니다.
44	男的在加班呢。 Nánde zài jiābān ne.	남자는 야근을 하고 있습니다.
45	是，他正在游泳呢。 Shì, tā zhèngzài yóuyǒng ne.	네, 그는 수영을 하고 있습니다.
46	不是，我在画画儿呢。 Búshì, wǒ zài huàhuàr ne.	아니요, 저는 그림을 그리고 있습니다.
47	我在公司工作呢。 Wǒ zài gōngsī gōngzuò ne.	저는 회사에서 일을 하고 있습니다.
48	她正在学习汉语呢。 Tā zhèngzài xuéxí Hànyǔ ne.	그녀는 중국어 공부를 하고 있습니다.
49	女的正在听音乐呢。 Nǚde zhèngzài tīng yīnyuè ne.	여자는 음악을 듣고 있습니다.

| 비교

50	男的的大衣比较长。 Nánde de dàyī bǐjiào cháng.	남자의 코트가 비교적 깁니다.
51	今天比昨天冷 。 Jīntiān bǐ zuótiān lěng.	오늘이 어제보다 춥습니다.
52	苹果比西瓜小。 Píngguǒ bǐ xīguā xiǎo.	사과가 수박보다 작습니다.
53	女的的运动鞋比男的的更大。 Nǚde de yùndòngxié bǐ nánde de gèng dà.	여자의 운동화는 남자의 것보다 더 큽니다.
54	女的的礼物更大。 Nǚde de lǐwù gèng dà.	여자의 선물이 더 큽니다.
55	女的的礼物没有男的的大。 Nǚde de lǐwù méiyǒu nánde de dà.	여자의 선물은 남자의 것보다 크지 않습니다.
56	我没有妹妹高。 Wǒ méiyǒu mèimei gāo.	저는 여동생보다 크지 않습니다.
57	男的的手机不比女的的好。 Nánde de shǒujī bùbǐ nǚde de hǎo.	남자의 휴대폰은 여자의 것보다 좋지 않습니다.
58	最便宜的是帽子。 Zuì piányi de shì màozi.	가장 저렴한 것은 모자입니다.
59	词典最重。 Cídiǎn zuì zhòng.	사전이 가장 무겁습니다.
60	手机最贵。 Shǒujī zuì guì.	휴대폰이 가장 비쌉니다.
61	西瓜最多。 Xīguā zuì duō.	수박이 가장 많습니다.

ㅣ기호와 동작 묻기

1	我喜欢去电影院。 Wǒ xǐhuan qù diànyǐngyuàn.	저는 영화관에 가는 것을 좋아합니다.
2	我很爱吃汉堡。 Wǒ hěn ài chī hànbǎo.	저는 햄버거를 즐겨 먹습니다.
3	我经常去书店。 Wǒ jīngcháng qù shūdiàn.	저는 자주 서점에 갑니다.
4	我喜欢暖和的天气。 Wǒ xǐhuan nuǎnhuo de tiānqì.	저는 따뜻한 날씨를 좋아합니다.
5	我平时在图书馆做作业。 Wǒ píngshí zài túshūguǎn zuò zuòyè.	저는 평소에 도서관에서 숙제를 합니다.
6	我平时在家休息。 Wǒ píngshí zài jiā xiūxi.	저는 평소에 집에서 쉽니다.
7	我每天都看天气预报。 Wǒ měitiān dōu kàn tiānqì yùbào.	저는 매일 일기예보를 봅니다.
8	我最近工作很忙，不能每天学习。 Wǒ zuìjìn gōngzuò hěn máng, bùnéng měitiān xuéxí.	저는 최근 업무가 바빠서 매일 공부할 수 없습니다.
9	我一般跟朋友一起去爬山。 Wǒ yìbān gēn péngyou yìqǐ qù páshān.	저는 일반적으로 친구와 함께 등산을 갑니다.
10	我一般一个人去买衣服。 Wǒ yìbān yí ge rén qù mǎi yīfu.	저는 일반적으로 혼자 옷을 사러 갑니다.
11	我们明天下午去博物馆吧。 Wǒmen míngtiān xiàwǔ qù bówùguǎn ba.	우리 내일 오후에 박물관 가자.
12	我们明天早上九点半在学校见吧。 Wǒmen míngtiān zǎoshang jiǔ diǎn bàn zài xuéxiào jiàn ba.	우리 내일 아침 9시 30분에 학교에서 보자.

I 수량, 시량, 동량

No.	중국어	한국어
13	**我要两份材料。** Wǒ yào liǎng fèn cáiliào.	저는 자료 두 부가 필요합니다.
14	**我要一斤牛肉，还要一斤鸡肉。** Wǒ yào yì jīn niúròu, hái yào yì jīn jīròu.	소고기 한 근을 주시고요, 닭고기도 한 근 주세요.
15	**我选了三门课。** Wǒ xuǎnle sān mén kè.	저는 세 과목을 신청했습니다.
16	**我只点了一道菜。** Wǒ zhǐ diǎnle yí dào cài.	저는 음식을 하나만 주문했습니다.
17	**从我家到公司需要一个小时。** Cóng wǒ jiā dào gōngsī xūyào yí ge xiǎoshí.	저희 집에서 회사까지 한 시간이 걸립니다.
18	**不到十分钟就能到。** Búdào shí fēnzhōng jiù néng dào.	10분이 안돼서 바로 도착합니다.
19	**从这儿到餐厅大概需要十分钟。** Cóng zhèr dào cāntīng dàgài xūyào shí fēnzhōng.	여기서부터 식당까지 대략 10분정도 걸립니다.
20	**我学汉语学了三个月。** Wǒ xué Hànyǔ xuéle sān ge yuè.	저는 중국어를 3개월 배웠습니다.
21	**我看了一天的电影。** Wǒ kànle yì tiān de diànyǐng.	저는 하루 종일 영화를 봤습니다.
22	**保龄球我打了一个半小时。** Bǎolíngqiú wǒ dǎle yí ge bàn xiǎoshí.	저는 한 시간 반 동안 볼링을 쳤습니다.
23	**我一个星期一次去跳舞。** Wǒ yí ge xīngqī yí cì qù tiàowǔ.	저는 일주일에 한 번 춤을 추러 갑니다.
24	**我看了两遍小说。** Wǒ kànle liǎng biàn xiǎoshuō.	저는 소설을 두 번 봤습니다.

상태와 정도

25	我唱歌唱得很好。 Wǒ chànggē chàng de hěn hǎo.	저는 노래를 잘 부릅니다.
26	我写汉字写得不怎么好。 Wǒ xiě Hànzì xiě de bù zěnme hǎo.	저는 한자를 그다지 잘 쓰지 못합니다.
27	天气变得很凉快。 Tiānqì biàn de hěn liángkuai.	날씨가 많이 선선해졌습니다.
28	这真的很有趣。 Zhè zhēnde hěn yǒuqù.	이것은 정말로 재미있습니다.
29	她感动得哭了。 Tā gǎndòng de kū le.	그녀는 감동해서 울었습니다.
30	我累得头很疼。 Wǒ lèi de tóu hěn téng.	나는 피곤해서 머리가 아픕니다.
31	今天热死了。 Jīntiān rè sǐ le.	오늘은 더워 죽겠습니다.
32	我现在累死了。 Wǒ xiànzài lèi sǐ le.	저는 지금 피곤해 죽겠습니다.
33	他说英语说得不太流利。 Tā shuō Yīngyǔ shuō de bú tài liúlì.	그는 영어가 그다지 유창하지 않습니다.
34	你说得对。天气真的凉快多了！ Nǐ shuō de duì. Tiānqì zhēnde liángkuai duō le!	당신 말이 맞아요. 날씨가 정말 선선해졌어요!
35	今天你穿得这么少，不冷吗? Jīntiān nǐ chuān de zhème shǎo, bù lěng ma?	오늘 왜 이렇게 얇게 입었어요, 안 추워요?
36	我也后悔自己吃得那么少。 Wǒ yě hòuhuǐ zìjǐ chī de nàme shǎo.	저도 제가 그렇게 적게 먹은 걸 후회합니다.

37	**下课以后一起去逛街，怎么样？** Xiàkè yǐhòu yìqǐ qù guàngjiē, zěnmeyàng?	수업이 끝난 후에 같이 쇼핑을 가는 건 어때요?
38	**我也正想去看棒球比赛，在哪儿见？** Wǒ yě zhèng xiǎng qù kàn bàngqiú bǐsài, zài nǎr jiàn?	저도 마침 야구 경기를 보러 가고 싶었어요. 어디에서 만날까요?
39	**我明天晚上有事，不能跟你一起去。** Wǒ míngtiān wǎnshang yǒu shì, bùnéng gēn nǐ yìqǐ qù.	저는 내일 저녁에 일이 있어요. 당신과 함께 갈 수 없어요.
40	**我现在不想听，一会儿听吧。** Wǒ xiànzài bùxiǎng tīng, yíhuìr tīng ba.	저는 지금 듣고 싶지 않아요. 잠시 후에 들을게요.
41	**我要试穿这件衣服。** Wǒ yào shì chuān zhè jiàn yīfu.	저는 이 옷을 입어 보고 싶어요.
42	**我想加入电影社团，你要一起加入吗？** Wǒ xiǎng jiārù diànyǐng shètuán, nǐ yào yìqǐ jiārù ma?	나 영화 동아리 가입하고 싶은데, 너도 같이 가입할래?
43	**你想什么时候去看？** Nǐ xiǎng shénme shíhou qù kàn?	언제 보러 가려고해요?
44	**不好意思，我今天有事要做，没有时间去。** Bù hǎoyìsi, wǒ jīntiān yǒu shì yào zuò, méiyǒu shíjiān qù.	미안해요. 저는 오늘 해야 할 일이 있어서 갈 시간이 없어요.
45	**你要喝热的还是冰的？** Nǐ yào hē rè de háishi bīng de?	따뜻한 거 마실래요, 아니면 차가운 거 마실래요?
46	**我们吃鱼吧，我觉得鱼更好吃。** Wǒmen chī yú ba, wǒ juéde yú gèng hǎochī.	우리 생선 먹어요. 생선이 더 맛있는 것 같아요.
47	**我都可以，你来决定吧。** Wǒ dōu kěyǐ, nǐ lái juédìng ba.	저는 다 괜찮아요. 당신이 결정해요.
48	**我可以借用一下你的手机吗？** Wǒ kěyǐ jièyòng yíxià nǐ de shǒujī ma?	제가 당신의 휴대폰을 빌려 써도 될까요?

49	当然可以，你等我几分钟好吗? Dāngrán kěyǐ, nǐ děng wǒ jǐ fēnzhōng hǎo ma?	당연히 되지요. 몇 분만 기다려 줄래요?
50	我也正要用词典，不好意思。 Wǒ yě zhèng yào yòng cídiǎn, bù hǎoyìsi.	저도 마침 사전을 사용해야 해요. 죄송해요.
51	没问题，你要打印哪个材料? Méi wèntí, nǐ yào dǎyìn nǎge cáiliào?	문제없어요. 어떤 자료를 프린트하려고 해요?
52	你能帮我订车票吗? Nǐ néng bāng wǒ dìng chēpiào ma?	저를 도와서 차표를 예약해 줄 수 있나요?
53	不好意思，我要参加会议。 Bù hǎoyìsi, wǒ yào cānjiā huìyì.	죄송해요. 저 회의를 참석해야 돼요.

| 경험과 계획

54	我养过宠物。 Wǒ yǎngguo chǒngwù.	저는 반려동물을 키워 본 적이 있습니다.
55	我最近看过电影，是一部中国电影。 Wǒ zuìjìn kànguo diànyǐng, shì yí bù Zhōngguó diànyǐng.	저는 최근에 영화를 본 적이 있는데, 중국 영화입니다.
56	因为我家附近没有传统市场，我没去过。 Yīnwèi wǒ jiā fùjìn méiyǒu chuántǒng shìchǎng, wǒ méi qùguo.	저희 집 근처에는 전통 시장이 없어서 저는 가 본 적이 없습니다.
57	我想在网上学习汉语。 Wǒ xiǎng zài wǎngshàng xuéxí Hànyǔ.	저는 인터넷에서 중국어를 배우려고 합니다.
58	我一次都没这么准备过。 Wǒ yí cì dōu méi zhème zhǔnbèi guo.	저는 한 번도 이렇게 준비해 본 적이 없습니다.
59	我是通过运动减肥的。 Wǒ shì tōngguò yùndòng jiǎnféi de.	저는 운동을 통해서 살을 뺐습니다.

60	我是从昨天开始发烧的。 Wǒ shì cóng zuótiān kāishǐ fāshāo de.	저는 어제부터 열이 나기 시작했습니다.
61	这是在百货商店买的。 Zhè shì zài bǎihuò shāngdiàn mǎi de.	이것은 백화점에서 산 것입니다.
62	这是用咖啡机做的。 Zhè shì yòng kāfēijī zuò de.	이것은 커피 머신으로 만든 것입니다.
63	这不是新买的，是去年买的。 Zhè búshì xīn mǎi de, shì qùnián mǎi de.	이것은 새로 산 것이 아니라, 작년에 산 것입니다.
64	我打算去中国。 Wǒ méi dǎsuan qù Zhōngguó.	저는 중국에 갈 계획입니다.
65	我没去过美国。 Wǒ méi qùguo Měiguó.	저는 미국에 가본 적이 없습니다.
66	我打算跟家人一起过节。 Wǒ dǎsuan gēn jiārén yìqǐ guòjié.	저는 가족과 함께 명절을 보낼 계획입니다.
67	我计划下课后去买朋友的毕业礼物。 Wǒ jìhuà xiàkè hòu qù mǎi péngyou de bìyè lǐwù.	저는 수업이 끝난 후에 친구의 졸업 선물을 사러 갈 계획입니다.
68	我想图书馆关门的时候回家。 Wǒ xiǎng túshūguǎn guānmén de shíhou huíjiā.	저는 도서관이 문을 닫을 때 집에 돌아 갈 생각입니다.
69	我想好好儿休息。 Wǒ xiǎng hǎohāor xiūxi.	저는 푹 쉬려고 합니다.
70	我要请两天假。 Wǒ yào qǐng liǎng tiān jià.	저는 이틀 휴가를 내려고 합니다.
71	我要去上课。 Wǒ yào qù shàngkè.	저는 수업에 가려고 합니다.

I 소개1–사람, 성격, 장소, 경험, 습관

1	我最尊敬的人是我爸爸。 Wǒ zuì zūnjìng de rén shì wǒ bàba.	제가 가장 존경하는 사람은 제 아버지입니다.
2	他是一位细心、善良的人。 Tā shì yí wèi xìxīn、shànliáng de rén.	그는 세심하고 착한 사람입니다.
3	他像朋友一样照顾我，鼓励我。 Tā xiàng péngyou yíyàng zhàogù wǒ, gǔlì wǒ.	그는 친구처럼 저를 돌봐주고 격려해 줍니다.
4	我是一个性格开朗、爱笑的人。 Wǒ shì yí ge xìnggé kāilǎng、ài xiào de rén.	저는 성격이 쾌활하고, 웃기 좋아하는 사람입니다.
5	我做事认真、对人热情。 Wǒ zuòshì rènzhēn、duì rén rèqíng.	저는 성실히 일하고 사람들에게 친절합니다.
6	我长得像妈妈。 Wǒ zhǎng de xiàng māma.	저는 엄마를 닮았습니다.
7	养宠物已经成为一件常见的事情。 Yǎng chǒngwù yǐjing chéngwéi yí jiàn chángjiàn de shìqing.	반려동물을 기르는 것은 이미 흔한 일이 되었습니다.
8	养宠物虽然辛苦，但很快乐。 Yǎng chǒngwù suīrán xīnkǔ, dàn hěn kuàilè.	반려동물을 기르는 것은 비록 힘들지만 즐겁습니다.
9	鱼和肉不仅营养丰富，还味道鲜美。 Yú hé ròu bùjǐn yíngyǎng fēngfù, hái wèidao xiānměi.	생선과 고기는 영양이 풍부할 뿐만 아니라 맛도 좋습니다.
10	我不挑食，都喜欢。 Wǒ bù tiāoshí, dōu xǐhuan.	저는 편식하지 않고 다 좋아합니다.
11	不管去哪儿都可以乘坐公共交通工具去。 Bùguǎn qù nǎr dōu kěyǐ chéngzuò gōnggòng jiāotōng gōngjù qù.	어디에 가든 상관없이 모두 대중교통 수단을 활용하여 갈 수 있습니다.

12	我住的地方交通真方便。 Wǒ zhù de dìfang jiāotōng zhēn fāngbiàn.	제가 사는 곳은 교통이 정말 편리합니다.
13	我住在一个大城市里。 Wǒ zhù zài yí ge dà chéngshì lǐ.	저는 대도시에 삽니다.
14	虽然我会说简单的汉语， 但觉得在工作中不够用。 Suīrán wǒ huì shuō jiǎndān de Hànyǔ, dàn juéde zài gōngzuò zhōng búgòu yòng.	비록 저는 간단한 중국어를 할 수 있지만, 업무에서는 부족하다고 생각합니다.
15	工作中需要专门的，流利的汉语。 Gōngzuò zhōng xūyào zhuānmén de, liúlì de Hànyǔ.	업무에서는 전문적이고 유창한 중국어가 필요합니다.
16	我通过二手网站卖过不再用的笔记本电脑。 Wǒ tōngguò èrshǒu wǎngzhàn màiguo bú zài yòng de bǐjìběn diànnǎo.	저는 중고사이트를 통해 더는 사용하지 않는 노트북을 팔아 본 적이 있습니다.
17	本来打算扔掉，但有点儿可惜。 Běnlái dǎsuan rēngdiào, dàn yǒudiǎnr kěxī.	원래는 버리려고 했지만, 조금 아까웠습니다.
18	我觉得这样不仅可以环保， 还可以赚点儿钱。 Wǒ juéde zhèyàng bùjǐn kěyǐ huánbǎo, hái kěyǐ zhuàn diǎnr qián.	저는 이렇게 하면 환경보호가 될 뿐만 아니라 돈도 조금 벌 수 있다고 생각합니다.

I 소개2–방법, 대상

19	拍照的时候我一般用手机拍照。 Pāizhào de shíhou wǒ yìbān yòng shǒujī pāizhào.	사진을 찍을 때 저는 일반적으로 휴대폰으로 찍습니다.
20	因为手机相机简单、轻便、智能。 Yīnwèi shǒujī xiàngjī jiǎndān、qīngbiàn、zhìnéng.	왜냐하면 휴대폰 카메라는 간단하고, 편리하고, 스마트하기 때문입니다.
21	拍照效果一点儿都不比照相机差。 Pāizhào xiàoguǒ yìdiǎnr dōu bùbǐ zhàoxiàngjī chà.	사진을 찍는 효과가 카메라에 비해 조금도 뒤떨어지지 않습니다.

22	**我是为了实现自己的梦想， 希望移民去别的国家的。** Wǒ shì wèile shíxiàn zìjǐ de mèngxiǎng, xīwàng yímín qù biéde guójiā de.	저는 제 꿈을 실현하기 위해 다른 나라로 이민 가는 것을 희망하는 것입니다.
23	**我会同意家人移民去别的国家。** Wǒ huì tóngyì jiārén yímín qù biéde guójiā.	저는 가족이 다른 나라로 이민 가는 것에 동의할 것입니다.
24	**如果她只是为了逃避现实， 我会反对的。** Rúguǒ tā zhǐshì wèile táobì xiànshí, wǒ huì fǎnduì de.	만약 그녀가 그저 현실 도피를 위해서라면, 저는 반대할 것입니다.
25	**我首先会跟家人好好儿谈谈他想移民的理由。** Wǒ shǒuxiān huì gēn jiārén hǎohāor tántan tā xiǎng yímín de lǐyóu.	저는 먼저 가족과 그가 이민을 가고 싶어하는 이유에 대해 잘 이야기해 볼 것입니다.
26	**我一般通过做自己喜欢的事来消除压力。** Wǒ yìbān tōngguò zuò zìjǐ xǐhuan de shì lái xiāochú yālì.	저는 일반적으로 스스로가 좋아하는 일을 통해 스트레스를 해소합니다.
27	**比如看电影、爬山、玩游戏等。** Bǐrú kàn diànyǐng、páshān、wán yóuxì děng.	예를 들어 영화 보기, 등산, 게임하기 등입니다.
28	**我觉得这要看什么情况。** Wǒ juéde zhè yào kàn shénme qíngkuàng.	저는 이것이 어떤 상황인지를 봐야 한다고 생각합니다.
29	**一般的感冒、发烧，可以自己买药吃。** Yìbān de gǎnmào、fāshāo, kěyǐ zìjǐ mǎi yào chī.	일반적인 감기, 발열은 스스로 약을 사서 먹으면 됩니다.
30	**但如果比较严重，就得去医院看了。** Dàn rúguǒ bǐjiào yánzhòng, jiù děi qù yīyuàn kàn le.	그러나 만약 비교적 심각하다면, 병원에 가서 진료를 받아야 합니다.
31	**跟别人发生矛盾时，我首先想想问题出在哪里。** Gēn biéren fāshēng máodùn shí, wǒ shǒuxiān xiǎngxiang wèntí chū zài nǎli.	다른 사람과 갈등이 발생했을 때, 저는 우선 문제가 어디에서 나왔는지 생각합니다.
32	**再站在对方的角度看看。** Zài zhàn zài duìfang de jiǎodù kànkan.	또 상대방의 입장에 서서 봅니다.

33	**通过对话可以解决问题。** Tōngguò duìhuà kěyǐ jiějué wèntí.	대화를 통해서 문제를 해결할 수 있습니다.
34	**我从小到大一直对足球感兴趣。** Wǒ cóng xiǎo dào dà yìzhí duì zúqiú gǎn xìngqù.	저는 어렸을 때부터 지금까지 계속 축구에 관심이 있습니다.
35	**运动不仅能锻炼身心，而且让我消除压力。** Yùndòng bùjǐn néng duànliàn shēnxīn, érqiě ràng wǒ xiāochú yālì.	운동은 심신을 단련시킬 수 있을 뿐만 아니라, 저로 하여금 스트레스도 해소해 줍니다.
36	**这带给我快乐。** Zhè dài gěi wǒ kuàilè.	이것은 저에게 즐거움을 가져다줍니다.

| 견해, 이유 말하기

37	**即使是小事也很开心。** Jíshǐ shì xiǎoshì yě hěn kāixīn.	설령 작은 일이라도 즐겁습니다.
38	**就算不中，我也为公益做贡献了。** Jiùsuàn bú zhòng, wǒ yě wèi gōngyì zuò gòngxiàn le.	설령 당첨되지 않아도 저는 공익을 위해 공헌을 한 것입니다.
39	**我对我的专业不太满意。** Wǒ duì wǒ de zhuānyè bú tài mǎnyì.	저는 저의 전공에 그다지 만족하지 않습니다.
40	**这是因为在填报高考志愿时，我没有好好儿想过自己到底喜欢什么。** Zhè shì yīnwèi zài tiánbào gāokǎo zhìyuàn shí, wǒ méiyǒu hǎohāor xiǎngguo zìjǐ dàodǐ xǐhuan shénme.	이것은 입시 지원을 할 때, 제 자신이 도대체 무엇을 좋아하는지 잘 생각해 보지 않았기 때문입니다.
41	**我只是根据自己的分数选大学的。** Wǒ zhǐshì gēnjù zìjǐ de fēnshù xuǎn dàxué de.	저는 그저 제 점수에 따라 대학을 선택했습니다.
42	**如果可以重新选择，我会选自己感兴趣的工作。** Rúguǒ kěyǐ chóngxīn xuǎnzé, wǒ huì xuǎn zìjǐ gǎn xìngqù de gōngzuò.	만약 다시 선택할 수 있다면, 저는 제가 관심을 갖고 있는 일을 고를 것입니다.

43	**我觉得学外语是必须的。** Wǒ juéde xué wàiyǔ shì bìxū de.	저는 외국어를 배우는 것은 필수라고 생각합니다.
44	**因为现在不管是工作、旅行还是交朋友都需要英语。** Yīnwèi xiànzài bùguǎn shì gōngzuò、lǚxíng háishi jiāo péngyou dōu xūyào Yīngyǔ.	왜냐하면 지금은 업무, 여행이든, 아니면 친구를 사귀든 모두 영어가 필요하기 때문입니다.
45	**而且会说外语的话，在公司里更受重视。** Érqiě huì shuō wàiyǔ dehuà, zài gōngsī li gèng shòu zhòngshì.	게다가 외국어를 할 줄 알면 회사에서 더 주목받습니다.
46	**我觉得每个人都应该学习外语。** Wǒ juéde měi ge rén dōu yīnggāi xuéxí wàiyǔ.	저는 모든 사람이 모두 외국어를 배워야 한다고 생각합니다.
47	**这份工作对我来说不合适。** Zhè fèn gōngzuò duì wǒ lái shuō bù héshì.	이 일은 저에게 있어 어울리지 않습니다.
48	**这份工作，我自己既不会做得好，又不喜欢。** Zhè fèn gōngzuò, wǒ zìjǐ jì búhuì zuò de hǎo, yòu bù xǐhuan.	이 일은 제가 잘할 수 없고, 좋아하지도 않습니다.
49	**做自己不喜欢的工作会非常苦恼。** Zuò zìjǐ bù xǐhuan de gōngzuò huì fēicháng kǔnǎo.	제가 좋아하지 않은 일을 하면은 매우 고통스러울 것입니다.
50	**所以我最近考虑辞职。** Suǒyǐ wǒ zuìjìn kǎolǜ cízhí.	그래서 저는 최근 사직을 고려하고 있습니다.
51	**我觉得我们应该亲身体验来获得知识。** Wǒ juéde wǒmen yīnggāi qīnshēn tǐyàn lái huòdé zhīshi.	저는 우리가 마땅히 직접 경험을 통해서 지식을 얻어야 한다고 생각합니다.
52	**通过读书可以获得大量的知识。** Tōngguò dúshū kěyǐ huòdé dàliàng de zhīshi.	독서를 통해서 대량의 지식을 얻을 수 있습니다.
53	**只有自身体验才能获得更有用的知识。** Zhǐyǒu zìshēn tǐyàn cái néng huòdé gèng yǒuyòng de zhīshi.	직접 경험해야만 더 쓸모 있는 지식을 얻을 수 있습니다

54 但从书本里学习的知识容易忘记。
Dàn cóng shūběn lǐ xuéxí de zhīshi róngyì wàngjì.
그러나 책에서 배운 지식은 쉽게 잊어버립니다.

55 亲身体验的可以记住一辈子。
Qīnshēn tǐyàn de kěyǐ jìzhù yíbèizi.
직접 경험한 것은 평생 기억할 수 있습니다.

56 最近很多人常常在网上购物。
Zuìjìn hěn duō rén chángcháng zài wǎngshàng gòuwù.
최근 많은 사람이 자주 인터넷에서 쇼핑을 합니다.

57 这是因为网上购物的好处很多。
Zhè shì yīnwèi wǎngshàng gòuwù de hǎochù hěn duō.
이것은 인터넷 쇼핑의 장점이 많기 때문입니다.

58 网上的东西又便宜又质量好。
Wǎngshàng de dōngxi yòu piányi yòu zhìliàng hǎo.
인터넷의 물건은 가격이 저렴하고 품질이 좋습니다.

59 网上的东西可以送货上门，非常方便。
Wǎngshàng de dōngxi kěyǐ sònghuò shàngmén, fēicháng fāngbiàn.
인터넷의 물건은 집까지 배송해줘서 무척 편리합니다.

60 网上购物省时间又省钱。
Wǎngshàng gòuwù shěng shíjiān yòu shěng qián.
인터넷 쇼핑은 시간을 절약할 뿐만 아니라 돈도 절약할 수 있습니다.

61 我会选择自助游。
Wǒ huì xuǎnzé zìzhùyóu.
저는 자유 여행을 선택할 것입니다.

62 跟团旅游价格便宜而且省心。
Gēntuán lǚyóu jiàgé piányi érqiě shěngxīn.
패키지 여행은 가격이 저렴한데다 신경을 쓰지 않아도 됩니다.

63 自助游行程路线、时间安排都比较自由。
Zìzhùyóu xíngchéng lùxiàn、shíjiān ānpái dōu bǐjiào zìyóu.
자유 여행은 여행 노선, 시간 분배가 비교적 자유롭습니다.

64 还可以根据家人的需求和喜好调整。
Hái kěyǐ gēnjù jiārén de xūqiú hé xǐhào tiáozhěng.
또한 가족들의 필요와 기호에 따라 조정할 수 있습니다.

65 我认为住学校宿舍更好。
Wǒ rènwéi zhù xuéxiào sùshè gèng hǎo.
저는 학교 기숙사에 사는 것이 더 좋다고 생각합니다.

66 第一，容易交到朋友。
Dì yī, róngyì jiāodào péngyou.
첫째, 친구를 쉽게 사귈 수 있습니다.

67	**第二，学校宿舍很安全。** Dì èr, xuéxiào sùshè hěn ānquán.	둘째, 학교 기숙사는 안전합니다.
68	**最后，学校的学习、生活设施齐全，很便利。** Zuìhòu, xuéxiào de xuéxí、shēnghuó shèshī qíquán, hěn biànlì.	마지막으로 학교의 학업, 생활 시설이 다 갖춰져 있어 매우 편리합니다.
69	**房租一天比一天贵。** Fángzū yì tiān bǐ yì tiān guì.	집세가 나날이 비싸집니다.
70	**我属于早晨型的人。** Wǒ shǔyú zǎochénxíng de rén.	저는 아침형 인간에 속합니다.
71	**早起床可以安排好一天的时间。** Zǎo qǐchuáng kěyǐ ānpái hǎo yì tiān de shíjiān.	일찍 일어나면 하루의 시간을 잘 분배할 수 있습니다.
72	**不用急急忙忙地上班。** Búyòng jíjí mángmáng de shàngbān.	서둘러서 출근하지 않아도 됩니다.
73	**可以安安静静地开始一天。** Kěyǐ ānān jìngjìng de kāishǐ yì tiān.	조용하게 하루를 시작할 수 있습니다.
74	**我每天早睡早起。** Wǒ měitiān zǎo shuì zǎo qǐ.	저는 매일 일찍 자고 일찍 일어납니다.
75	**现在食品安全问题比较多。** Xiànzài shípǐn ānquán wèntí bǐjiào duō.	요즘은 식품 안전 문제가 비교적 많습니다.
76	**我不敢在外面吃饭。** Wǒ bùgǎn zài wàimiàn chīfàn.	저는 밖에서 밥을 못 먹겠습니다.
77	**我想吃什么，就自己在家做什么。** Wǒ xiǎng chī shénme, jiù zìjǐ zài jiā zuò shénme.	먹고 싶은 것이 있으면 직접 집에서 만듭니다.
78	**现在很多产品的使用方法都能在网上查到。** Xiànzài hěn duō chǎnpǐn de shǐyòng fāngfǎ dōu néng zài wǎngshàng chádào.	요즘 많은 상품의 사용 방법을 인터넷에서 검색할 수 있습니다.

79 **需要的时候上网查查就可以。**
Xūyào de shíhou shàngwǎng chácha jiù kěyǐ.
필요할 때 인터넷으로 검색해 보면 됩니다.

80 **我的生活习惯很有规律。**
Wǒ de shēnghuó xíguàn hěn yǒu guīlǜ.
저의 생활 습관은 매우 규칙적입니다.

81 **我每天按时起床，按时吃饭。**
Wǒ měitiān ànshí qǐchuáng, ànshí chīfàn.
저는 매일 제때에 일어나고, 제때에 밥을 먹습니다.

82 **我每年定期做一次身体检查。**
Wǒ měi nián dìngqī zuò yí cì shēntǐ jiǎnchá.
저는 매년 정기적으로 건강검진을 한 번 받습니다.

83 **我喜欢追求流行。**
Wǒ xǐhuan zhuīqiú liúxíng.
저는 유행을 추구하는 것을 좋아합니다.

84 **每个月在穿着打扮上花的钱不少。**
Měi ge yuè zài chuānzhuó dǎban shang huā de qián bù shǎo.
매달 옷차림과 치장하는 것에 사용하는 돈이 적지 않습니다.

85 **这算是对自己辛苦工作的补偿。**
Zhè suànshì duì zìjǐ xīnkǔ gōngzuò de bǔcháng.
이것은 제 자신이 힘들게 일한 것에 대한 보상입니다.

86 **我看到中意的就买，一点儿都不手软。**
Wǒ kàndào zhòngyì de jiù mǎi, yìdiǎnr dōu bù shǒuruǎn.
마음에 드는 것을 보면 바로 사고, 조금도 망설이지 않습니다.

87 **一天当中，晚上的时间我的工作效率最高。**
Yì tiān dāngzhōng, wǎnshang de shíjiān wǒ de gōngzuò xiàolǜ zuì gāo.
하루 중, 저녁 시간이 저의 업무 효율이 가장 높습니다.

88 **因为这个时候外面很安静，注意力非常集中。**
Yīnwèi zhège shíhou wàimiàn hěn ānjìng, zhùyìlì fēicháng jízhōng.
왜냐하면 이때 밖이 조용하고, 집중이 매우 잘되기 때문입니다.

| 장단점 말하기

1	**人们常说机会只留给准备好的人。** Rénmen cháng shuō jīhuì zhǐ liú gěi zhǔnbèi hǎo de rén.	사람들은 종종 기회는 준비된 자에게만 주어진다고 이야기합니다.
2	**做事提前做好计划，可以减少失误。** Zuòshì tíqián zuòhǎo jìhuà, kěyǐ jiǎnshǎo shīwù.	일하기 전에 미리 계획을 해두면, 실수를 줄일 수 있습니다.
3	**做事提前做好计划， 发生意外的时候不会着急。** Zuòshì tíqián zuòhǎo jìhuà, fāshēng yìwài de shíhou búhuì zháojí.	일하기 전에 미리 계획하면, 뜻밖의 일이 생겼을 때 조급해하지 않을 것입니다.
4	**做事提前做好准备更容易成功。** Zuòshì tíqián zuòhǎo zhǔnbèi gèng róngyì chénggōng.	일하기 전에 미리 준비하면 쉽게 성공할 수 있습니다.
5	**和一个人生活相比， 跟朋友同住不会觉得孤单。** Hé yí ge rén shēnghuó xiāngbǐ, gēn péngyou tóngzhù búhuì juéde gūdān.	혼자 사는 것과 비교했을 때 친구와 같이 살면 외로운 생각이 들지 않습니다.
6	**有事情可以互相帮助。** Yǒu shìqing kěyǐ hùxiāng bāngzhù.	일이 있으면 서로 도울 수 있습니다.
7	**坏处是不太自由。** Huàichù shì bú tài zìyóu.	단점은 별로 자유롭지 않다는 것입니다.
8	**生活习惯不一样的话，会有矛盾。** Shēnghuó xíguàn bù yíyàng dehuà, huì yǒu máodùn.	생활 습관이 같지 않다면, 갈등이 생길 수 있습니다.
9	**孩子小的时候出国留学好处比较多。** Háizi xiǎo de shíhou chūguó liúxué hǎochù bǐjiào duō.	아이가 어릴 때 해외로 유학가는 것의 장점은 비교적 많습니다.
10	**出国留学不仅可以学习外语， 还可以交到外国朋友。** Chūguó liúxué bùjǐn kěyǐ xuéxí wàiyǔ, hái kěyǐ jiāodào wàiguó péngyou.	외국으로 유학을 가면 외국어를 배울 수 있을 뿐만 아니라, 외국인 친구도 사귈 수 있습니다.

11	**出国留学可以开阔眼界，增长见识。** Chūguó liúxué kěyǐ kāikuò yǎnjiè, zēngzhǎng jiànshi.	외국으로 유학을 가면 시야와 식견을 넓힐 수 있습니다.
12	**孩子到陌生的环境会害怕， 这不利于孩子心理健康。** Háizi dào mòshēng de huánjìng huì hàipà, zhè bù lìyú háizi xīnli jiànkāng.	아이는 낯선 환경에 가면 두려워할 수 있는데, 이것은 아이의 심리 건강에 도움이 되지 않습니다.
13	**孩子小的时候出国留学会忘记自己国家的语言和文化。** Háizi xiǎo de shíhou chūguó liúxué huì wàngjì zìjǐ guójiā de yǔyán hé wénhuà.	아이가 어렸을 때 외국으로 유학을 가면 모국의 언어와 문화를 잊어버릴 수 있습니다.
14	**大城市的生活设施齐全，交通便利。** Dà chéngshì de shēnghuó shèshī qíquán, jiāotōng biànlì.	대도시는 생활 시설이 다 갖춰져 있고 교통이 편리합니다.
15	**大城市的就业机会更多。** Dà chéngshì de jiùyè jīhuì gèng duō.	대도시의 취업 기회가 더 많습니다.
16	**自己开车想去哪儿就可以去哪儿。** Zìjǐ kāichē xiǎng qù nǎr jiù kěyǐ qù nǎr.	자가 운전은 가고 싶은 데를 갈 수 있습니다.
17	**自己开车又方便又舒服。** Zìjǐ kāichē yòu fāngbiàn yòu shūfu.	자가 운전은 편리하고 편안합니다.
18	**自己开车费用高，不利于环境保护。** Zìjǐ kāichē fèiyòng gāo, bù lìyú huánjìng bǎohù.	자가 운전은 비용이 높고 환경보호에 도움이 되지 않습니다.
19	**总之，跟乘坐公共汽车相比， 自己开车有利有弊。** Zǒngzhī, gēn chéngzuò gōnggòng qìchē xiāngbǐ, zìjǐ kāichē yǒulìyǒubì.	어쨌든, 대중교통을 타는 것과 비교했을 때 자가 운전은 장단점을 갖고 있습니다.
20	**一边爬山，一边看美丽的风景， 不仅可以消除压力，还可以减肥。** Yìbiān páshān, yìbiān kàn měilì de fēngjǐng, bùjǐn kěyǐ xiāochú yālì, hái kěyǐ jiǎnféi.	등산하면서 아름다운 풍경을 보면, 스트레스를 해소할 수 있을 뿐만 아니라 다이어트도 할 수 있습니다.

21	**科学技术的发展给人们的生活带来了很大的方便。** Kēxué jìshù de fāzhǎn gěi rénmen de shēnghuó dàiláile hěn dà de fāngbiàn.	과학기술의 발전은 사람들의 생활에 큰 편리함을 가져다주었습니다.
22	**科学技术的发展让我们的生活变得丰富。** Kēxué jìshù de fāzhǎn ràng wǒmen de shēnghuó biàn de fēngfù.	과학기술의 발전은 우리의 생활을 더욱 풍요롭게 만들어 주었습니다.
23	**随着科学技术的发展，出现了各种网络犯罪。** Suízhe kēxué jìshù de fāzhǎn, chūxiànle gèzhǒng wǎngluò fànzuì.	과학기술의 발전에 따라 각종 인터넷 범죄가 출현하였습니다.
24	**人们过于依赖科学技术，交流能力变差了。** Rénmen guòyú yīlài kēxué jìshù, jiāoliú nénglì biàn chà le.	사람들이 과도하게 과학기술에 의존하면서 교류 능력은 저하되었습니다.

| 상황 설명 말하기

25	**听说我国有百分之四十的人睡眠时间不够。** Tīngshuō wǒ guó yǒu bǎi fēn zhī sìshí de rén shuìmián shíjiān búgòu.	우리나라 사람의 40%가 수면 시간이 부족하다고 합니다.
26	**我觉得这跟生活、工作环境有关。** Wǒ juéde zhè gēn shēnghuó、gōngzuò huánjìng yǒu guān.	저는 이것이 생활, 업무 환경과 관련이 있다고 생각합니다.
27	**我国大部分人一般工作、生活都比较忙，压力很大，精神紧张。** Wǒ guó dàbùfen rén yìbān gōngzuò、shēnghuó dōu bǐjiào máng, yālì hěn dà, jīngshén jǐnzhāng.	우리나라 대부분의 사람은 보통 업무, 생활이 비교적 바쁘고 스트레스가 많으며 신경이 날카롭습니다.
28	**所以晚上睡不着觉，睡眠时间就不够。** Suǒyǐ wǎnshang shuì bu zháo jiào, shuìmián shíjiān jiù búgòu.	밤에 잠을 잘 못 자 수면 시간이 부족합니다.

29 我觉得最近人们跟家人聊天的时间比以前减少了很多。

Wǒ juéde zuìjìn rénmen gēn jiārén liáotiān de shíjiān bǐ yǐqián jiǎnshǎole hěn duō.

저는 요즘 사람들이 가족과 이야기하는 시간이 예전보다 많이 줄었다고 생각합니다.

30 大家都忙碌了一天，累得不愿意互相交流。

Dàjiā dōu mánglùle yì tiān, lèi de bú yuànyì hùxiāng jiāoliú.

모두 하루 종일 바쁘고, 피곤해서 서로 교류하길 원하지 않습니다.

31 久而久之，没有共同话题，互相聊天的时间减少。

Jiǔ'érjiǔzhī, méiyǒu gòngtóng huàtí, hùxiāng liáotiān de shíjiān jiǎnshǎo.

오래되면 공동의 화제가 없어지고 서로 이야기하는 시간이 줄어듭니다.

32 过去过节大家都回老家，跟家人在一起吃饭，一起玩。

Guòqù guòjié dàjiā dōu huí lǎojiā, gēn jiārén zài yìqǐ chīfàn, yìqǐ wán.

과거에 명절을 보낼 때는 모두 고향에 가서 가족과 함께 식사하고 같이 놀았습니다.

33 但现在不少人在节日期间会和家人一起去国外旅游。

Dàn xiànzài bù shǎo rén zài jiérì qījiān huì hé jiārén yìqǐ qù guówài lǚyóu.

그러나 지금은 많은 사람이 명절 기간에 가족과 함께 해외로 여행을 갑니다.

34 传统节日的味道比以前淡了。

Chuántǒng jiérì de wèidao bǐ yǐqián dàn le.

전통 명절의 느낌이 예전보다 약해졌습니다.

35 我觉得增加节假日可以促进人们的消费，有助于经济发展。

Wǒ juéde zēngjiā jiéjiàrì kěyǐ cùjìn rénmen de xiāofèi, yǒu zhùyú jīngjì fāzhǎn.

저는 휴일을 늘리면 사람들의 소비를 촉진시킬 뿐만 아니라 경제 발전에도 도움이 된다고 생각합니다.

36 我认为在我们国家，年龄对就业的影响不大。

Wǒ rènwéi zài wǒmen guójiā, niánlíng duì jiùyè de yǐngxiǎng bú dà.

저는 우리나라에서 취업에 대한 나이의 영향이 크지 않다고 생각합니다.

37	**企业招聘时看重应聘者的工作经验和能力，做事的态度和人品等。** Qǐyè zhāopìn shí kànzhòng yìngpìnzhě de gōngzuò jīngyàn hé nénglì, zuòshì de tàidu hé rénpǐn děng.	기업에서 채용시 중요하게 보는 것은 구직자의 업무 경험과 능력, 일하는 태도와 인품 등입니다.
38	**很少看性别和年龄。** Hěn shǎo kàn xìngbié hé niánlíng.	성별과 나이는 거의 보지 않습니다.
39	**所以可以说就业时年龄不太重要。** Suǒyǐ kěyǐ shuō jiùyè shí niánlíng bú tài zhòngyào.	따라서 취업시 나이는 그다지 중요하지 않다고 말할 수 있습니다.
40	**我觉得在我们国家在补习班、 家教等私人教育方面的支出比较多。** Wǒ juéde zài wǒmen guójiā zài bǔxíbān、 jiājiào děng sīrén jiàoyù fāngmiàn de zhīchū bǐjiào duō.	저는 우리나라는 학원, 과외 등의 사교육 방면의 지출이 비교적 많다고 생각합니다.
41	**家长都希望孩子成功，所以让孩子去补习班学习。** Jiāzhǎng dōu xīwàng háizi chénggōng, suǒyǐ ràng háizi qù bǔxíbān xuéxí.	학부모는 모두 자식이 성공하기를 바라서, 아이를 학원에 보내 공부하게 합니다.
42	**在我们国家最常见的环境问题就是平时乱扔垃圾。** Zài wǒmen guójiā zuì chángjiàn de huánjìng wèntí jiùshì píngshí luàn rēng lājī.	우리나라에서 가장 흔히 볼 수 있는 환경문제는 평소에 쓰레기를 함부로 버리는 것입니다.
43	**这些环境问题影响着我们的健康。** Zhèxiē huánjìng wèntí yǐngxiǎngzhe wǒmen de jiànkāng.	이러한 환경문제는 우리의 건강에 영향을 줍니다.
44	**要想解决这些问题， 我们应该改掉这些影响环境的坏习惯。** Yào xiǎng jiějué zhèxiē wèntí, wǒmen yīnggāi gǎidiào zhèxiē yǐngxiǎng huánjìng de huài xíguàn.	이러한 문제들을 해결하려면, 우리는 반드시 이러한 환경에 영향을 주는 나쁜 습관들을 고쳐야 합니다.
45	**保护环境，人人有责。** Bǎohù huánjìng, rénrén yǒu zé.	환경보호는 모두에게 책임이 있습니다.

46 **我同意这种说法。**
Wǒ tóngyì zhè zhǒng shuōfǎ.
저는 이 견해에 동의합니다.

47 **随着电子产品越来越“聪明”，帮助人们记忆电话号码、朋友生日等信息。**
Suízhe diànzǐ chǎnpǐn yuèláiyuè “cōngmíng”, bāngzhù rénmen jìyì diànhuà hàomǎ、péngyou shēngrì děng xìnxī.
전자 제품이 갈수록 ‘스마트’해짐에 따라, 사람들을 대신해 전화번호, 친구 생일 등의 정보를 기억합니다.

48 **现在很多人连最简单的事情都记不住。**
Xiànzài hěn duō rén lián zuì jiǎndān de shìqing dōu jì bu zhù.
현재 많은 사람이 심지어 가장 간단한 일도 기억을 못합니다.

49 **这种过于依赖电子产品的坏习惯使我们记忆力越来越差了。**
Zhè zhǒng guòyú yīlài diànzǐ chǎnpǐn de huài xíguàn shǐ wǒmen jìyìlì yuèláiyuè chà le.
이러한 전자 제품에 과도하게 의존하는 나쁜 습관은 우리의 기억력을 더욱 나빠지게 만들었습니다.

50 **如果我的家人不结婚，要做一个独身主义者，我不会反对的。**
Rúguǒ wǒ de jiārén bù jiéhūn, yào zuò yí ge dúshēn zhǔyìzhě, wǒ búhuì fǎnduì de.
만약 제 가족이 결혼하지 않고, 독신주의로 살겠다고 한다면 저는 반대하지 않겠습니다.

51 **我认为能给自己快乐和幸福的生活就是最好的生活。**
Wǒ rènwéi néng gěi zìjǐ kuàilè hé xìngfú de shēnghuó jiùshì zuì hǎo de shēnghuó.
저는 자신에게 즐거움과 행복을 줄 수 있는 삶이 바로 가장 좋은 삶이라고 생각합니다.

52 **如果家人觉得独身生活好，那么我只能尊重他(她)的选择。**
Rúguǒ jiārén juéde dúshēn shēnghuó hǎo, nàme wǒ zhǐnéng zūnzhòng tā (tā) de xuǎnzé.
만약 가족이 독신 생활이 좋다고 생각한다면, 저는 그저 그(그녀)의 선택을 존중할 수밖에 없습니다.

53 **在当今社会外貌也是一种实力。**
Zài dāngjīn shèhuì wàimào yě shì yì zhǒng shílì.
현대사회에서는 외모 역시 하나의 실력입니다.

54 **但人与人之间的交流和沟通，靠的不是外貌，而是人的品行。**
Dàn rén yǔ rén zhījiān de jiāoliú hé gōutōng, kào de búshì wàimào, érshì rén de pǐnxíng.
그러나 사람과 사람 사이의 교류와 소통은 외모가 아닌 사람의 품행에 달려 있습니다.

56	**工作上也是这样，真正重要的是能力。** Gōngzuò shang yě shì zhèyàng, zhēnzhèng zhòngyào de shì nénglì.	업무상에서도 마찬가지로 진정으로 중요한 것은 능력입니다.
57	**因此如果我家人要做整容手术， 我会反对的。** Yīncǐ rúguǒ wǒ jiārén yào zuò zhěngróng shǒushù, wǒ huì fǎnduì de.	따라서 만약 가족이 성형 수술을 하려고 한다면, 저는 반대할 것입니다.
58	**电子书虽然阅读起来方便， 但它没有舒服的感觉。** Diànzǐshū suīrán yuèdú qǐlái fāngbiàn, dàn tā méiyǒu shūfu de gǎnjué.	전자책은 비록 읽기에 편리하지만, 편안한 느낌이 없습니다.
59	**电子书不能像纸质书那样做笔记， 而且容易伤害眼睛。** Diànzǐshū bùnéng xiàng zhǐzhìshū nàyàng zuò bǐjì, érqiě róngyì shānghài yǎnjing.	전자책은 종이책처럼 필기를 할 수 없을 뿐만아니라, 또한 쉽게 눈을 손상시킵니다.
60	**我觉得电子书不能取代纸质书。** Wǒ juéde diànzǐshū bùnéng qǔdài zhǐzhìshū.	저는 전자책이 종이책을 대신할 수 없다고 생각합니다.
61	**我赞成简化婚礼。** Wǒ zànchéng jiǎnhuà hūnlǐ.	저는 스몰웨딩을 찬성합니다.
62	**因为结婚时最重要的还是两个人的意见， 简单一点也没关系。** Yīnwèi jiéhūn shí zuì zhòngyào de háishi liǎng ge rén de yìjiàn, jiǎndān yìdiǎn yě méi guānxi.	결혼할 때 가장 중요한 것은 그래도 두 사람의 의견이기에, 간단히 해도 괜찮습니다.
63	**重要的是结婚以后的生活， 而不是举行婚礼的过程。** Zhòngyào de shì jiéhūn yǐhòu de shēnghuó, ér búshì jǔxíng hūnlǐ de guòchéng.	중요한 것은 결혼 이후의 생활이지 결혼식을 하는 과정이 아닙니다.
64	**我认为激烈的竞争可以提高个人能力。** Wǒ rènwéi jīliè de jìngzhēng kěyǐ tígāo gèrén nénglì.	저는 치열한 경쟁이 개인의 능력을 향상시킬 수 있다고 생각합니다.

65	**因为激烈的竞争让我们更好地 完成各种任务。** Yīnwèi jīliè de jìngzhēng ràng wǒmen gèng hǎo de wánchéng gèzhǒng rènwu.	왜냐하면 치열한 경쟁은 우리에게 더 좋게 각종 임무를 완성하게 해 줍니다.
66	**更加努力地实现自己的理想。** Gèngjiā nǔlì de shíxiàn zìjǐ de lǐxiǎng.	더 노력해서 자신의 꿈을 실현하도록 해 줍니다.
67	**能力提高了，当然有助于个人的发展。** Nénglì tígāo le, dāngrán yǒu zhùyú gèrén de fāzhǎn.	능력이 향상되면 당연히 개인의 발전에 도움이 됩니다.

6부분

06. Mp3

I 문제 해결

1	**我在你们商店买了双鞋， 但回家后发现鞋子上有污点。** Wǒ zài nǐmen shāngdiàn mǎile shuāng xié, dàn huíjiā hòu fāxiàn xiézi shang yǒu wūdiǎn.	제가 여기 상점에서 신발을 한 켤레 샀는데, 집에 와서 신발에 얼룩이 있는 것을 발견했습니다.
2	**您先帮我找一下有没有新的?** Nín xiān bāng wǒ zhǎo yíxià yǒu mei yǒu xīnde?	먼저 새것이 있는지 찾아봐 주시겠어요?
3	**如果没有新的，我想退货。** Rúguǒ méiyǒu xīnde, wǒ xiǎng tuìhuò.	만약 새것이 없다면, 반품하고 싶습니다.
4	**这是发票，请你们尽快帮我处理一下。** Zhè shì fāpiào, qǐng nǐmen jǐnkuài bāng wǒ chǔlǐ yíxià.	여기 영수증이에요. 최대한 빨리 처리해 주세요.
5	**你好，我刚取了为奶奶订的生日蛋糕。** Nǐ hǎo, wǒ gāng qǔle wèi nǎinai dìng de shēngrì dàngāo.	안녕하세요. 제가 방금 할머니를 위해 예약한 생일 케이크를 받았습니다.
6	**但却发现蛋糕上的名字不对。** Dàn què fāxiàn dàngāo shang de míngzi búduì.	그런데 케이크 위 이름이 잘못되었다는 것을 발견했습니다.

7	**请重新给我做一个蛋糕吧。** Qǐng chóngxīn gěi wǒ zuò yí ge dàngāo ba.	새로 다시 케이크를 만들어 주세요.
8	**这次不要写错名字。** Zhècì búyào xiěcuò míngzi.	이번에는 성함을 잘못 쓰지 마세요.

| 요청과 제안

9	**我想确认一下是不是有人偷走了我的自行车。** Wǒ xiǎng quèrèn yíxià shì bu shì yǒu rén tōuzǒule wǒ de zìxíngchē.	제 자전거를 누가 훔쳐간 건 아닌지 확인하고 싶습니다.
10	**您能不能给我看一下公寓门口的监控?** Nín néng bu néng gěi wǒ kàn yíxià gōngyù ménkǒu de jiānkòng?	저에게 아파트 입구의 CCTV를 보여 주실 수 있나요?
11	**如果真的是这样，我要报警。** Rúguǒ zhēn de shì zhèyàng, wǒ yào bàojǐng.	만약 정말로 그런 거라면 경찰에 신고하려고요.
12	**领导，首先感谢您给我去国外工作的好机会。** Lǐngdǎo, shǒuxiān gǎnxiè nín gěi wǒ qù guówài gōngzuò de hǎo jīhuì.	팀장님, 우선 저에게 외국에 가서 일할 좋은 기회를 주셔서 감사합니다.
13	**不过最近我父亲身体不太好，我不放心他。** Búguò zuìjìn wǒ fùqin shēntǐ bú tài hǎo, wǒ bú fàngxīn tā.	그렇지만 요즘 아버지가 몸이 별로 좋지 않으셔서 걱정이 됩니다.
14	**所以不能去中国工作，实在对不起。** Suǒyǐ bùnéng qù Zhōngguó gōngzuò, shízài duìbuqǐ.	그래서 중국으로 일하러 갈 수가 없습니다. 정말 죄송합니다.
15	**您可以考虑一下派金科长去，他汉语很好，而且也很想去中国。** Nín kěyǐ kǎolǜ yíxià pài Jīn kēzhǎng qù, tā Hànyǔ hěn hǎo, érqiě yě hěn xiǎng qù zhōngguó.	김 과장님을 보내는 것을 한번 고려해 보십시오. 과장님께서는 중국어를 잘하시고, 게다가 중국에 가고 싶어 합니다.

16 我刚在电视上看到一个最近国内很有人气的地方。
Wǒ gāng zài diànshì shang kàndào yí ge zuìjìn guónèi hěn yǒu rénqì de dìfang.
내가 방금 텔레비전에서 최근 국내에서 인기 있는 지역을 봤어.

17 那个地方不但风景美，
而且离我们这儿不太远。
Nàge dìfang búdàn fēngjǐng měi,
érqiě lí wǒmen zhèr bú tài yuǎn.
그곳은 경치가 아름다울 뿐만 아니라, 게다가 우리가 있는 여기에서도 별로 멀지 않아.

18 那个地方有很多有名的小吃街。
Nàge dìfang yǒu hěn duō yǒumíng de xiǎochījiē.
그곳에는 유명한 먹거리 골목이 많아.

19 我们这个周末去那儿玩怎么样？
我想你一定会喜欢。
Wǒmen zhège zhōumò qù nàr wán zěnmeyàng? Wǒ xiǎng nǐ yídìng huì xǐhuan.
우리 이번 주말에 거기 가서 노는 건 어때? 나는 분명 네가 좋아할 거라고 생각해.

20 这个周末你有时间跟我去看足球比赛吗？
Zhège zhōumò nǐ yǒu shíjiān gēn wǒ qù kàn zúqiú bǐsài ma?
이번 주말에 나랑 축구 경기를 보러 갈 시간 있어?

21 我的朋友给了我两张足球比赛的门票。
Wǒ de péngyou gěile wǒ liǎng zhāng zúqiú bǐsài de ménpiào.
내 친구가 나한테 축구 경기 입장권 두 장을 줬어.

22 是我们特别想看的那个国际足球比赛。
Shì wǒmen tèbié xiǎng kàn de nàge guójì zúqiú bǐsài.
우리가 무척 보고 싶어 했던 그 국제 축구 경기야.

23 时间是这个星期天下午两点，
你要不要跟我一起去？
Shíjiān shì zhège xīngqītiān xiàwǔ liǎng diǎn,
nǐ yào bu yào gēn wǒ yìqǐ qù?
시간은 이번 주 일요일 오후 두 시야, 너 나랑 함께 가지 않을래?

권고

24	**我觉得你这样天天睡懒觉， 上课总是迟到很不好。** Wǒ juéde nǐ zhèyàng tiāntiān shuì lǎnjiào, shàngkè zǒngshì chídào hěn bù hǎo.	나는 네가 이렇게 날마다 늦잠을 자고 수업에 항상 늦는 것은 아주 좋지 않다고 생각해.
25	**这样不仅会影响到你的学习， 而且别人也会觉得你很不努力。** Zhèyàng bùjǐn huì yǐngxiǎng dào nǐ de xuéxí, érqiě biéren yě huì juéde nǐ hěn bù nǔlì.	이렇게 하면 네 학업에 영향을 줄 뿐만 아니라, 다른 사람도 네가 열심히 하지 않는다고 생각할 거야.
26	**我觉得你最好还是改掉这个坏习惯吧。** Wǒ juéde nǐ zuì hǎo háishi gǎidiào zhège huài xíguàn ba.	내 생각에는 네가 이 나쁜 습관을 고치는 게 좋을 것 같아.

약속 정하기와 변경

27	**咱们这个周末要一起去养老院做志愿服务活动，你没忘吧？** Zánmen zhège zhōumò yào yìqǐ qù yǎnglǎoyuàn zuò zhìyuàn fúwù huódòng, nǐ méi wàng ba?	우리 이번 주말에 같이 양로원에 봉사활동 가는 거 잊지 않았지?
28	**我们明天上午十点在学校门口见怎么样？** Wǒmen míngtiān shàngwǔ shí diǎn zài xuéxiào ménkǒu jiàn zěnmeyàng?	우리 내일 오전 10시에 학교 입구에서 만나는 건 어때?
29	**周末早点儿出发比较好。** Zhōumò zǎo diǎnr chūfā bǐjiào hǎo.	주말에 일찍 출발하는 것이 비교적 좋을 것 같아.
30	**明天不要来晚了，明天见！** Míngtiān búyào lái wǎn le, míngtiān jiàn!	내일 늦게 오지 마, 내일 봐!
31	**你如果这周有时间，咱们这周去怎么样？** Nǐ rúguǒ zhè zhōu yǒu shíjiān, zánmen zhè zhōu qù zěnmeyàng?	너 만약 이번 주에 시간이 있으면 이번 주에 가는 건 어때?
32	**我这周有空。你觉得呢？** Wǒ zhè zhōu yǒu kòng. Nǐ juéde ne?	나 이번 주에 시간 있어. 네 생각은?

33 **我听说你参加了跳舞社团，我也想加入。**
Wǒ tīngshuō nǐ cānjiāle tiàowǔ shètuán, wǒ yě xiǎng jiārù.
네가 댄스 동아리에 참가했다고 들었어. 나도 가입하고 싶어.

34 **加入你们社团需要什么条件吗?**
Jiārù nǐmen shètuán xūyào shénme tiáojiàn ma?
너희 동아리를 가입하는데 무슨 조건이 필요해?

35 **我以前学过跳舞，所以有一点儿基础。**
Wǒ yǐqián xuéguo tiàowǔ, suǒyǐ yǒu yìdiǎnr jīchǔ.
나 예전에 춤추는 것을 배운 적이 있어서 기초가 조금 있어.

36 **还有你们什么时候练习呢?**
Háiyǒu nǐmen shénme shíhou liànxí ne?
그리고 너희 언제 연습해?

문의하기

37 **你好，我想为爸爸订一个蛋糕。**
Nǐ hǎo, wǒ xiǎng wèi bàba dìng yí ge dàngāo.
안녕하세요. 저는 아빠를 위해서 케이크를 하나 주문하려고 해요.

38 **请帮我准备一个大号的水果蛋糕好吗?**
Qǐng bāng wǒ zhǔnbèi yí ge dà hào de shuǐguǒ dàngāo hǎo ma?
대형 사이즈의 과일 케이크 하나를 준비해 주시겠어요?

39 **最好不要太甜。**
Zuì hǎo búyào tài tián.
너무 달지 않았으면 좋겠어요.

40 **我明天晚上六点半过来取可以吗?**
Wǒ míngtiān wǎnshang liù diǎn bàn guòlái qǔ kěyǐ ma?
제가 내일 저녁 6시반에 찾으러 와도 될까요?

41 **老师，下个星期我就要开学了。**
Lǎoshī, xià ge xīngqī wǒ jiù yào kāixué le.
선생님, 다음 주에 제가 개학을 해서요.

42 **所以咱们周一晚上的课上不了了。**
Suǒyǐ zánmen zhōuyī wǎnshang de kè shàng bu liǎo le.
월요일 저녁에 수업을 하지 못할 것 같아요.

43 **我想换一下上课的时间，您周末可以吗?**
Wǒ xiǎng huàn yíxià shàngkè de shíjiān, nín zhōumò kěyǐ ma?
수업 시간을 바꾸고 싶은데요, 주말에 괜찮으세요?

44	**我周末哪个时间都可以。** Wǒ zhōumò nǎge shíjiān dōu kěyǐ.	전 주말에는 어떤 시간이든 상관없어요.
45	**如果周末不行，请告诉我您什么时候有时间。** Rúguǒ zhōumò bùxíng, qǐng gàosu wǒ nín shénme shíhou yǒu shíjiān.	만약에 주말에 안 된다면 언제 시간이 되시는지 알려 주세요.
46	**如果有问题，再给我打电话。** Rúguǒ yǒu wèntí, zài gěi wǒ dǎ diànhuà.	만약에 문제가 있다면 저에게 다시 전화해 주세요.

| 양해 구하기

47	**我有事从家里出来晚了， 所以差不多两点半才能到。** Wǒ yǒu shì cóng jiā lǐ chūlái wǎn le, suǒyǐ chàbuduō liǎng diǎn bàn cái néng dào.	내가 집에 일이 있어서 집에서 늦게 나왔어. 그래서 거의 2시 반이나 되야 도착할 것 같아.
48	**小李，我正在去见你的路上， 但我刚发现我坐错车了。** Xiǎo Lǐ, wǒ zhèngzài qù jiàn nǐ de lùshang, dàn wǒ gāng fāxiàn wǒ zuòcuò chē le.	샤오리, 나 지금 너 만나러 가는 길인데, 방금 차를 잘못 탔다는 것을 알게 됐어.
49	**真不好意思，看来不能按时到达。** Zhēn bù hǎoyìsi, kànlái bùnéng ànshí dàodá.	정말 미안해, 보아하니 제때에 도착할 수 없을 것 같아.
50	**你要是已经出来了， 就在电影院门口咖啡厅等我吧。** Nǐ yàoshi yǐjing chūlái le, jiù zài diànyǐngyuàn ménkǒu kāfēitīng děng wǒ ba.	너 이미 나왔으면, 영화관 입구 커피숍에서 나를 기다려 줘.
51	**真是太不好意思了。** Zhēn shì tài bù hǎoyìsi le.	정말 너무 미안해.
52	**我到了马上给你打电话。** Wǒ dàole mǎshàng gěi nǐ dǎ diànhuà.	내가 도착해서 너에게 전화할게.

| 추천

53	**我这次暑假打算去上海旅游。** Wǒ zhècì shǔjià dǎsuan qù Shànghǎi lǚyóu.	나 이번 여름방학에 상하이로 여행 갈 계획이야.
54	**不过我这是第一次去上海， 不知道那里有什么地方好玩。** Búguò wǒ zhè shì dì yī cì qù Shànghǎi, bù zhīdào nàli yǒu shénme dìfang hǎo wán.	내가 처음 상하이에 가는 거라 거기에 어떤 놀기 좋은 곳이 있는지 모르겠어.
55	**你能不能给我推荐一下。** Nǐ néng bu néng gěi wǒ tuījiàn yíxià.	나에게 추천해 줄 수 있어?
56	**我喜欢拍照，所以最好是风景好的地方。** Wǒ xǐhuan pāizhào, suǒyǐ zuì hǎo shì fēngjǐng hǎo de dìfang.	내가 사진찍는 것을 좋아해서, 풍경이 좋은 곳이 가장 좋을 것 같아.

| 위로

57	**我听说了你的事了。你也别太伤心。** Wǒ tīngshuōle nǐ de shì le. Nǐ yě bié tài shāngxīn.	네 일은 들었어. 너도 너무 속상해하지 마.
58	**这次很多人都没成功。** Zhècì hěn duō rén dōu méi chénggōng.	이번에 많은 사람이 다 성공하지 못했어.
59	**最近公司情况不太好，所以升职比较难。** Zuìjìn gōngsī qíngkuàng bú tài hǎo, suǒyǐ shēngzhí bǐjiào nán.	요즘 회사 상황이 별로 좋지 않아서, 승진이 비교적 어려워.
60	**我觉得不是你个人的问题， 这次主要是运气不好。** Wǒ juéde búshì nǐ gèrén de wèntí, zhècì zhǔyào shì yùnqi bù hǎo.	나는 네 개인의 문제가 아니라, 이번에는 대부분 운이 안 좋았던 거라고 생각해.
61	**你很有能力，下次一定没问题。** Nǐ hěn yǒu nénglì, xiàcì yídìng méi wèntí.	너는 능력이 있으니 다음에는 분명히 문제없을 거야.
62	**你别担心，一定会成功的。** Nǐ bié dānxīn, yídìng huì chénggōng de.	걱정하지마, 분명히 성공할거야.

I 감동, 기쁨

1	孩子看起来很高兴。 Háizi kàn qǐlái hěn gāoxìng.	아이는 기뻐 보입니다.
2	妈妈没有批评孩子，而是跟孩子一起画起来。他们都很开心。 Māma méiyǒu pīpíng háizi, érshì gēn háizi yìqǐ huà qǐlái. Tāmen dōu hěn kāixīn.	엄마는 아이를 혼내지 않고, 아이와 함께 그림을 그리기 시작했습니다. 그들은 모두 즐겁습니다.
3	虽然孩子还是骑得不太好，但很努力。 Suīrán háizi háishi qí de bú tài hǎo, dàn hěn nǔlì.	비록 아이는 여전히 잘 못 타지만, 노력합니다.
4	孩子开心得不得了，妈妈也很满意地笑了。 Háizi kāixīn de bùdéliǎo, māma yě hěn mǎnyì de xiào le.	아이는 무척 신이 났고, 엄마도 만족한 듯 웃었습니다.
5	小金终于写完了报告。他觉得很高兴。 Xiǎo Jīn zhōngyú xiě wánle bàogào. Tā juéde hěn gāoxìng.	샤오진은 마침내 보고서를 다 썼습니다. 그는 즐겁습니다.
6	因为他没有去过中国，所以很期待。 Yīnwèi tā méiyǒu qùguo Zhōngguó, suǒyǐ hěn qīdài.	그는 중국에 가 본 적이 없어서 기대를 합니다.
7	妻子说蛋糕是自己亲手做的，丈夫听了非常感动。 Qīzi shuō dàngāo shì zìjǐ qīnshǒu zuò de, zhàngfu tīngle fēicháng gǎndòng.	아내가 케이크를 자신이 직접 만든 것이라고 말했습니다. 남편이 듣고는 무척 감동했습니다.
8	女儿拿着棒棒糖高兴地看着妈妈。 Nǚ'ér názhe bàngbàngtáng gāoxìng de kànzhe māma.	딸은 막대사탕을 들고 신난 듯 엄마를 쳐다보고 있습니다.
9	妹妹忍不住笑了。 Mèimei rěn bu zhù xiào le.	여동생은 참지 못하고 웃었습니다.

단어 开心 kāixīn 형 기쁘다 期待 qīdài 동 기대하다 忍不住 rěn bu zhù 견딜 수 없다

10 **结果第二天她起晚了，上班要迟到了，她现在急得不得了。**
Jiéguǒ dì èr tiān tā qǐwǎn le, shàngbān yào chídào le, tā xiànzài jí de bùdéliǎo.
결국 그다음 날 그녀는 늦게 일어났고, 출근에 지각하려고 합니다. 그녀는 지금 매우 초조합니다.

11 **小李趁着姐姐睡觉时，偷偷地拿走了姐姐的那条裙子。**
Xiǎo Lǐ chènzhe jiějie shuìjiào shí, tōutōu de názǒule jiějie de nà tiáo qúnzi.
샤오리는 언니가 잠든 틈을 타서 몰래 언니의 그 치마를 가져갔습니다.

12 **她跟朋友聊天时，不小心把咖啡洒在了裙子上。**
Tā gēn péngyou liáotiān shí, bù xiǎoxīn bǎ kāfēi sǎ zàile qúnzi shang.
그녀는 친구와 이야기할 때, 실수로 커피를 치마에 쏟았습니다.

13 **姐姐发现自己的新裙子被弄脏了，气得不得了。**
Jiějie fāxiàn zìjǐ de xīn qúnzi bèi nòngzāng le, qì de bùdéliǎo.
언니는 자신의 새 치마가 더러워진것을 발견하고 무척이나 화가 났습니다.

14 **小李觉得非常对不起姐姐。**
Xiǎo Lǐ juéde fēicháng duìbuqǐ jiějie.
샤오리는 언니에게 매우 미안해했습니다.

15 **最后，那个瘦小的选手拿了第一名。没想到他原来是一位老爷爷!**
Zuìhòu, nàge shòuxiǎo de xuǎnshǒu nále dì yī míng. Méi xiǎngdào tā yuánlái shì yí wèi lǎo yéye!
결국 그 왜소한 선수가 일등을 했습니다. 뜻밖에 알고 보니 그는 할아버지였습니다!

16 **身体健壮的男选手一边为他鼓掌，一边觉得很不好意思。**
Shēntǐ jiànzhuàng de nán xuǎnshǒu yìbiān wèi tā gǔzhǎng, yìbiān juéde hěn bù hǎoyìsi.
체격이 건장한 남자 선수는 한편으로는 박수를 치면서 한편으로는 무척 부끄럽다고 생각했습니다.

17 **妈妈接完电话，看到孩子在衣服上画画儿，很吃惊。**
Māma jiēwán diànhuà, kàndào háizi zài yīfu shang huàhuàr, hěn chījīng.
엄마는 전화를 끊고 아이가 옷에 그림을 그리고 있는 것을 보고 무척이나 놀랐습니다.

18	**孩子伤心地马上要哭。** Háizi shāngxīn de mǎshàng yào kū.	아이는 속상한 듯 바로 울려고 합니다.
19	**小金急得不知道怎么办。** Xiǎo Jīn jí de bù zhīdào zěnmebàn.	샤오진은 초조해서 어찌할 바를 모릅니다.
20	**他本来打算好好儿享受这次旅游，但没有办法只能回国了。** Tā běnlái dǎsuan hǎohāor xiǎngshòu zhècì lǚyóu, dàn méiyǒu bànfǎ zhǐnéng huíguó le.	그는 원래 이번 여행을 잘 즐기려고 했지만 방법이 없어서 어쩔 수 없이 귀국했습니다.
21	**学生们吃了一惊，老师觉得很不好意思。** Xuéshēngmen chīle yì jīng, lǎoshī juéde hěn bù hǎoyìsi.	학생들은 크게 놀랐고, 선생님은 미안해합니다.
22	**女儿吓得大哭起来，妈妈和那个演员不知道怎么办。** Nǚ'ér xià de dà kū qǐlái, māma hé nàge yǎnyuán bù zhīdào zěnmebàn.	딸은 놀라서 크게 울었고, 엄마와 그 배우는 어찌할 바를 모르고 있습니다.
23	**小明吃了一惊，妻子也觉得很意外。** Xiǎo Míng chīle yì jīng, qīzi yě juéde hěn yìwài.	샤오밍은 놀랐고 아내는 매우 의외라고 생각하고 있습니다.
24	**只有小明的女儿很高兴。** Zhǐyǒu Xiǎo Míng de nǚ'ér hěn gāoxìng.	그저 샤오밍의 딸만 무척 기쁩니다.
25	**他觉得还很尴尬。** Tā juéde hái hěn gāngà.	그는 매우 난감해합니다.

단어 **趁着** chènzhe ~을 틈타서 **偷偷** tōutōu 부 몰래, 슬그머니 **裙子** qúnzi 명 치마 **洒** sǎ 동 엎지르다, 뿌리다
弄脏 nòngzāng 동 더럽히다 **瘦小** shòuxiǎo 형 왜소하다 **选手** xuǎnshǒu 명 선수 **第一名** dì yī míng 일등
原来 yuánlái 부 알고 보니, 원래 **健壮** jiànzhuàng 형 건장하다 **鼓掌** gǔzhǎng 동 손뼉 치다
伤心 shāngxīn 형 속상하다 **马上** mǎshàng 부 바로, 곧 **享受** xiǎngshòu 동 누리다
吓 xià 동 놀라다, 놀라게 하다 **演员** yǎnyuán 명 배우 **吃惊** chījīng 동 놀라다 **意外** yìwài 형 의외이다
尴尬 gāngà 형 곤란하다, 어색하다

| 후회, 실망

26	**他真的失望了。** Tā zhēnde shīwàng le.	그는 정말 실망하였습니다.
27	**她真的后悔得不得了。** Tā zhēnde hòuhuǐ de bùdéliǎo.	그녀는 정말 후회가 막심했습니다.
28	**小金看到这个情况，非常后悔。** Xiǎo Jīn kàndào zhège qíngkuàng, fēicháng hòuhuǐ.	샤오진은 이 상황을 보고 후회했습니다.
29	**但后悔也来不及了，只好重新写报告。** Dàn hòuhuǐ yě láibují le, zhǐhǎo chóngxīn xiě bàogào.	그러나 후회해도 늦었습니다. 어쩔 수 없이 다시 보고서를 써야 합니다.
30	**没想到刚一到中国他的钱包就被小偷偷走了。** Méi xiǎngdào gāng yí dào Zhōngguó tā de qiánbāo jiù bèi xiǎotōu tōuzǒu le.	뜻밖에도 중국에 도착하자마자 그는 소매치기에게 지갑을 도둑맞았습니다.

단어 **后悔** hòuhuǐ 동 후회하다 **失望** shīwàng 동 실망하다 **来不及** láibují 동 시간이 촉박하여 미치지 못하다 **只好** zhǐhǎo 부 할 수 없이 **钱包** qiánbāo 명 지갑 **小偷** xiǎotōu 명 도둑 **偷** tōu 동 훔치다

MEMO

출제기관이 직접 만든
TSC기출 공식기본서

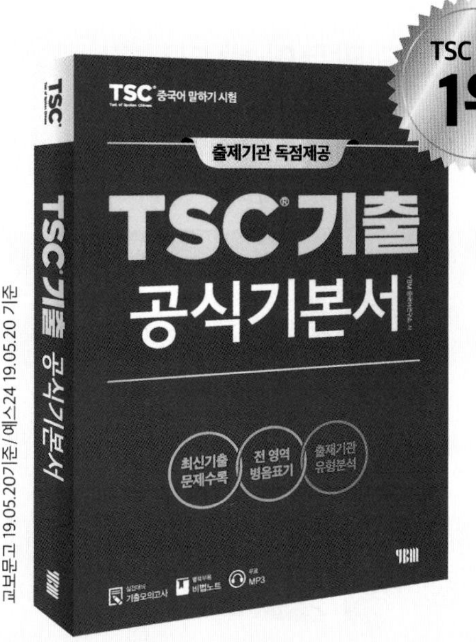

TSC기출 공식기본서

- TSC 출제기관 채점위원 책임 감수
- TSC 출제기관의 기출문제 100% 제공
- 출제기관의 기출유형 분석 데이터 반영
- 전 영역 병음표기 + 친절한 첨삭해설
- 실력 또는 의견에 따라 선택할 수 있는 답변

YBM 중국어연구소 저 / 21,000원

약 110여개 기업이 채택한 자격증 TSC
삼성 신입채용시 TSC 4레벨 이상 우대 / 국내 주요 대기업 서류전형 가산점 부여

YBM 구입문의 02-2000-0515 I 학습 자료 제공 ybmbooks.com I 카페 cafe.naver.com/ybmchina

YBM 중국어 회화의 자신감!

말을 해야 진짜 중국어다! 초보도 말문이 빵 터진다!

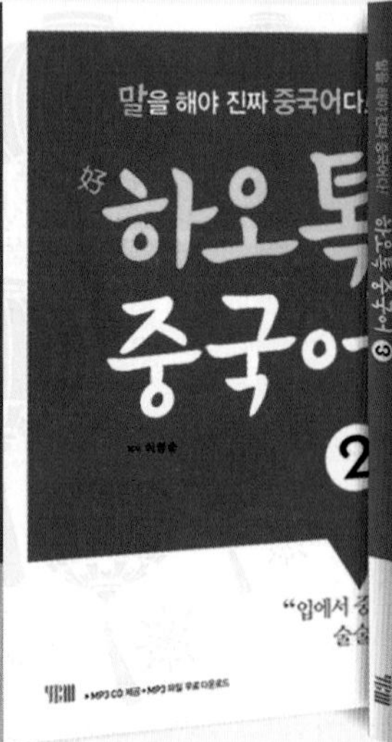

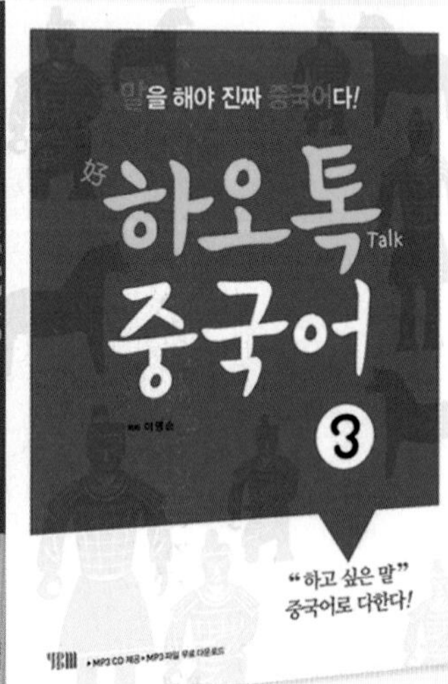

하오톡 중국어

- 체계적인 회화 난이도로 HSK 3급 실력 장착!
- 다양한 말하기 연습을 중점으로 자연스럽게 말문이 트인다
- 생동감 넘치는 삽화와 재미있는 스토리까지 지루할 틈이 없다

난이도 왕기초~초급 / 이명순 저 / 각 권 15,000원 / 강의용 PPT

YBM 구입문의 02-2000-0515 I 학습 자료 제공 ybmbooks.com I 카페 cafe.naver.com/ybmchina